此书为湖南省社会科学成果评审委员会重点委托课题"关
发展的路径研究"（项目编号：XSP2024WT004) 的阶段

湖南省公共图书馆少年儿童阅读服务分析报告

叶建武　著

经济管理出版社

ECONOMY & MANAGEMENT PUBLISHING HOUSE

图书在版编目（CIP）数据

湖南省公共图书馆少年儿童阅读服务分析报告/叶建武著 . --北京：经济管理出版社，
2024. --ISBN 978-7-5096-9874-7

Ⅰ . G252. 17

中国国家版本馆 CIP 数据核字第 2024CB8561 号

组稿编辑：付姝怡
责任编辑：杨　雪
助理编辑：付姝怡
责任印制：许　艳
责任校对：陈　颖

出版发行：经济管理出版社
　　　　　（北京市海淀区北蜂窝 8 号中雅大厦 A 座 11 层　　100038）
网　　址：www. E-mp. com. cn
电　　话：（010）51915602
印　　刷：唐山玺诚印务有限公司
经　　销：新华书店
开　　本：720mm×1000mm/16
印　　张：16
字　　数：296 千字
版　　次：2024 年 8 月第 1 版　2024 年 8 月第 1 次印刷
书　　号：ISBN 978-7-5096-9874-7
定　　价：88. 00 元

序

党的二十大报告明确提出要"深化全民阅读活动",这是继党的十八大报告提出"开展全民阅读活动"以来,"全民阅读"第二次被写入党的全国代表大会报告。从"开展"到"深化",表明我国全民阅读工作已从"遍地开花"迈入高质量发展新阶段。习近平总书记在致首届全民阅读大会的贺信中提出"希望全社会都参与到阅读中来,形成爱读书、读好书、善读书的浓厚氛围",更是充分体现了以习近平同志为核心的党中央对全民阅读工作的高度重视。

阅读对于个人和集体的发展至关重要。它不仅能丰富我们的精神世界,还能提高我们的文化素养,推动科学技术的进步和社会的全面发展。对于少年儿童的成长来说,阅读尤其重要,因为阅读能激发少年儿童的想象力,培养他们的思维能力和创造力,对于他们形成正确的世界观、人生观、价值观有着不可替代的作用。

公共图书馆作为知识的宝库和文化的殿堂,对于少年儿童的阅读服务具有不可或缺的作用。它不仅为少年儿童提供了一个获取知识的场所,还是一个培养阅读兴趣、提高阅读能力、促进交流与思考的平台。公共图书馆作为学校教育的有益补充,通过提供多样化的阅读资源和服务,能够极大地丰富少年儿童的课余生活,帮助他们拓宽视野、增长见识,激发他们对学习的热爱和对知识的追求。

2001年,国际图书馆协会联合会和联合国教育、科学及文化组织发布的《公共图书馆服务发展指南》指出,公共图书馆应该为未成年人提供一个体验阅读乐趣、探索知识的宝地及感受文化熏陶的环境和相关服务。2007年,《中华人民共和国未成年人保护法》明确了图书馆应为未成年人免费开放,保障了未成年人使用公共图书馆的权利。《"十三五"时期全国公共图书馆事业发展规划》提出了全国少年儿童图书馆阅读提升计划，依托中国图书馆学会和各地方图书馆学会、协会组织，联合全国各地公共图书馆，以及社会各界的儿童阅读推广力量，举办"全国少年儿童阅读年"系列活动，为全国少年儿童阅读提供服务和指导，评选优秀少儿读物。深入推进全国少年儿童阅读研究，编制少年儿童阅读指导书目，发布未成年人阅读调查报告，为少年儿童阅读服务和图书出版提供科学依据。2021 年，国务院颁布《中国儿童发展纲要》（2021—2030 年），提出加强亲子阅读指导，培养儿童良好阅读习惯；分年龄段推荐优秀儿童书目，完善儿童社区阅读场所和功能，鼓励社区图书室设立亲子阅读区；提高儿童及其照护人的健康素养，强调了家庭、学校和社会在协同育人方面的责任。少年儿童是国家的未来，也是国家的希望，大力发展少年儿童阅读服务是义不容辞的。

第七次人口普查的数据显示我国未成年人人口数量庞大。我国总人口为 14.11 亿，其中 0~14 岁人口为 2.5 亿，占比为 17.95%。未成年人是国家未来的希望，他们的成长直接关系到国家的长远发展和文化的传承。公共图书馆作为推广阅读、传播知识的重要机构，对于培养未成年人特别是少年儿童①的阅读习惯和提升阅读素养具有义不容辞的责任。在新时代背景下，公共图书馆应积极响应国家对少年儿童阅读的重视，不断创新服务模式，提升服务质量，以适应少年儿童的阅读需求，为构建书香社会、提高全民阅读水平做出贡献。

阅读对于少年儿童的认知发展和整体成长具有深远影响，少年儿童阅读也是提升整个社会阅读水平、营造书香氛围的基础工作，这直接关系到国家的前途和民族的未来。在全球化的今天，各国都高度重视少年儿童阅读技能的培养，我国亦然。引导少年儿童形成正确的阅读理念和良好的阅读习惯，是公共图书馆，尤其是少年儿童图书馆肩负的重大责任。因此，儿童图书馆的任务不仅包括增强少年儿童的阅读兴趣和阅读技能，还包括为他们提供一个持续学习和成长的环境。为了达到这一目标，少年儿童图书馆需要不断革新服务内容和形式，为少年儿童提供更加精确和专业的阅读服务，以此实现社会效益的最大化。

---

① 少年儿童指 0~14 岁的未成年人。

　　随着我国政府公共服务理念的觉醒，社会管理者逐渐重视社会公共服务的供给。公共图书馆是提供公共产品、公共服务的机构，承担着社会公共文化服务的建设，体现着社会公益事业的发展，关系到广大人民群众的切身利益。公共图书馆的少年儿童阅读服务是我国未来发展的重要基石。这些服务直接面向我国少年儿童，与少年儿童的发展、祖国的未来紧密相连，也关乎无数家庭的梦想与希望。提供优质的阅读服务，不仅满足了少年儿童的阅读需求，更为国家的持续进步打下了坚实基础。公共文化建设关系着我国国民的精神需求，与经济建设相辅相成。然而由于我国公共图书馆，尤其是少年儿童图书馆的少儿阅读服务理论基础薄弱，缺乏科学的指导，政策指南和规章制度不健全，基础知识不普及，导致理论和实践均存在不足，直接影响图书馆少年儿童阅读服务水平的提高。因此，公共图书馆应如何开展少年儿童阅读服务，以什么样的理念组织和推广阅读，如何提升服务水平，这些问题应运而生。要想发挥少年儿童图书馆在少年儿童阅读服务中的整体作用，就必须加强对少年儿童阅读服务现状的了解。只有这样，少年儿童图书馆才能达到为少儿提供精准阅读服务的有效目标。

叶建武

2024 年春于长沙

目 录

总报告

全民阅读背景下的湖南省公共图书馆
少年儿童阅读服务分析

中华民族自古崇尚读书，有"耕读传家"的优良传统。在习近平总书记的亲切关怀下，阅读已不仅是承继千百年流传下来的家风传统，全民阅读更是上升为国家发展战略。自2014年以来，全民阅读已连续10年被写入政府工作报告；2021年，《中华人民共和国国民经济和社会发展第十四个五年规划和2035年远景目标纲要》明确提出"深入推进全民阅读，建设'书香中国'"；2020年10月，中央宣传部印发《关于促进全民阅读工作的意见》。在当今全民阅读的热潮下，开展少年儿童主题读书活动是推动湖南省公共文化服务体系建设的重要举措，更是响应国家推行全民阅读政策的号召。

一、总体概况

（一）开办读书活动，树立阅读品牌

2022年，湖南省在图书馆文化活动方面投入了大量的人力物力和财力，为广大少年儿童提供了丰富的文化学习机会，提高了全省人民的文化素质。表1为2022年湖南省公共图书馆举办未成年人读者活动场次及参加人次。如表1所示，2022年湖南省公共图书馆举办面向未成年人的阅读推广活动11275次，参加读者活动848.61万人次。其中组织各类讲座4648次，参加325.64万人次，说明图书馆在未成年人知识传播和文化教育方面的投入较大；举办展览1643次，参加471.54万人次，是三类活动中参与度最高的，说明公众对于图书馆举办的展览有极高的兴趣；举办培训班4984次，培训51.43万人次。

表1　2022年湖南省公共图书馆举办未成年人读者活动场次及参加人次

地区	组织各类讲座		举办展览		举办培训班	
	举办（次）	参加（万人次）	举办（次）	参加（万人次）	举办（次）	参加（万人次）
湖南省本级	304	256.2	22	18.82	277	10.75
长沙市	941	6.83	108	65.17	2937	23.85
衡阳市	348	8.23	206	27.28	154	1.90
株洲市	766	14.50	185	64.26	280	2.30
湘潭市	130	1.26	64	5.09	144	1.55
岳阳市	302	7.72	122	22.82	163	2.34
常德市	173	5.70	112	56.09	78	0.95
郴州市	583	4.29	65	30.03	313	0.89
娄底市	124	3.59	59	9.16	70	1.05
邵阳市	262	2.76	189	36.25	220	2.01
益阳市	180	5.11	52	25.22	66	1.35
永州市	197	4.00	166	13.73	73	0.80
张家界市	103	0.82	3	0.13	62	0.29
怀化市	157	2.23	198	10.74	87	0.61
湘西土家族苗族自治州	78	2.40	92	86.75	60	0.79
全省合计	4648	325.64	1643	471.54	4984	51.43

资料来源：湖南省公共图书馆年报。

1. 2009~2014年：三湘读书月主题活动

2012年三湘读书月——湖南省少年儿童"学习雷锋好榜样"读书活动展演中，以情景剧为主，其中融入了朗诵、歌曲、舞蹈、琴乐、书法等丰富的文艺元素，观赏性佳，艺术感染力强。通过如此生动活泼的形式有力宣传并弘扬了雷锋精神，体现了雷锋精神代代相传的良好风貌。

2013年三湘读书月——湖南省少年儿童"中国梦·我的梦"系列读书活动中，"梦想信封·写给十年后的我"活动成为一大亮点，孩子们带着对未来的期许和盼望，怀着奋勇向前的执着和努力，在漂亮的信纸上对未来的自己许下了梦想和承诺。

2014年三湘读书月——湖南省少年儿童"中国梦·我心中的故事"系列读书活动中，故事讲述表演部分融入了弹词、剪纸、歌谣等非物质文化遗产元素，渲染出饱满的历史厚重感和强烈的艺术感染力，极好地展现与弘扬了中华民族的优秀传统文化。

2. 2015~2019年："书香湖南"全民阅读主题活动

"书香湖南——2015年全省少年儿童'中国梦·汉语美'"系列读书活动中，诵读展演诠释出汉语天然的意境美，绽放出汉语博大精深的魅力，展现出汉语生生不息的影响力。来自全省14个市（州）代表队的少儿读者呈现了一场融思想性、艺术性、文学性于一体的令人拍案叫绝的表演，让观众感受到了中华传统文化的无穷魅力。

"书香湖南"2016年全省少年儿童"光荣与梦想——纪念建党95周年暨红军长征胜利80周年"系列读书活动中，现场知识竞答活动气氛热烈、高潮迭起，少儿读者代表思维敏捷、反应迅速，展露出丰富的知识储备和积极向上、勇于拼搏的风采，现场精彩纷呈、掌声连连。

"书香湖南·红星闪闪耀童心"——2017年全省少年儿童系列读书活动中，收集的手绘明信片作品风格多元、构思新颖、格调鲜明，以少年儿童独有的视角，反映出小朋友们对解放军叔叔的无限敬仰，体现出三湘少年儿童独具特色的文化艺术素养。

2018年"书香湖南·共创共享儿童阅读新时代"——第37届全省少年儿童系列读书活动中，少年儿童阅读服务特色品牌活动又囊括了5个分项活动，这5项活动分别由5家市（州）级公共图书馆、少年儿童图书馆承办，这是活动组织形式的重大创新，相当于搭建了一个活动展示的省级平台，便于融合省内各级图书馆在开展阅读服务时获得的宝贵成果，从而充分调动各级图书馆开展活动的积极性。

2019年，在"书香湖南"第38届全省少年儿童庆祝新中国成立70周年系列读书活动中，首次对少儿读者研学服务这一方兴未艾的领域做出有益的探索，精心设计了"爱国诗词阅读暨书中人物景致寻访"研学活动，让孩子们去远方寻访，在途中研学。红色故里、文化遗迹、大好河山成就了孩子们从阅读中来、到景致中去的寻访脉络，文旅融合在活动中得到践行和深化。

3. 2020~2022年："童阅湖南"主题读书活动

2020年在"童阅美好·不负韶华"第39届湖南省少年儿童主题读书活

动中，从依托湖南省少年儿童读书活动云平台中的"少儿云书房"开展的少儿线上主题数字阅读推广活动，到记录学习过程、写下心得感悟的少儿创意读书笔记征集活动，再到撷取精品读书笔记汇编成电子书的"三湘少年儿童阅读之星"阅研阅创活动，三项子活动无缝衔接，一步步地构建起了完整的阅读生态链，不仅使少年儿童爱上了阅读，还引领他们将"啃"进去的书中营养内化于心、外化于行，同时产生了一个运转良好的可持续的阅读正向反馈，真正地将图书馆的少儿阅读推广使命落到了实处。

2021年在"童心向党·童阅湖南"第40届湖南省少年儿童主题读书活动中，征集的优质手绘作品以根植于湖湘大地上的党史、新中国史、改革开放史、社会主义发展史为创作背景，巧妙地融入湖湘大地上的革命烈士、英雄人物、先进模范、红色旅游景点、经济社会发展成就等相关元素，充分展示出少儿读者在活动中的学习成果，表现出三湘少年爱党、爱国、爱人民的美好情怀，彰显出下一代"请党放心，强国有我"的自信和底气。

湖南省少年儿童主题读书活动以少儿阅读为基础，主题鲜明、形式多样、内容丰富、内涵深刻。少儿阅读推广活动勤勤恳恳地扎根乡土，实实在在地深入基层，各地每年开展的主题读书活动及其衍生活动达数百场，每年直接参与活动及受到活动熏陶的少儿人次达数十万。经过多年的坚持和推广，湖南省少年儿童主题读书活动已深入人心，成为潇湘热土上耳熟能详的少儿阅读推广活动品牌，更难能可贵的是，系列活动培育出了子活动，知名品牌又孕育出了特色品牌。活动持续赋能少儿阅读，致力于少儿阅读推广，四十多年如一日，默默耕耘在少年儿童阅读推广最前线，备受推崇。多年来，活动吸引了《中国文化报》、《中国旅游报》中国旅游新闻网、湖南卫视都市频道、湖南教育电视台、《湖南日报》、《潇湘晨报》、《三湘都市报》、红网等各类媒体的广泛关注和多番报道，得到了社会各界的广泛认可，产生了良好的社会效益。

（二）提升服务效能，完善借阅服务

1. 开放时间

湖南省公共图书馆少儿服务区域在非寒暑假期间平均开放40小时/周，寒暑假期间平均开放48小时/周。寒暑假开放时间比非寒暑假开放时间多8小时/周。根据所属馆的开放规律，未成年人服务空间集中于周一闭馆或周末开放。表2为2022年湖南省公共图书馆少儿服务区域开放规律及时长。

表2　2022年湖南省公共图书馆少儿服务区域开放规律及时长

图书馆名称	开放规律	非寒暑假每周开放时长（小时）	寒暑假每周开放时长（小时）
湖南图书馆	周一闭馆	57	57
湖南省少年儿童图书馆	周一闭馆	48	48
长沙市图书馆	周一闭馆	40	48
衡阳市图书馆	周末开放	13	13
株洲市图书馆	周一闭馆	24	66.5
湘潭市图书馆	周一闭馆	49	54
岳阳市图书馆	周一闭馆	28	48
常德市图书馆	周一闭馆	42	42
郴州市图书馆	周末开放	14	42
娄底市图书馆	周一闭馆	48	48
邵阳市图书馆	周五闭馆	48	48
益阳市图书馆	周末开放	17.5	42
永州市图书馆	全天开放	66.5	66.5
张家界市图书馆	周二闭馆	54	54
怀化市图书馆	周一闭馆	42	42
湘西土家族苗族自治州图书馆	周一闭馆	48	48
平均	—	40	48

资料来源：湖南省公共图书馆年报。

2. 文献借阅

2022年湖南省各图书馆总流通人次5194.29万，依据公式：少儿文献外借占比＝（少儿书刊文献外借人次/总流通人次）×100%，计算各图书馆少儿文献外借所占比例。

如表3所示，2022年湖南省各图书馆少儿书刊文献外借人次为2006.46万，少儿书刊文献外借册次3781.8万，少儿书刊外借人次占总流通人次的比例为38.63%，这个比例显示了少儿书刊外借在整个图书馆流通中有着重要地位。永州市少儿书刊文献外借人次达到303.39万，是湖南省所有市（州）

中最高的；长沙市少儿书刊文献外借册次领先，为 648.64 万，位居首位；益阳市和娄底市少儿书刊外借人次占总流通人次的比例最高，分别为 52.01% 和 51.41%。

表3　2022年湖南省各图书馆少儿文献外借量及占比

地区	总流通人次（万）	少儿书刊文献外借人次（万）	少儿书刊文献外借册次（万）	少儿书刊外借人次占总流通人次的比例（%）
湖南省本级	130.35	38.71	193.44	29.7
长沙市	530.34	229.18	648.64	43.21
衡阳市	456.31	196.09	293.73	42.97
株洲市	457.09	194.23	424.48	42.49
湘潭市	126.08	57.07	119.14	45.26
岳阳市	394.25	174.45	291.76	44.25
常德市	434.66	122.10	194.45	28.09
郴州市	530.93	177.17	285.59	33.37
娄底市	218.39	112.27	192.39	51.41
邵阳市	382.70	158.90	281.31	41.52
益阳市	188.20	97.88	164.69	52.01
永州市	800.94	303.39	472.37	37.88
张家界市	48.30	6.61	13.96	13.69
怀化市	370.56	98.97	141.51	26.71
湘西土家族苗族自治州	125.19	39.44	64.34	31.05
全省合计	5194.29	2006.46	3781.80	38.63

资料来源：湖南省公共图书馆年报。

3. 读者注册

根据湖南省公共图书馆提交的数据，截至2022年各图书馆累计有效少儿读者的加总量为348.08万人，当年新增少儿办证加总量为38.66万人。

表4为2022年有效少儿读者加总量及当年新增少儿办证加总量的情况。湖南省各图书馆在少儿读者服务方面存在一定差异，长沙市图书馆累计有效少儿读者加总量为82.94万人，当年新增少儿办证加总量为9.11万人，两项数据都是所有市（州）中最高的。

表4　2022 年有效少儿读者加总量及当年新增少儿办证加总量

地区	累计有效少儿读者加总量（万人）	当年新增少儿办证加总量（万人）
湖南省本级	39.46	0.01
长沙市	82.94	9.11
衡阳市	24.39	2.92
株洲市	36.10	8.73
湘潭市	16.20	0.27
岳阳市	8.56	0.34
常德市	34.21	1.74
郴州市	16.56	1.65
娄底市	10.43	2.18
邵阳市	14.80	0.91
益阳市	12.31	2.76
永州市	32.76	3.10
张家界市	1.19	0.1
怀化市	11.74	1.26
湘西土家族苗族自治州	6.43	3.58
全省合计	348.08	38.66

资料来源：湖南省公共图书馆年报。

（三）优化藏书建设，满足读者需求

截至 2022 年底，湖南省公共图书馆共有纸质少儿图书 809.42 万册，占湖南省公共图书馆馆藏总量 2896.47 万册的 27.95%。湖南图书馆、湖南省少年儿童图书馆部分馆藏资源面向市、县级图书馆共享。根据所设立的分馆、服务点、24 小时自助图书馆等服务网点的建设规则，市、县各级公共图书馆与学校、街道社区、企业等机构进行不同程度的资源共建共享。

湖南省各图书馆在少儿图书资源方面表现不一，2022 年湖南省公共图书馆纸质少儿图书的馆藏量及占比如表5所示。大部分市（州）的少儿图书在馆藏总量中的占比超过了 20%，显示出湖南省各图书馆对少儿图书资源的重视。岳阳市图书馆的累计纸质少儿图书馆藏数量达到 172.57 万册，占馆藏总量的 54.72%，说明岳阳市图书馆在少儿图书资源方面投入较大。

表 5　2022 年湖南省公共图书馆纸质少儿图书的馆藏量及占比

地区	累计纸质少儿图书馆藏数量（万册）	全馆馆藏总量（万册）	少儿图书在馆藏总量中的占比（%）
湖南省本级	45.78	189.18	24.20
长沙市	124.22	399.12	31.12
衡阳市	44.94	147.27	30.52
株洲市	48.96	396.66	12.34
湘潭市	17.87	132.22	13.52
岳阳市	172.57	315.35	54.72
常德市	40.73	169.73	24.00
郴州市	33.10	111.12	29.79
娄底市	22.34	160.48	13.92
邵阳市	68.59	147.35	46.55
益阳市	38.33	112.30	34.13
永州市	84.78	421.80	20.10
张家界市	10.17	36.72	27.70
怀化市	36.91	114.45	32.25
湘西土家族苗族自治州	20.13	42.72	47.12
全省合计	809.42	2896.47	27.95

资料来源：湖南省公共图书馆年报。

　　湖南省各图书馆在新购藏量方面也存在一定差异。表 6 为 2022 年度湖南省公共图书馆新购藏量统计。2022 年，湖南省公共图书馆新购纸质图书298.10 万册，新增电子图书 563.79 万册，新购报刊种类 36723 种。其中，衡阳市图书馆的新购纸质图书数量达到 85.99 万册，新增电子图书数量为194.51 万册，是所有市（州）中最高的，衡阳市在纸质图书和电子图书的新购数量上都位居首位，显示出该地区图书馆在资源采购方面的活跃度。

表 6　2022 年度湖南省公共图书馆新购藏量

地区	新购纸质图书（万册）	新增电子图书（万册）	新购报刊种类（种）
湖南省本级	19.44	0.27	2399
长沙市	43.38	103.46	4118

地区	新购纸质图书（万册）	新增电子图书（万册）	新购报刊种类（种）
衡阳市	85.99	194.51	3173
株洲市	11.68	143.81	2449
湘潭市	10.87	2.80	1079
岳阳市	19.53	4.16	4290
常德市	15.79	6.91	2039
郴州市	13.43	11.21	2011
娄底市	4.89	7.48	3462
邵阳市	11.67	32.01	1725
益阳市	28.88	22.97	1092
永州市	17.93	15.79	5556
张家界市	0.81	0.00	203
怀化市	9.16	4.36	1501
湘西土家族苗族自治州	4.65	14.05	1626
全省合计	298.10	563.79	36723

资料来源：湖南省公共图书馆年报。

（四）壮大人才队伍，提升服务水平

表7显示了2022年湖南省公共图书馆工作人员配置情况。截至2022年底，湖南省公共图书馆工作人员总数2256人，1612人为专业技术人才，其中19人为正高级职称，174人为副高级职称，807人为中级职称，专业技术人员占从业人员总数的71.45%。大部分市（州）的专业技术人才在从业人员中的占比超过了50%，显示出湖南省各图书馆对专业技术人才的重视。从专业技术人才占从业人员比例来看，株洲市图书馆的专业技术人才占从业人员的比例为90.91%，是所有市（州）中最高的；从专业技术人才数量来看，衡阳市图书馆的专业技术人才数量为154人，是所有市（州）中最多的。

表7 2022年湖南省公共图书馆工作人员配置

地区	从业人员（人）	专业技术人才（人）	专业技术人才占从业人员比例（%）	正高级职称（人）	副高级职称（人）	中级职称（人）
湖南省本级	313	298	95.21	10	58	139
长沙市	326	139	42.64	1	18	52
衡阳市	190	154	81.05	1	10	77
株洲市	110	100	90.91	1	9	36
湘潭市	86	55	63.95	1	8	37
岳阳市	166	100	60.24	0	12	62
常德市	115	97	84.35	0	8	52
郴州市	110	65	59.09	0	8	34
娄底市	90	71	78.89	0	6	33
邵阳市	145	98	67.59	0	5	57
益阳市	98	80	81.63	0	6	52
永州市	180	141	78.33	5	15	68
张家界市	32	10	31.25	0	2	6
怀化市	144	103	71.53	0	7	50
湘西土家族苗族自治州	151	101	66.89	0	2	52
全省合计	2256	1612	71.45	19	174	807

资料来源：湖南省公共图书馆年报。

（五）完善基础设施，精心打造环境

近年来，湖南省公共图书馆未成年人服务空间逐步实现从混合空间到专门空间、从小空间到大空间、从附属空间到独立空间的转变，空间设计布局更加符合未成年人需求，舒适度和美观程度明显提高。表8为2022年湖南省公共图书馆空间面积及坐席数，截至2022年底，湖南省公共图书馆阅览面积25.18万平方米，少儿阅览座位19270个，比2021年增加2102个。

表8　2022年湖南省公共图书馆空间面积及坐席数

地区	空间面积（万平方米）			坐席数（个）		
	建筑面积	书库面积	阅览室面积	阅览室坐席数	少儿阅览室坐席数	盲人阅览室坐席数
湖南省本级	4.40	1.36	1.42	3194	1359	28
长沙市	9.03	2.76	3.66	8757	2229	147
衡阳市	8.19	1.11	3.07	6917	2230	130
株洲市	6.30	1.90	1.35	2870	729	90
湘潭市	3.63	0.52	0.84	1414	388	52
岳阳市	5.39	2.15	1.38	3280	2130	200
常德市	7.98	1.72	1.61	3273	815	158
郴州市	6.04	1.21	1.47	3364	1248	28
娄底市	4.94	2.06	1.92	5301	1070	61
邵阳市	4.97	1.69	1.41	3654	1065	148
益阳市	3.76	0.48	2.09	3007	750	71
永州市	8.89	2.57	2.16	6163	2050	94
张家界市	1.28	0.44	0.13	642	310	30
怀化市	4.55	0.95	1.55	5367	1827	117
湘西土家族苗族自治州	3.90	0.41	1.12	2993	1070	34
全省合计	83.25	21.33	25.18	60196	19270	1388

资料来源：湖南省公共图书馆年报。

　　如表8所示，在大多数情况下，图书馆的空间面积越大，少儿阅览室的坐席数也越多。例如，衡阳市图书馆和长沙市图书馆的空间面积较大，因此其少儿阅览室的坐席数也较多。衡阳市图书馆的少儿阅览室坐席数为2230个，是所有市（州）中最高的；长沙市图书馆的阅览室坐席数为8757个，是所有市（州）中最多的，少儿阅览室的坐席数也较多，为2229个。

二、特色图书馆——湖南少年儿童图书馆概况

（一）健全组织机制，完善阅读保障

湖湘优秀的传统文化与催人奋进的红色基因，是湖南省文化服务事业的重要依托，也是湖南省公共文化产品的根基。湖南省少年儿童主题读书活动源于湖南地区开展的"全国红领巾读书读报奖章活动"，自 1982 年首次举办以来，已连续举办 40 多届；活动自 2008 年开始由湖南省委宣传部、湖南省精神文明建设指导委员会办公室、湖南省文化厅（2018 年与湖南省旅游发展委员会合并成为湖南省文化和旅游厅）、湖南省新闻出版局、湖南省教育厅、共青团湖南省委、湖南省妇女联合会、湖南省关心下一代工作委员会联合主办，2009～2014 年，活动被纳入"三湘读书月"湖南省全民阅读活动序列；2015～2019 年，活动被纳入"书香湖南"全民阅读主题活动序列。1981 年诞生的湖南省少年儿童图书馆，顺应时代的要求，乘着改革开放的东风，成为我国最早独立建制的、以少年儿童为主要服务对象的省级公共图书馆之一，在中国图书馆事业发展史上写下了浓墨重彩的一笔。深入学习贯彻党的十九届六中全会精神和湖南省第十二次党代会精神，深刻理解习近平总书记关于"图书馆是国家文化发展水平的重要标志，是滋养民族心灵、培育文化自信的重要场所"的重要指示精神，40 多年来，湖南省少年儿童图书馆始终坚持"以人民为中心""以读者为中心"的服务工作理念，几乎囊括了全国少儿图书馆行业的所有重要奖项和殊荣，以澎湃的激情、昂扬的斗志、坚实的步伐，建设美丽和智慧型少年儿童图书馆，全面推动文旅融合高质量发展。

第一阶段是活动的策划安排。湖南省少儿读书活动由湖南省少年儿童图书馆承办。第一步，在活动前期，进行完整的活动策划。为保证每一年活动的顺利开展，湖南省委宣传部等 7 家单位联合主办各系列的读书活动。第二步，动员宣传。在起初的策划完成之后，结合已有的工作展开动员宣传，在机关体制、学校家庭、街道社区等广泛发动，全省各市、州、县图书馆结合自身的优势特点，科学制订规划，组织进行活动方案的讨论，进一步征求群众建议。第三步，集中执行。在策划、动员宣传的工作完成之后，结合已有的工作全面执行。全省范围内的各市（州）、县（区）及各部门都依照既定

规划，紧密围绕每年度读书活动的主题，以不同部门为主线来推进活动。这些活动设定了分阶段的目标，并且有计划、有重点、有步骤地安排了每一阶段的读书活动。同时，各地图书馆建立了线上与线下相结合的活动平台，旨在推广一系列具有特色、可复制、可推广的读书活动，以此来提升少年儿童的满足感和参与感。牵头单位与主办单位集中执行，共同兼顾好"讲台"和"平台"的关系。

在策划、动员宣传、集中执行之后，结合已完成的工作展开评估总结。评估工作讲求真实性，以往的评估工作重点关注参与度，而如今的评估工作注重参与者的满意度。通过总结上述政府工作推动的四项活动进程，日后积累便可形成可复制、可推广的经验。读书活动不是一个脱离社会的孤立事件；少年儿童不只是单向的参与者，也是传授者。要汇总一系列开展读书活动的平台，全面结合，放大其影响效果。

第二阶段是活动的开展与实施。其中最重要的是路径选择，从省级、市级到县区级，在上述自上而下全力推动的递进路径中，群众在主观上对政府主导的工作非常认同，并在实际行动中给予大力支持。政府则通过吸纳公众的智慧，进一步激发基层的自主性和积极性；政府自身简化行政程序、下放权力，致力于构建服务型政府。在实践中，政府创造动力，下级部门进行全面动员，上级部门则充当裁判员的角色，确保各项工作的顺利进行，由此形成一股自下而上的推动力。条块分工的整合机制也发挥着重要作用。读书活动从湖南省少年儿童图书馆到社会的扩散体现在：一是湖南省少年儿童图书馆主导与组织。历届湖南省少年儿童主题读书活动均由湖南省少年儿童图书馆承办，该馆以高度的责任感和使命感认真筹备、积极作为，多次召开馆务会议、部门会议研究商讨活动的组织实施，明确责任分工，细化目标任务，以便能够及时解决在活动过程中出现的各种问题与困难。连续开展40年的湖南省少年儿童主题读书活动积淀了成熟可行的活动模式，形成了合理的省、市、县三级层层稳步推进的活动组织结构，建立了既可靠稳妥又机动灵活的活动保障体系，掌握了一套行之有效的大型活动运营方法，培养了一批创意独到、执行力强的活动策划实施的骨干力量，取得了令众馆称赞、众人羡慕的丰硕活动成果。二是市（州）少年儿童图书馆参与和扩散。各市（州）、县（区、市）的有关党政机关严格按照历年活动通知文件的要求，召开联席工作会议，对活动的组织实施做了统一部署和安排，并从政策、宣传、经费等层面对活动给予了有效支持，发挥了重要的组织领导作用。各市（州）、县（区、市）图书馆、少年儿童图书馆积极落实历年活动通知文件的精神，以活动实施方案为蓝本，高效率、高质量地推动历届活动在当地的实施，营造出了图书馆界同向发力、社会力量积极参与、少年儿童读者广泛受益的全民阅读氛围，得到了少年儿童、家长、老师、政府工作人员、图书馆馆员、专家学者等社会各界人士的高度肯定和认可。

（二）挖掘特色资源，打造数字阅读

湖南省少年儿童图书馆数字资源建设采取购买、自建、试用等相结合的方式，不断丰富馆藏。

外购数字资源。为了更好地为少年儿童读者、家长、教育工作者、儿童工作者等重点服务受众提供数字阅读服务，湖南省少年儿童图书馆每年外购一定数量的数字资源，增加数字馆藏，提升数字阅读服务能力。采购遵循以下原则：首先，重点考察产品意识形态，要求资源内容健康向上、传递正能量，确保意识形态安全。其次，重视知识产权保护。遵守国家相关法律法规，对未解决版权纠纷或知识产权归属尚不明晰的资源不予采购。再次，综合考量数字资源在本馆采购经费中的占比；资源是否为本馆所需要；是否为广大读者（尤其是少年儿童读者）所喜爱，并以上一年度读者点击量为主要依据；获取方式是否简单易操作；价格是否合理，是否为图书馆和读者双方所接受；是否有良好的售后服务；及时回应客户需求，解决资源使用过程中的技术问题等。最后，在综合考量数字资源性价比的基础上，通过相应招标方式进行资源采购。

在采购品种多样化方面，湖南省少年儿童图书馆近年来根据读者需求，通过市场多方调研，并结合本馆实际，采购了一些数字图书、动画、音频、视频等适合少年儿童阅读、收听、观看、参与互动等的数字资源，服务广大读者。

自建数字资源。湖南省少年儿童图书馆在购买数字资源的同时，自主建设富有本馆特色的多种数字资源，以丰富馆藏，并为少年儿童读者数字阅读助力。目前已完成建设的数字资源包括动画片、音频、视频等。系列动画片供广大读者免费观看，湖南省少年儿童图书馆还有馆藏连环画数字资源库。

视频库。湖南省少年儿童图书馆举办、承办、开展的各类少年儿童阵地读书活动的视频资源，主要有"书香湖南"——全省少年儿童读书活动、青少年知识讲坛、文学名家讲坛等大型活动或专题活动，均作为视频库内容。此视频库既可保存本馆读书活动资料、丰富馆藏，又可为广大读者提供学习、交流的平台。

多媒体资源。"少儿特色数字资源库"为文化和旅游部全国公共文化发展中心 2019 年公共数字文化资源建设项目，由湖南省少年儿童图书馆申报立项成功并承建。该项目以"书中故事我来讲""用我的声音做你的眼睛——关注盲童阅读 关爱儿童成长"为资源基础，资源以音视频为主体，还有部分主题资源与专题展览。根据不同年龄段少年儿童读者、家长、教育工作者、儿童工作者等主要服务人群的特点及需求，为他们提供多元数字资源服务，合理配置、建设各类资源，更好地服务不同读者群体。

拓展多渠道访问路径。湖南省少年儿童图书馆所有外购数字资源均采取利用图书馆官网、官方微信平台、湖南省少年儿童读书活动特色服务平台、移动图书馆（手机 APP）等渠道及路径，全方位地为广大读者提供线上借阅服务。读者登录以上平台可直接获取数字资源或通过输入借阅证号等方式获取。

提供多元数字阅读模式。除提供网站、微信、APP 等线上阅读渠道外，还专门为到馆阅读的少年儿童读者配备适合他们的阅读机等设备。主要有立式触摸屏阅读机——配资源，配耳机，不影响他人阅读；课桌式触摸屏阅读机——配资源，在线阅读、离线阅读均可；太空舱式阅读空间——孩子们可坐在"太空舱"内阅读、观看、收听数字资源，私密性较好，与其他读者互不干扰。

便携式阅读器——体积较小，方便携带，可在馆阅读，亦可外借阅读；开发更多功能，优化读者体验；不断改进少年儿童数字资源用户界面，使设计更加友好，用户体验更加优化。

湖南省少年儿童图书馆的数字资源产品也开发了一些新的功能，比如"知识视界"视频库具有节目与画面双重检索功能：该视频库首创国内画面检索功能，通过关键词搜索，精准锁定内容画面，用海量优质视频为读者打造视听盛宴。有的视频配有双语发音、双语字幕，读者可随时切换，自在畅听，并可帮助少儿学习英语口语，满足读者不同视觉体验及功能需求。有的视频具有片段保存及"一键分享"功能：截取视屏片段，保存或转发分享至各大网络平台，实现海量优质信息及时分享。

（三）提升借阅服务，拉近读者距离

湖南省少年儿童图书馆借阅服务部原为综合借阅部，随着时代的发展和科技的进步，以及读者对文化需求的快速增长，服务窗口在原有基础上扩展到现在的智能图书馆、综合借阅一室、绘本馆、办证处、文学借阅室、图画

王国、科普借阅室、外文阅览室、道德讲坛和综合借阅二室共九个窗口和一个活动阵地；服务职能也增加了智能化办证借还一体、自动化办证、自动化借还图书、外文绘本阅览咨询指导、线上与线下读者活动、分馆建设、典藏、志愿者服务队伍建设等。部门名称的改变体现了湖南省少年儿童图书馆对读者借阅服务的重视程度。无论部门名称、窗口、职能等怎样改变，一线窗口工作人员全心全意为读者服务的初心都不会变，爱心、耐心、细心历久弥新。

一线窗口与读者零距离接触，服务的好坏直接影响着单位的形象。湖南省少年儿童图书馆党总支历来对服务窗口非常重视，特别是 2018 年以来，在馆党总支的正确领导和部门全体人员的共同努力下，借阅服务部与时俱进，开拓创新，精诚团结，攻坚克难，牢记读者至上的宗旨在读者服务、阵地活动、志愿服务等多个方面取得了很大的成绩。2018 年借阅服务部先后接收了阿法迪自助办证机、自助借还机、图创台式双面自助借还一体机等智能化图书馆系统设备，以及 LED 屏播放系统及其他新设备。为了尽快熟练掌握新系统，借阅服务部草拟了《读者服务协议》《读者须知》《自助借还及办证操作流程》，组织部门人员到长沙市图书馆进行参观学习，同时邀请技术人员集中学习新系统的操作流程及注意事项，最大限度地避免了借阅、咨询等为读者服务的环节出现不必要矛盾，大大方便了读者。2018~2021 年共办理读者借阅证 12947 个，验证 2386 个；外借 188564 人次、982598 册次；阅览631523 人次、5279955 册次；新书入藏 132092 种、432273 册；清理整理图书近 30 万册；读者培训 28315 人次；解答咨询 48 人次。

读者活动形式多样，社会效益显著。借阅服务部 2018~2021 年开展活动种类多，内容丰富。线上线下共举办各类读者活动 136 场，共 82150 人次。包括亲子手工系列：制作花瓶吊饰（中国结），弘扬传统文化；制作折纸老鼠和小老鼠剪贴画贺鼠年；制作创意纽扣花作为教师节送给老师的礼物；制作烟花主题的帆布包庆祝国庆节等。"书中故事我来讲""童心坊·故事小屋"绘本分享系列：《老鼠娶新娘》《狮子和老鼠》《大郭小郭行军锅》等小故事蕴含着大道理，耐人回味。观影系列：《地球上的星星》《建军大业》和回看新中国成立 70 周年大联欢活动，培养尊师重教的品质和爱国情怀。中华优秀故事小课堂系列：《孔融让梨》《年的故事》《女娲造人》等典故，生动传承了中华优秀传统文化；为建党 100 周年献礼，还设立了红色经典图书专柜，开展了多场"红色故事会"主题系列活动和"童心向党"主题读书活动。适时举办了湖南省少年儿童图书馆 2020 年度借阅人气榜暨十佳借阅读者颁奖仪式和"指尖生花"手作课堂系列活动、科普活动、传统文化学堂、悦阅读书会及各类讲座等线上活动与线下活动，深受家长和少儿读者喜爱。

借阅服务部不仅是服务的窗口、办事的窗口，更是文明的窗口。自成立以来，每天重复着借还书、办退证、读者咨询、图书整理等繁杂工作，部门全体人员团结一心，共克时艰，始终坚持服务至上，爱心、耐心和细心同在，尽职尽责为读者服务，初心永恒，为湖南省少年儿童图书馆事业增砖添瓦，为推动儿童阅读、传递书香文化贡献力量。

（四）丰富阅读模式，突出藏书特色

1. 业务外包，优化图书下库流程

湖南省少年儿童图书馆在无法增加人员和费用的实际情况下，自2013年起尝试在图书采购招标中提出了由中标供应商提供编目数据，加工直至上架的要求。为此湖南省少年儿童图书馆将开馆以来一直沿用的著录—分编—审校—加工的一人把一个关的一条龙流水作业模式被打破，重新编制了图书书目记录格式，同时对编目人员实行交流轮训，使每位编目人员学习和掌握著录—分编—审校的全部流程后，将编目流程再造，调整为著录、分编业务外包，馆员审校把关，加工外包的扁平化著录模式。经过近半年的培训和适应，新模式的效应得以显现，成倍地提升了下库速度，新入藏图书到馆15个工作日内就能与小读者见面，符合《公共图书馆评估标准》的相关下库要求，同时业务外包的引进起到了降低成本、减员增效的作用。

2. 不断尝试，丰富读者阅读模式

数字资源数据库、电子书和移动图书馆是当今图书馆的新"三大件"，为了更全面地了解当今少年儿童的阅读模式，在2013年暑期，湖南省少年儿童图书馆与汉王电子书供应商合作，在馆内开展了"把电子书免费带回家"的免费试用活动，试用者的使用时间为一周。活动参与较为踊跃，但使用后大部分的少儿读者和家长对电子书阅读器是否会对眼睛造成伤害仍心存疑虑，电子书内置的书目较少的反馈也不在少数，手持式电子书在湖南省少年儿童图书馆的试水反映贬多于褒。因此，自2014年开始，湖南省少年儿童图书馆为丰富网络平台，尝试为读者提供包括原创绘本、科普、动漫作品、少儿期刊等数字资源，采取政府采购招标的方式，到目前为止，按学科或整库采购了数字报刊、绘本库镜像资源、主题知识库、科普动漫等数据库、数字阅览室等，读者通过登录湖南省少年儿童图书馆官方网站或在微信公众号和供应商提供的自行研发的阅读屏上阅读数字图书，新颖的点读、互动模式吸引了

不少孩子和家长试用，但由于借阅受到供应商购买许可、使用年限、点击下载同时触发数额等的限制，至今，每年定量采购数据库的尝试仍在进行中，将其作为纸质书的一种有益补充。

3. 提供学玩一体的动手书

如今出版社充满活力，不断推出如模型书、泡泡贴书、胶片书、立体书、洞洞书、手偶书等一些能动手玩的图画书，让孩子们在玩中学，理所当然地受到更多家长和孩子们的青睐。但这些图书大多仅能提供一次性服务，采购、加工和回收再利用都有困难，在报请领导同意后，将采购的这类可动手的图书采取单独登记、报损的办法，解决了编目回收的问题，统一交由活动部门用于组织开展活动。活动部门用这些书每年举办多次 50 人以上的较大型手工活动，平时还在开放的个性手工坊提供给孩子们，受到家长们和孩子们的好评，更多的孩子主动"带着"妈妈来到了少儿馆。

4. 采选进口英文绘本

随着家长素质越来越高，不少家长希望读到引进版原文绘本的呼声引起我们的重视。进口绘本动辄百元以上的单本售价即使在经费大幅增长的今天我们也要咬咬牙，为满足读者的需求，在提请馆领导批准后，2015 年开始通过招标尝试采选了少量的原版英文精装绘本，希望图画书作为沟通世界的桥梁，帮助孩子们足不出户就能了解不同地域人们生活成长的方方面面，了解生活中点点滴滴的美好，借助图书小窗口，管窥地球大世界。2015~2021 年，花费经费 1040928.06 元，采购的英文原版绘本已达 8326 种（册），2021 年初，英文阅览室已正式对外开放，原版绘本全部上架供小读者和家长阅览。

5. 突出藏书特色

基于少年儿童读者年龄层次的特殊性，少儿图书馆的藏书体系与成人图书馆有显著区分，针对性藏书建设是采编工作的重中之重，为确保藏书建设，突出少儿特色，传承文化经典，湖南省少年儿童图书馆在定期开展馆藏清点的同时，从 2009 年开始每年在到馆读者中开展阅读倾向调查，通过调查，及时发现和了解小读者们的阅读新变化，调整和补充藏书建设，确定了藏书的文献级别的普及性，确保学科内容以基础知识为主，遵循文献载体的多样化原则。依据中心任务，湖南省少年儿童图书馆每年在年初制定采选方针，年底梳理做好采访总结，以教育的针对性、教学的参考性、智力的启迪性、科学的普及性为原则来组织藏书体系，在藏书结构方面、藏书范围方面、藏书布局方面形成了以下特色：

一是藏书结构特色。

截至 2022 年，湖南省少年儿童图书馆有藏书 1223537 册，从出版物的类型来分，以图书（文字图书和图画书）为主，期刊、报纸、磁盘、磁带为辅，有选择、有重点地收集非书资料。这种多元化的藏书结构有助于满足不同少年儿童的学习和娱乐需求，促进他们的全面发展。同时，这种结构反映了少儿图书馆在提供服务时对创新性和互动性的重视。

文字图书和图画书这两种类型的图书是图书馆藏书的主体，符合少年儿童的阅读习惯和认知特点。文字图书有助于培养阅读能力和理解力，而图画书则可以激发他们的想象力和视觉感知；期刊和报纸资源可以提供最新信息和动态，有助于少年儿童了解时事、增长知识；磁盘和磁带这些媒介包含了音频和视频资料，可以作为图书的补充，丰富阅读体验；选择性地收集适合图书馆使用的玩具，可以作为阅读活动的辅助工具，激发儿童的兴趣和参与度。近年来电子出版物兴起，为适应新时代的要求，湖南省少年儿童图书馆不仅收集了电子图书、电子期刊、电子报纸，还有音频、视频、分主题特色数据库等数字资源。

二是藏书范围特色。

湖南省少年儿童图书馆的藏书策略显示了对丰富少年儿童阅读资源和推广文化教育的重视，充分考虑了少年儿童的不同需求和兴趣，为少年儿童提供了多样化的学习资源，既有助于他们的全面发展，也体现了少儿图书馆的社会责任和文化使命。

多年来，湖南省少年儿童图书馆延续运用了总体不变的采选方针，通过持续不断系统收藏的藏书体系已颇具规模，收藏的品种和内容得以不断丰富和延伸，较好地满足了少年儿童读者阅读的需求。

湖南省少年儿童图书馆的藏书分为 13 个类别。①政策、法令和相关文件：收藏党和政府及领导人关于少年儿童的政策、法令和相关文件，有助于少年儿童了解国家对他们的关心和支持，培养他们的国家意识和责任感。②优秀的中国少年儿童文学作品：这些作品可以增强少年儿童的文化认同感，激发他们的阅读兴趣，提升他们的文学素养。③翻译的优秀儿童外国文学名著：这些作品能够开阔少年儿童的视野，让他们接触到不同文化背景下的儿童文学，促进跨文化交流。④低幼读物、绘本、动漫作品及连环画：这些资源适合不同年龄段的少年儿童，能够吸引他们的注意力，有助于他们视觉和想象力的培养。⑤省级以上公开发行的少年儿童报纸、期刊：这些出版物能够提供最新的信息和知识，满足少年儿童对时事新闻、科技、文学等方面的需求。⑥省级以上大型少年儿童出版社出版的少儿类读物：这些读物通常质量较高，内容丰富，能够满足少年儿童多样化的阅读需求。⑦湖南省出版的少儿类书刊：这些书刊能够反映本省的文化特色和教育理念，有助于少年儿童了解家乡的历史和文化。⑧培养少年儿童思想品德行为修养的读物：这些读物有助于少年儿童形成正确的价值观和行为规范，促进他们的道德成长。⑨教育教学图书资料：包括教育部、学校指定和推荐的图书，获奖的适合少年儿童阅读的图书等，这些资源有助于少年儿童的学习和成长。⑩热门的社会科学普及读物、自然科学普及读物及综合性普及读物：这些读物能够满足少年儿童对不同学科知识的兴趣，提升他们的科学素养和人文素养。⑪中外文学艺术作品、国外及港澳台地区出版的优秀少儿读物：这些作品能够丰富少年儿童的阅读体验，让他们接触到不同的艺术和文化。⑫教育教学参考资料、外文书刊资料及电子学术读物：这些资源能够满足少年儿童在学习和研究方面的需求，促进他们的学术成长。⑬试听资料、玩具等：这些资源能够提供多样化的学习方式，激发少年儿童的学习兴趣和参与度。

三是藏书布局特色。

湖南省少年儿童图书馆藏书布局是按知识类别划分的，现有低幼读物连环画阅览室、文学阅览室、综合借阅室、外文阅览室等。为了更贴近少年儿童，将这些阅览室冠以具有少儿特色的名称，如绘本馆、图画王国等，并将各室装饰一新，布置富有少儿特色的优美环境，显著的标识帮助小读者更方便、快捷地找到需要借阅的图书，提升小读者的借阅体验，提高图书借阅率。同时，在藏书内容上有所区分，厘清了知识的脉络，避免了重复藏书，增加了藏书种类，提高了资金利用效能。按知识类别划分的藏书布局还有利于对少年儿童进行素质教育，发掘、拓展少年儿童的知识面，提升他们阅读的兴趣。

（五）推进学术研究，融合业务实践

湖南省少年儿童图书馆积极组织馆员参加中国图书馆学会及相关机构组织的学术活动和儿童阅读推广调研活动，开展少儿图书馆业务理论和学术技术方法研究，制定符合馆情的学术研究激励政策，努力培养学术带头人和业务骨干，对本馆馆员的业务学习和科研能力提出了明确而具体的要求。

湖南省少年儿童图书馆于2008年出台了《湖南省少年儿童图书馆关于学术著作、论文出版发表及科研项目、服务成果管理办法》；在此办法的基础上修改完善，2014年出台了《湖南省少年儿童图书馆关于学术著作、论文出版发表及科研项目、服务成果、工作案例（项目）管理办法》。

2016 年以来，湖南省少年儿童图书馆领导班子倡导以学术立馆、以学术研究促进少儿图书馆事业发展的理念，营造良好的学术科研氛围。2019 年出台了《湖南省少年儿童图书馆学术研究成果奖励办法》。多年来，湖南省少年儿童图书馆干部职工积极撰写论文、论著，开展课题项目研究，参加服务成果、工作案例评选活动，积累了丰硕的学术研究成果。

1. 公开发表和获奖论文

自 1981 年建馆至今，湖南省少年儿童图书馆干部职工在专业期刊公开发表论文及专业文章达 363 篇；在中国图书馆学会年会及其他机构主办的学术活动中获奖论文达 93 篇，其中一等奖 21 篇，二等奖 28 篇，三等奖 44 篇。

2. 出版专著和参编著作

40 年来，湖南省少年儿童图书馆干部职工出版图书情报类专著 8 本，包括《少年儿童图书馆（室）工作》《少年儿童图书馆理论与实践》《学校图书馆工作》《少年儿童图书馆员专业知识与技能研究》《公共图书馆儿童读者活动理论与实务》《公共图书馆少儿服务研究》《红星闪闪耀童心——湖南省少年儿童主题读书活动组织机制研究》《新时代少年儿童数字阅读服务》等，担任主编、副主编、参编的作品 48 本，这些论著结合当前图书馆事业发展的态势，通过深入研究图书馆管理与服务、儿童阅读推广理论与实践，取得了具备创新意义的研究成果，为公共图书馆少儿服务的实际工作提供了重要的参考价值。

3. 开发科研课题

近年来，湖南省少年儿童图书馆研制了省部级课题 4 项：《少儿特色数字资源库》（一、二期）、《童趣湖南（小手工）短视频》、《湖南省少年儿童阅读推广特色服务平台》，厅局级课题 1 项：《未成年人科普特色活动》。

《公共图书馆少年儿童服务规范》由湖南省少年儿童图书馆牵头起草，并于 2018 年 9 月 17 日由国家市场监督管理局和国家标准化管理委员会正式发布。该标准从 2019 年 4 月 1 日起开始正式实施。这一标准的制定和实施，对于公共图书馆的少年儿童服务具有重要的指导意义，对于提高公共图书馆的服务质量、促进少年儿童阅读习惯的养成，以及提升图书馆的整体服务水平都具有重要的推动作用。通过规范化的服务，图书馆能够更好地满足少年儿童的需求，促进他们的全面发展。

《公共图书馆少年儿童服务规范》考虑到少年儿童在不同成长阶段的生

理和心理特征，确保提供的服务能够促进他们的身心健康；通过规范的服务流程和内容，引导少年儿童开展阅读活动，培养良好的阅读习惯；明确了图书馆在提供少年儿童服务时应考虑的不同需求，包括信息需求、教育需求、娱乐需求等；不仅考虑了当前的少年儿童服务需求，还具有前瞻性，为图书馆的未来发展提供了指导，为公共图书馆的少年儿童服务工作提供了具体的方向和操作指南，有助于图书馆工作人员更好地开展服务工作。

4. 服务成果及工作案例

40 年来，湖南省少年儿童图书馆向中国图书馆学会、湖南省文化和旅游厅（湖南省文化厅）及其他相关机构报送的服务成果、工作案例达 67 项，其中获得特等奖 1 项、一等奖 13 项、二等奖 25 项、三等奖 10 项，其他奖项18 项；由金铁龙等同志撰写的《文旅融合背景下公共图书馆中小学生研学服务探索》《浅谈公共图书馆文旅深度融合》《文旅融合背景下公共图书馆发展策略分析》等专题论文对于开展中小学生研学服务提供了借鉴。

2016 年 11 月，教育部等 11 个部门印发了《关于推进中小学生研学旅行的意见》，湖南省少年儿童图书馆抓住文旅融合的先机，坚持与社会教育、学校教育、家庭教育紧密结合，不断创新阅读推广、读者服务活动形式，更好地为少年儿童服务，营造健康、良好的读书氛围。馆员撰写的《公共文化服务视野下图书馆儿童阅读活动产品化趋向研究》《多元理念视域下儿童阅读推广策略探析》《创建儿童阅读活动品牌促进儿童阅读推广》等论文对于开展多元化、品牌化的阅读推广活动提供了启发和思路。

2020 年，由中国图书馆学会主办、湖南省少年儿童图书馆策划承办的"童阅心语"少年儿童创意读书笔记征集活动，通过指导孩子学习使用摘录式、提纲式、心得式、仿写式体裁，结合绘画等形式进行设计，撰写或绘制读书笔记，激发孩子阅读与写作的兴趣，并逐步提高写作能力、设计能力和创造力，在阅读中开阔视野，在书写中增长才干。全国图书馆界有 50 余家单位参加了此次活动，初选创意作品 6000 余件，经过相关单位初审，报送活动组委会 2100 件。

由湖南省少年儿童图书馆馆员撰写的《基于图书馆智慧技术的阅读推广探析》《公共图书馆自建数字资源库的发展路径分析》《实现智慧化图书馆发展新模式》《传统图书馆应对数字化的挑战》《图书馆数字资源建设的困境与对策》等论文对湖南省少年儿童图书馆数字化建设提出了建议，明确了方向。

图书馆员，尤其是中青年专业技术人员在业务工作中展现出较强的学术研究能力，这对于他们个人的业务能力提升、职业发展，以及图书馆整体服务质量的提高都至关重要。学术研究不仅有助于总结工作经验、发现问题和解决问题，还能促进研究成果的吸收与推广，从而推动图书馆专业的进步。

通过参与学术研究，图书馆员能够系统地总结和归纳自己的工作经验，同时将专业理论应用于实践，提高工作效率和服务质量。此外，学术研究能力的提升也有助于图书馆员在职称评聘和晋升中增强竞争力。

在新形势下，湖南省少年儿童图书馆需要采取多种措施，提高馆员的学术研究能力和实效，增强他们参与学术理论与实践分析研究的意识和积极性。学术研究不仅是馆员进行实践创新和理论研究的平台，也是引领他们专业化发展的重要途径，更是图书馆事业发展的迫切需求。

（六）紧跟时代步伐，勇担社会责任

守正创新是湖南省少年儿童图书馆宣传推广工作遵循的原则。湖南省少年儿童图书馆宣传工作者始终沿着中国特色社会主义道路，坚持正确政治方向，坚持正确舆论导向，坚持社会主义核心价值观，坚持为传播国家大政方针、传承中华优秀文化、推动社会全民阅读鼓与呼。身处新时代，新技术、新媒介层出不穷，我们要不断掌握新知识、熟悉新领域、开拓新视野，积极应用新媒体开展图书馆宣传。

为了适应网络时代图书馆服务与宣传的需要，湖南少年儿童图书馆于2000年创建开通了自己的网站，成为全国较早建设应用新媒体开展宣传服务的省级少年儿童图书馆。湖南省少年儿童图书馆网站设置了馆情馆况、友谊桥梁、热点追踪、图书推荐、留言板等12个栏目，全方位、多角度地向公众介绍图书馆的历史、服务对象、服务内容、图书资源，推广少儿特色数字资源及网络数字资源。网站风格生动活泼，运用了大量图、文、声、像、动画等，逐渐成为湖南省少年儿童图书馆重要的对外宣传服务窗口。

微博、微信是随着新媒体技术不断发展而涌现出来的即时通信应用工具，它们对中国社会的影响是巨大的，尤其是深刻地影响了信息传播的广度和深度。湖南省少年儿童图书馆于2012年、2014年相继开通官方微博和微信，面向的群体主要是手机端用户，它们的开通增强了湖南省少年儿童图书馆新闻报道的时效性和针对性，日常读书活动、中心工作和重大事件通常当天或者第二天就能报道，实现了图书馆与用户的双向互动交流，用户看到比较喜欢的新闻报道可以点赞、评论，图书馆也可以回复读者留言，解答用户咨询，通过互动交流，拉近了图书馆与用户的距离，增强了用户黏度。网站、微博、微信成为湖南省少年儿童图书馆对外宣传的主要窗口，功能互为补充。截至2021年11月，湖南省少年儿童图书馆"两微一端"的用户访问量已破百万。

2020年，新冠疫情突如其来，为了应对疫情、减少儿童到馆阅读出行的感染风险，湖南省少年儿童图书馆开启线上阅读宣传推广新模式。通过官网和微信广泛推出线上活动，为"宅家抗疫"的少年儿童提供丰富又安全的线上阅读服务。"21天阅读习惯养成计划"、"云中故事会——资深阅读推广人在线讲读精彩故事"、"众志成城抗击疫情"主题连环画创作推广公益行、"爱的教育"儿童主题阅读绘画创作活动等云端活动，均将阅读推广活动与馆藏文献资源相结合，将阅读与写作、绘画相结合，培养小读者阅读、思考、创作的习惯。据统计，湖南省少年儿童图书馆2020年开展线上活动80场，吸引8000余名小读者直接参与。

在新冠肺炎疫情之后，湖南省少年儿童图书馆尝试将全省少年儿童主题读书活动也搬到线上。围绕"童阅美好·不负韶华"主题，面向全省广大少年儿童进行线上宣传和开展线上活动，包括线上主题数字阅读推广活动、创意读书笔记征集活动、第十届"三湘少年儿童阅读之星"阅研阅创活动三大版块。建设了省少儿读书活动云平台，搭建了"少儿云书房"，收到全省各地4022名少儿读者创作的6076份读书笔记作品；举办第十届"三湘少年儿童阅读之星"阅研阅创活动，引导少儿读者将自己的阅创研学作品编写成电子书，用以描绘阅读生活。

2022年5月，湖南省少年儿童图书馆重启馆内阵地活动，组织深受家长和孩子们喜爱的亲子阅读宣传推广，开展少年儿童传统文化知识、科普知识等方面的教育，通过折纸、剪纸、绘本共读等形式，激发孩子们的阅读兴趣，引导他们多读书、读好书。

"我最喜爱的童书"评选活动由深圳少年儿童图书馆发起，联合全国几十家省市图书馆共同主办，百万读者共同参与的图书馆阅读推广宣传公益活动，其知名度在业界非常高。鉴于该活动的独特性和影响力，湖南省少年儿童图书馆于2016年、2018年、2019年三次参与湖南地区主办。2018年，签约湖南省十多所学校，采选本年度精选30种图书送入校园，开设图书角，供学生免费取阅，馆校合作开展童书阅读宣传推广，各签约学校师生踊跃参与，围绕2018年度精选30种童书举办读书会、分享会、讨论会等各类阅读推广活动40多场，图书阅览人次2.4万，参与童书评选投票学生8000余人。活动自开展以来17次被《湖南日报》《中国文化报》、新华网、红网、湖南省文化厅（湖南省文化和旅游厅）官网等湖南省主流媒体关注和报道。

湖南省少年儿童图书馆积极推动全省少年儿童公共文化服务均等化，2018 年由湖南省少年儿童图书馆主办，湖南天闻地铁传媒有限公司、新语数字图书馆协办，开展了"用我的声音做你的眼睛"助力盲童阅读公益实践活动。此次活动在"4·23"世界读书日，在长沙地铁 2 号线迎宾路口站 6 号通道温情启幕，地铁站内展览和点灯活动持续三个月，吸引了 77828 人次参与，共有《中国文化报》、湖南省人民政府网、湖南省文化厅网、《湖南日报》、红网、新湖南、新华网、新浪新闻、《三湘都市报》、华声在线、中国图书馆网、长沙地铁圈等共计 13 家主流媒体宣传报道。此活动入围 2018 年度"金鹗社会责任奖"。这是湖南省少年儿童图书馆跨界合作宣传的成功实践。

（七）完善人才建设，探索培养途径

少年儿童图书馆作为服务对象以少年儿童为主的社会教育场所，在人才队伍特别是储备人才的建设上有别于成人图书馆，有其自身的特殊性；对从业人员的自身素质、专业技能的要求，侧重于满足对少儿读者的阅读兴趣和阅读能力的培养。湖南省少年儿童图书馆一直致力于加强人才队伍建设，积极探索服务人才培养的途径，大力培养用专业知识和技能从事图书馆工作、服务于广大少儿读者的专业人员。湖南省少年儿童图书馆的人才队伍工作始终坚持党管干部的原则，通过公开招聘、岗位培训、成人学历教育、馆际交流等方式完善人才队伍建设，以促进事业发展。

公开招聘是吸纳人才的主要途径，能迅速提高从业人员的整体水平。在 2018~2022 年 4 次公开招聘中，共招聘 28 名本科及以上储备人才，其中专业技术岗位 26 人，管理岗位 2 人。这些高校毕业生的进入，改变了从业人员学历结构，是宝贵的人才资源，也是推动图书馆事业发展的重要力量。高学历、年轻化的从业人员有着专业性和学习能力强的特点，职业理想及目标明确，在接受短暂的图书资料专业培训后，能迅速适应新的工作环境。针对储备人才的这些特点，给予他们很大的工作空间和发展环境，让他们能实现自身价值。例如，鼓励他们利用专业优势参与湖南省少年儿童图书馆的课题、项目；2017 年在参加文化部第六次评估定级工作中，工作组的成员中，除馆领导和部门负责人外，其他成员均为招聘录用的储备人才；2018 年代表湖南省少年儿童图书馆参加湖南省图书馆学会组织的"公共图书馆法制新时代——湖南省学习《公共图书馆法》知识竞赛"比赛的 3 名队员，均为 2017 年招聘录用的储备人才。2021 年招聘录用的储备人才，6 月入职，7 月就带着原创节

目《红色基因代代相传》，在湖南省文化和旅游厅纪念中国共产党成立100周年表彰大会上大展风采。

岗位培训是更新馆员专业知识与技能的主要方法，也是提升人才队伍素质的重要手段。湖南省少年儿童图书馆制定了职工继续教育工作制度，年初有详细的计划，30课时/年的公需科目授课集中在湖南省人力资源和社会保障厅指定的培训基地进行，专业科目培训按不少于60课时/年的进度在湖南省少年儿童图书馆线上或线下集中授课，授课内容既有专题式系列课程，也有实用阅读活动案例解析，授课老师以本馆副高职称以上专家为主，外聘业内权威专家为辅。对于新录用和调入的从业人员，上岗前需参加一周的岗前专业知识培训，培训内容以图书馆基础知识为主，通过集中受训，让新进人员尽快融入团队。

成人学历教育是培养人才的重要模式。湖南省少年儿童图书馆成立之初，有29名从业人员为厅直系统各单位调入，没有接受过图书馆专业的培训，文化程度普遍不高，只有5名员工具有大专学历。40年来，湖南省少年儿童图书馆为了鼓励职工提高自身素质，在强化专业培训的同时，制定了一系列奖励政策；职工通过全脱产或半脱产等形式，参加函授大学等成人学校学习，接受高等教育，提升学历水平，增强能力素质。

馆际交流是图书馆培训人才的一种非常实用的方式。湖南省少年儿童图书馆依托中国图书馆学会这个平台，每年都会安排相关业务人员参加各类专业的学习培训；国际图书馆协会联合会大会和美国图书馆协会年会，也会派员参加。这些实地学习既开阔了馆员的眼界，也为湖南省少年儿童图书馆创新人才建设工作的思路提供了启示和借鉴。湖南省少年儿童图书馆坚持党管人才，抓好思想培育，树立鲜明的价值导向，做到学术研究常态化，管理人才专业化。在公开招聘时就专门设置了学前教育、文综等专业以适应新的人才需求，这些具备知识性、创造性、技能型等特点的图书馆新人，成为人才队伍建设中的关键部分。

（八）提升硬件条件，美化阅读环境

2015~2022年，湖南省少年儿童图书馆致力于为少年儿童读者打造富有童趣、安全舒适、美丽智慧的阅读环境，用心策划、精心实施空间打造项目，不断改造提升硬件条件。累计争取财政资金投资2200余万元，改造阅览区域3000余平方米，增加阅览和活动面积2000多平方米，阅览坐席增加近一倍。具体举措如下：

"阅读花园"维修改造。一楼是富有童趣的绘本馆，有极具设计感的"阅读花园"，在国家文化事业发展专项资金的支持下，"阅读花园"维修改造项目于 2017 年初启动，建设面积 2800 余平方米，总投入 650 万元。主要对二、三层露台加装钢结构玻璃棚顶及斜面幕墙，大楼入口室外楼梯拆除，将室外空间改成室内空间，同时进行改造和装修，对相邻的功能空间进行整合；保持原有建筑结构体系，充分利用其闲置空间，弥补原有图书馆公共活动功能的缺失，给旧建筑赋予新的活力，创建风雨无阻、阳光、舒适、健康、生态的儿童阅读和活动场所。

打造拉近服务读者距离的"阅创空间"。2018 年，湖南省少年儿童图书馆克服巨大困难，将临街铺面收回，全面打造体验式的"阅创空间"；该片区域临近中山路街道，可实现公交、地铁一站直达，且与阅览大楼互联互通，能为读者提供更为方便有效的服务。充分利用湖南省少年儿童图书馆的特色文献和多年积累的全省大量读书活动成果、作品，将馆内约 800 平方米的旧房屋设施维修改造成少儿新阅读研学空间，着眼于现代公共文化服务体系建设在文旅融合背景下的创新发展。

启动书库大楼加固维修。书库大楼始建于 20 世纪 50 年代，为苏式风格建筑。自 2019 年出现安全隐患以来，做了大量工作，清空了楼内租户，聘请专业检测机构进行了全楼的结构安全性检测、地质勘查、建筑现状测绘，并出具了各项检测结果书面报告；完成消防、安防等改造工程，平安建设水准不断提升。

三、结语

开展少年儿童主题读书活动是推动湖南省公共文化服务体系建设的重要举措，也是响应国家推行全民阅读政策号召的体现。湖湘优秀的传统文化与催人奋进的红色基因，既是湖南省文化服务事业的重要依托，也是湖南省公共文化产品的根基。对湖南省公共图书馆少年儿童服务进行分析，是为了更好地归纳湖湘文化资源，将湖湘文化资源转化为公共产品进行广泛宣传，大力推广至全社会，通过不断改革与创新的新形式，探索新路径，建立更加完善、科学、有益的湖南地域特色公共产品的生产与推广机制。通过政府主导，湖南省少年儿童图书馆承办及其他主办单位精心组织与安排，广泛发动全省

14个市（州）、123个县（区、市）共同参与，发掘地方特色文化资源，创新活动形式，激发少儿的阅读兴趣，培养少儿的阅读能力，丰富少儿的精神世界，不仅促进了湖南地域特色文化继承与弘扬，还促进了湖南省文化事业的进步与文化队伍的建设，激发人民群众的文化创造活力，进一步推动湖南省公共文化服务体系的建设，提高湖南省核心竞争力与文化软实力，为全国其他地区提供具有借鉴意义的理论成果与实践经验。40多年主题读书活动的举办，总结每一年活动经验与出现的问题，不断加以完善，使主题读书活动日渐成熟，形成了完备的活动体系与活动机制。

湖南省少年儿童主题读书活动具有三大主要特色：一是活动的开展与国家全民阅读的号召相契合。儿童是民族的未来，少儿阅读活动的开展有利于从根本上提升中华民族的文化自信。二是活动有着"政府主导，全民参与"的特色。顶层设计与群众的创造力相结合，打造出更加深入人心的阅读活动，总结出一批可推广、可复制的经验，让少年儿童不再仅是活动的参与者，也成为了经验的传授者，全面放大活动的影响效果。三是每年的主题读书活动都依据时代特色与时政新闻主办，具有与时俱进的特点；融合湖南省的地域特色文化。通过参与活动，少年儿童不仅可以学习到中国的优秀传统文化与历史，还能对自己所成长的这片土地有更深入的了解；充分体现了读书活动并不是一个脱离社会的、孤立的事，而是新时代文化事业发展不可缺少的一个重要枢纽，有力地推动了各市（州、县、区）的公共文化服务体系的建设。

未来，我们将持续在全民阅读的背景下推进少年儿童阅读服务，体现在以下三点：

（一）主题深刻，重视人文关怀

活动主题和活动内容契合国家时事热点和重大节庆，活动形式符合少年儿童的身心特点和成长需求，这是湖南省少儿主题读书活动赖以长足发展的关键。活动始终坚持以少儿阅读推广为使命，以形式多样、主题鲜明、内涵丰富的内容为抓手，以公益推广为初心，创造了令人瞩目的活动效能。活动的触角深入了乡村、社区、学校和家庭，打通了少儿阅读推广的"最后一公里"，让偏远地区的孩子和残疾儿童都能享受到无差别的阅读服务。历届活动均采用少年儿童熟知的、喜闻乐见的形式，充分考虑省内各地发展不平衡的基本现状，既能让较发达地区的孩子充分展示他们的特长与素养，也能给较落后地区的孩子提供一方表达他们的追求与梦想的舞台。每年省内数十家图书馆积极联动，广泛开展特色鲜明的少儿读书活动，惠及省内广大少年儿童读者，掀起了一轮又一轮的少儿阅读推广新高潮。

（二）架构清晰，运营推广得力

活动组织架构明确，省、市、县三级层层铺展推进，已形成成熟的活动运营模式。连续开展 40 年的湖南省少年儿童主题读书活动已有效覆盖 14 个市（州）和大部分县（市、区）。就省级层面而言，数家党政机关单位高度重视、联合发文，湖南省少年儿童图书馆勇立潮头，认真履行承办职责，坚决当好少儿阅读推广的排头兵；就市级层面而言，各市（州）有关党政机关单位周密部署，各市（州）中心图书馆精心统筹、狠抓落实，高效组织活动的开展；就县级层面而言，各县（市、区）文化和旅游行政主管部门、图书馆、少年儿童图书馆积极响应，组织当地少儿读者和中小学生踊跃参与活动。经过 40 年的磨砺，主题读书活动的运营推广模式已被打磨得十分纯熟。

（三）倾情陪伴，奉献优质服务

活动秉承全心全意为读者服务的宗旨，运用专业高效的少儿阅读服务手段，奉献高品质阅读服务，争做少儿的良师益友。开展丰富多彩的少年儿童阅读推广活动和特色鲜明的少年儿童阅读服务不仅是湖南省少年儿童图书馆的核心职能和光荣使命，亦是湖南省少年儿童图书馆的建馆初心，更是广大人民群众，尤其是少年儿童及其家长对于少儿图书馆的殷切诉求。馆里日常开展的图书借阅服务和阅读推广活动深受广大读者喜爱，也得到了社会各界的广泛好评。连续开展 40 多年的湖南省少年儿童主题读书活动已积淀了成熟可行的活动模式，建立了可靠稳妥又机动灵活的活动保障体系，掌握了一套行之有效的大型活动运营方法，培养了一批创意独到、执行力强的活动策划实施的骨干力量。

在孜孜不倦的探索和实践中，湖南省少年儿童图书馆承办的湖南省少年儿童主题读书活动昂首阔步地走过了 40 余年，获得了少年儿童、家长、老师、政府工作人员、图书馆馆员、专家学者等社会各界人士的高度肯定和认可，在三湘大地上获得了极好的社会反响，产生了良好的社会效益。40 年的躬耕实践所积累的开展大型公益少儿阅读活动的大量经验，已成为湖南省图书馆界乃至中国图书馆界的宝贵财富，必将引导与激励更多的图书馆人在阅读推广事业上奋进远航。从橘子洲头到雁峰烟雨，从"中国电力机车的摇篮"到伟人故里，从崀山六绝到洞庭君山，从世外桃源到天门洞开，从茶马古道到东江湖畔，从零陵古城到神韵雪峰，从曾国藩故里到神秘湘西，"阅读之梦"问候了三湘四水的每一缕童心，"阅读之星"闪耀在湖湘大地的每一片天空，"阅读之光"照耀着潇湘热土的每一寸角落。让我们胸怀伟业、携手奋进、守正创新，共同为少年儿童阅读服务开启新篇章！

分报告

湖南省公共图书馆少年儿童主题阅读服务效能分析

一、研究背景与研究意义

（一）研究背景

2018 年 1 月 1 日，《中华人民共和国公共图书馆法》正式实施。这部法律的出台和实施为公共图书馆的建设和管理提供了法律依据和指导原则，是我国公共图书馆事业发展的重要里程碑，对于促进公共图书馆事业的健康发展具有深远意义，对于推动全民阅读、建设学习型社会也具有重要的推动作用。

《中华人民共和国公共图书馆法》明确了公共图书馆在国家公共文化服务体系中的法律地位，使其成为国家文化政策的重要组成部分，强化了政府设立和保障公共图书馆的责任，确保了公共图书馆建设和运营的财政支持，从而保障了图书馆服务的持续性和稳定性。《中华人民共和国公共图书馆法》不仅确立了公共图书馆的基本原则和目标任务，如免费开放、资源共享、读者至上等，为图书馆服务提供了方向；还构建了公共图书馆的制度体系，包括图书馆的设立、管理、服务、监督等方面的规定，为图书馆的规范化运作提供了法律框架，为公共图书馆事业法治化发展奠定了基础，有助于公共图书馆在法律框架内更好地发挥其在社会文化生活中的作用。

公共图书馆服务效能的高低直接关系到图书馆职能的发挥，也关系到公共文化服务均等化的实现效果。在国际上，图书馆绩效评价问题受到广泛关注，各国图书馆界在这一领域进行了探索并开发了各类评价指标体系。随着我国图书馆事业的不断发展，图书馆服务效能问题也日益受到重视。

我国图书馆界在借鉴国外经验的基础上，根据本国实际情况，探索出了适合我国图书馆效能评价的指标体系和评价机制，如设置用户满意度、服务覆盖率、读者参与度等评价指标，这些指标和机制不仅能够全面反映图书馆的服务水平，也能够指导图书馆提升服务效能。通过这些评价指标体系和评价机制，图书馆可以有针对性地改进服务，提高服务效能。

截至2022年，我国已经举办了七次全国公共图书馆评估工作。评估工作的开展，不但使公众了解了我国公共图书馆的发展状况，有助于图书馆发现问题、总结经验、提升服务质量，而且通过"以评促建"的方式，促进了公共图书馆服务效能的提升，满足了公众日益增长的阅读需求和文化需求，进而推动图书馆事业的发展。

（二）研究意义

本文对湖南省公共图书馆的服务效能进行了深入分析，并针对群众反映的服务诉求提出了切实可行的对策建议。这些建议不仅对湖南省公共图书馆的服务效能提升具有重要的实践意义，还为其他类似条件的公共图书馆提供了借鉴和参考，同时为相关部门提供了政策建议。

本文包含三个方面的内容：一是湖南省少年儿童图书馆服务效能建设情况分析。通过对湖南省少年儿童图书馆的服务效能进行系统分析，了解其在资源配置、服务内容、服务质量等方面的现状和存在的问题以及图书馆在满足少年儿童阅读需求、提供多样化服务、提升服务效能方面的优势和不足。二是收集和分析群众对湖南省公共图书馆服务效能的反馈，了解群众的需求和期望；分析群众反馈的主要问题，如服务不足、资源不足、服务质量不高等，并找出问题的根源。三是根据分析结果，对图书馆提出针对性的对策建议，如优化资源配置、增加服务内容、提高服务质量等；对政府提出政策建议，如增加财政投入、优化政策环境、加强人才培养等，以支持图书馆服务效能的提升。

二、相关概念

（一）公共图书馆服务效能的内涵

根据《公共图书馆服务规范》，公共图书馆服务效能的定义涵盖了图书馆投入资源的能力和效率，旨在满足用户需求。服务能力和服务效率是评价公共图书馆服务效能的两个关键维度。

服务能力包括6项内容：①服务时间：包括图书馆的开放时间、节假日服务时间等，直接影响用户访问图书馆的便利性。②基本服务：图书馆提供的最基本服务，如图书借阅、信息查询等。③流动服务：图书馆将服务延伸到社区、学校、农村等地方，提高服务覆盖率。④远程服务：通过互联网等远程技术手段提供服务，如电子书借阅、在线咨询等。⑤个性化服务：根据用户的需求提供定制化服务，如预约借阅、个性化推荐等。⑥总分馆服务：图书馆通过总分馆模式，实现资源共享和服务联动，提高服务效率。

服务效率包括8项指标：①文献加工处理时间：图书馆从采购到上架的整个文献加工处理流程所需的时间。②闭架文献获取时间：用户请求闭架文献后，图书馆提供文献的时间。③开架图书排架正确率：图书馆工作人员对开架图书排架的准确度。④馆藏外借量：图书馆文献被借出的数量。⑤人均借阅量：平均每位读者借阅的文献数量。⑥电子文献使用量：图书馆电子文献的使用次数。⑦文献提供相应的时间：图书馆响应读者文献请求的时间。⑧参考咨询响应时间：图书馆对参考咨询的响应时间。

通过以上具体的指标，公共图书馆可以对自身服务效能进行量化评估，从而发现服务中的不足，并采取措施改进。这些指标也可以作为图书馆服务效能评价体系的一部分，帮助图书馆不断提升服务质量和效率，更好地满足用户需求。

综上所述，根据《公共图书馆服务规范》中所指出的关于公共图书馆服务效能的定义，结合公共管理学中"服务效能"的含义，本文所指的公共图书馆服务效能是指公共图书馆投入的各项资源在满足读者或用户需求中所体现的能力、效率和效益。

（二）公共图书馆服务效能的影响因素

公共图书馆服务效能是一个综合性的概念，它涵盖了服务能力、服务效率和服务效益三个方面，而影响这三个方面的因素是多元的。除《公共图书馆服务规范》中提到的服务时间、服务内容、文献处理或获取时间、参考咨询相应时间等因素，图书馆员工的专业素质也直接影响到服务能力和服务效率，高素质的员工能够提供更专业、更高效的服务；图书馆的文献资源、电子资源、设备资源等都是服务能力的基础，更新及时的丰富资源可以提升服务能力；服务手段的现代化程度，如自助借还系统、在线查询系统等，可以提高服务效率。此外，图书馆的管理水平，包括服务流程管理、人力资源管理、财务管理等，对公共图书馆服务效能有直接影响；图书馆的运营策略，如宣传推广、合作伙伴关系、服务创新等，可以提升服务效益；信息技术在图书馆服务中的应用，如大数据分析、人工智能辅助服务等，也可以提升公共图书馆服务效能；政府以及相关政策的支持对公共图书馆服务效能也有重要影响。

为了全面系统地分析和评价公共图书馆的服务效能，本文构建了包括服务功能、服务手段、服务机制、服务效率和服务效果五个方面的分析框架，形成了图书馆服务效能的全面评估和评价体系。

1. 服务功能

公共图书馆的服务功能可以分为基本服务功能和拓展服务功能，这两种功能共同构成了图书馆服务的整体框架。

图书馆提供阅读场所和设施，确保读者能够在一个舒适的环境中进行阅读和学习；在特定的时间范围内对外开放，确保读者能够随时访问和使用图书馆资源；提供图书借阅服务、一般性的信息查询和咨询服务和总分馆之间的资源共享和流动服务，以及举办各种读者活动，如讲座、展览、故事会等，扩大服务范围，这是图书馆的基本服务功能。

拓展服务功能主要指图书馆提供远程服务、个性化服务、文化休闲服务和其他社会教育服务，以满足读者基本需求之外的其他需求；通过互联网等技术手段，提供在线资源访问、电子书借阅、远程咨询等服务；根据读者的个人喜好和需求，提供定制化的阅读推荐、主题讲座；举办文化娱乐活动，如音乐会、戏剧表演、电影放映等，丰富读者的文化生活；通过举办大型讲座、研讨会、工作坊等活动，为读者提供教育机会，促进社会知识传播。

基本服务功能和拓展服务功能的结合，使公共图书馆能够更好地满足读者的多样化需求，提升了图书馆的社会价值和影响力。

2. 服务手段

公共图书馆服务手段包括传统服务手段和智能服务手段。

传统服务手段主要依靠图书馆提供的资源和工作人员的服务来实现，是实体图书馆最基础的服务手段。传统服务手段依赖于实体图书馆的开放时间和地点，限制了读者的访问和使用；传统服务手段下的图书馆资源获取主要依赖于纸质书籍和实体资料，限制了读者的阅读选择和获取信息的范围；而且传统服务手段下的图书馆资源管理成本较高，图书采购、分类、上架、借还等环节都需要大量的人力和物力投入，资源管理成本高。

随着网络信息时代的发展，图书馆开始利用现代信息技术手段建立网络化、数字化的图书馆，读者可以通过图书馆的网站或移动应用访问电子书、期刊、数据库等在线资源，图书馆也可以利用智能推荐系统根据读者的阅读历史和偏好推荐图书和资源；图书馆还引入了自助借还书机、查询终端等设备，提供自助服务，减少读者的等待时间，提高了服务效率。

3. 服务机制

服务机制是图书馆服务系统的核心组成部分，它决定了服务系统的内在联系、功能及运行原理。服务机制的完善与否直接关系到服务效能的提升。影响服务机制的内容主要包括管理机制、组织运营机制和保障机制，这三个方面相互关联，共同作用于服务效能的提升。

管理机制是指图书馆内部的管理体系，高效的管理机制能够确保图书馆工作人员按事先设定的工作流程进行作业，提高工作效率和服务质量；组织运营机制是指图书馆内部的组织结构和运营模式，合理的组织运营机制能够确保服务流程的顺畅，提高服务效率；保障机制是指图书馆为保障服务功能和效率提供的支持体系，有效的保障机制能够确保服务功能得到充分发挥，提高服务效能。

4. 服务效率

服务效率是衡量图书馆在服务过程中资源利用程度的重要指标，它反映了图书馆服务的质量和效率。服务效率的衡量指标涵盖了图书馆服务过程的各个方面，包括资源利用、读者服务、文献处理等。

为了更直观地反映服务效率水平，本文主要通过图书馆满意度调查问卷来收集读者的反馈和评价。满意度调查问卷采用定量和定性相结合的方法，可以帮助图书馆了解读者对服务效率的主观感受，从而进一步优化服务流程，更全面地评估和提升其服务效率。

5. 服务效果

服务效果是衡量图书馆服务活动成果的重要标准，它不仅反映了图书馆服务目标的实现程度，还体现了服务活动对社会和行业的影响。服务效果的评估可以从多个维度进行，包括对群众的影响、对社会的影响及对公共图书馆领域的影响。本文通过群众满意度、社会美誉度、业界认可度三个方面评价服务效果。

群众满意度是指读者对图书馆服务的主观评价和感受，通过满意度调查问卷、读者反馈等方式，可以了解读者对图书馆服务的满意程度，从而评估服务效果；社会美誉度是指图书馆在社会公众中的声誉和形象，一家图书馆如果能够提供优质的服务，并且积极开展社会公益活动，那么它的社会美誉度就会提高；业界认可度是指图书馆在公共图书馆领域内的知名度和影响力，一家图书馆如果能够提供创新的服务模式，或者在某一领域有突出的表现，那么它就会获得业界的认可。

三、湖南省公共图书馆少年儿童主题阅读服务满意度调查
——基于湖南省少年儿童图书馆的数据

为了解湖南省公共图书馆少年儿童主题阅读的服务效能水平，获知公众实际的精神文化需求，客观分析湖南省公共图书馆少年儿童主题现阶段服务效能建设的整体情况，此分报告以湖南省少年儿童图书馆为例，进行了关于湖南省公共图书馆少年儿童主题阅读的服务满意度的问卷调查，详见附录1《湖南省少年儿童图书馆服务满意度调查问卷》。

（一）调查方法

本次调查问卷通过线上与线下相结合的方式发放。

线下调查问卷以重点调查与随机调查相结合的方式发放，对在湖南省少年儿童图书馆内阅读和学习的 1800 人进行重点调查，对进出馆的市民 600 人进行随机调查。线上调查采用了抽样调查的方法，随机选取了在图书馆留下电子邮件的 800 名读者发送电子版调查问卷。线上与线下发放样本总量为 3200 份，回收有效问卷 3168 份，有效回收率 99%。

本次调查问卷线下发放问卷总数为 2400 份，其中随机调查共发放了 600 份问卷，回收数量为 586 份，回收率为 97.67%；重点调查共发放了 1800 份问卷，回收数量为 1798 份，回收率为 99.89%。线上通过电子邮件发放问卷总数为 800 份，回收数量为 784 份，回收率为 98%。问卷的发放与回收情况如表 1 所示。

表 1 调查问卷的发放情况

发放方式	调查方式	数量	发放总数	回收数量	回收率（%）
线下发放	随机调查	600	2400	586	97.67
	重点调查	1800		1798	99.89
线上发放	抽样调查	800	800	784	98.00

（二）调查指标

本次问卷调查主要由基本信息、项目打分、意见建议三个部分组成。项目打分环节设计了四个主要的调查项目和五个分值。在每一个项目内都设计了相关的问题和可供选择的选项，要求受访者对每一选项的满意程度进行打分。

1. 项目设计

根据上文服务效能建设的影响因素分析，确定服务效能分析的五个维度，即服务功能、服务手段、服务机制、服务效率、服务效果。由于服务机制不便考察，因此调查问卷中设置了服务功能、服务手段、服务效率、服务效果四个调查项目，如表 2 所示。

表2　调查问卷的项目设计

项目	具体指标	项目	具体指标
服务功能	环境、空间	服务手段	电子设备、网络设施 网络信息服务 数字图书馆（微信、网站等） 多媒体技术
	场馆秩序		
	阅览空间和阅览桌椅		
	开放时间		
	读者活动		
	阅读推广		
	纸质文献		
	电子文献		
	信息服务		
	特殊群体服务		
	总分馆服务		
服务效率	文献上架速度	服务效果	综合评价
	闭架文献提供速度		
	排架准确率		
	文献提供响应时间		
	参考咨询响应时间		
	意见反馈处理		

2. 分值设计

本次调查问卷一共设计了五个选择段，分值越高，满意程度就越高；反之，则满意程度越低，如表3所示。

表3　调查问卷的分值设计

分值	1	2	3	4	5
对应项目	非常不满意	比较不满意	一般	比较满意	非常满意

（三）调查结果

调查分析发现，四个调查项目的综合平均值高于4分。这说明读者对湖南省公共图书馆少年儿童主题阅读服务的整体满意度为比较满意或非常满意。

1. 服务功能调查情况

服务功能满意度调查结果显示，从总体来看，图书馆服务功能满意度各项具体指标的平均分均较高，其中环境、空间的满意度最高，达到了 4.95分，其次是读者活动和特殊群体服务，平均分分别为 4.50 分和 4.43 分。从整体来看，图书馆在各个服务功能方面的表现都得到了读者的认可，综合平均分为 4.39，表明图书馆在服务功能方面整体表现良好，读者满意度较高，如表 4 所示。

表 4　服务功能满意度调查情况

项目	具体指标	平均分	综合平均值
服务功能	环境、空间	4.95	4.39
	场馆秩序	4.29	
	阅览空间和阅览桌椅供应	4.25	
	开放时间	4.44	
	读者活动	4.50	
	阅读推广	4.33	
	纸质文献	4.25	
	电子文献	4.20	
	信息服务	4.33	
	特殊群体服务	4.43	
	总分馆服务	4.27	

具体来看，环境、空间平均得分为 4.95 分，说明图书馆在提供舒适和适宜的阅读环境方面做得非常好，给读者提供了良好的室内设计、舒适的温度和光线以及安静的阅读氛围；读者对图书馆的开放时间、读者活动和特殊群体服务比较满意，满意度得分在 4.50 分左右；而场馆秩序、阅览空间和阅览桌椅供应、纸质文献与电子文献、总分馆服务 5 项的满意度得分均低于 4.30分，说明图书馆在管理和服务秩序方面、提供阅读空间和桌椅方面、文献资源的供应及图书馆在总分馆之间的服务方面，如资源共享、服务联动等还有提升空间。

2. 服务手段调查情况

服务手段满意度调查结果显示，各项具体指标的平均分均较高，其中数字图书馆（微信、网站等）的满意度最高，达到了 4.42 分，表明图书馆在服务手段方面整体表现良好，读者满意度较高。从整体来看，图书馆在服务手段方面的表现得到了读者的认可，如表 5 所示。

表 5　服务手段满意度调查情况

项目	具体指标	平均分	综合平均值
服务手段	电子设备和网络设施	4.38	4.36
	网络信息服务	4.32	
	数字图书馆（微信、网站等）	4.42	
	多媒体技术	4.33	

此外，读者对图书馆提供的电子设备和网络设施表示满意，得分 4.38 分，说明图书馆提供了舒适的阅读设备、稳定的网络连接及良好的网络速度等；多媒体技术和网络信息服务两项得分不相上下，分别为 4.33 分和 4.32 分，说明读者对图书馆的多媒体技术及图书馆提供的网络信息服务表示满意。

3. 服务效率调查情况

服务效率满意度调查结果显示，各项具体指标的平均分均较高，从整体来看，图书馆在服务效率方面的表现得到了读者的认可。其中文献上架速度、排架准确率和参考咨询响应时间三项的满意度最高，分别达到了 4.45 分和 4.40 分。意见反馈处理得分最低，为 4.28 分，说明读者对图书馆处理读者意见的速度和效果不是很满意，图书馆在收集和回应读者意见方面还需要及时改进提升服务速度和服务水平，如表 6 所示。

表 6　服务效率满意度调查情况

项目	具体指标	平均分	综合平均值
服务效率	文献上架速度	4.45	4.38
	闭架文献提供速度	4.39	
	排架准确率	4.40	
	文献提供响应时间	4.33	
	参考咨询响应时间	4.40	
	意见反馈处理	4.28	

4. 服务效果调查情况

服务效果调查满意度情况如表 7 所示。服务效果这一项的平均值为 4.35 分，满意度较高：绝大多数读者（约 85%）对图书馆的服务效果表示满意，其中"非常满意"的读者占比最高，达到 46.14%。只有不到 1% 的读者表示"非常不满意"，约 5% 的读者表示"比较不满意"，这表明图书馆的服务效果整体上得到了读者的认可。

表 7　服务效果满意度调查情况

分数及服务效果	人数	比例（%）	平均分
1（非常不满意）	30	0.94	4.35
2（比较不满意）	160	5.02	
3（一般）	286	8.98	
4（比较满意）	1240	38.92	
5（非常满意）	1470	46.14	

尽管大多数读者对服务效果表示满意，但仍有 8.98% 的读者认为服务效果一般，图书馆可以针对这部分读者进行深入分析，找出服务中的不足之处，并采取措施进行改进。

四、湖南省公共图书馆少年儿童主题阅读服务效能建设的成效
——基于湖南省少年儿童图书馆的实践

通过湖南省公共图书馆少年儿童主题阅读服务满意度调查发现，湖南省公共图书馆少年儿童主题阅读服务效能建设能够取得显著成效，这得益于其在服务条件、服务功能、智能手段、运营机制和服务效果方面的持续投入和优化。图书馆在硬件设施、环境布局、资源配置等方面提供了良好的服务条件，这些条件直接影响到读者体验和满意度；图书馆提供的基本服务功能和拓展服务功能能够满足不同读者群体的需求，如提供阅读场所和设施、保证服务时间、提供借阅服务、一般性的信息服务等；图书馆在服务手段方面采

用了电子设备、网络设施、数字图书馆等智能手段，这些手段的不断优化提升了服务效率和服务质量。

（一）服务条件比较优越

1. 地理环境、馆舍环境优越

以湖南省少年儿童图书馆为例，它位于长沙市中心城区，地理位置优越，与湖南图书馆、湖南博物院等文化机构构成了一个重要的文化圈，共同为长沙市及周边地区的居民提供丰富的文化资源和公共服务。作为长沙市的地标性文化建筑和文化名片，湖南省少年儿童图书馆不仅承载着城市的文化记忆，也是长沙市文化繁荣的重要标志。

湖南省少年儿童图书馆的服务人口达到446万人，作为长沙市重要的公共文化服务窗口，在促进市民的文化生活、提高市民的文化素养、传承和弘扬中华优秀传统文化等方面发挥着重要作用。

湖南省少年儿童图书馆是一座拥有42年历史的省会城市图书馆，建馆时，只有300平方米的平房，通过多年的努力，1992年，建成了富有儿童特色、美观、适用的新阅览大楼，馆舍面积达13800平方米，是湖南省内最大的以少年儿童为主要服务对象的图书馆。2017年以来，湖南省少年儿童图书馆争取中央和省级财政专项资金1000多万元，恢复、改造、提升服务空间3000平方米，打造了童趣盎然、功能齐全的阅读花园、儿童剧场、阅研阅创空间、生态文明体验馆等新型的多元服务场馆；新增了绘本馆、综合借阅二室、外语阅览室、思贤自修室等开放窗口；解决了消防通道被堵塞的问题，消除了配电间和旧书库大楼、旧印刷厂、旧单车棚等安全隐患，维修、整治、刷新了阅览大楼，建成了图书自动借还系统、馆内自动监控系统、大型活动自动发布录播系统和疫情防控系统，提出了"建设美丽和智慧型少年儿童图书馆"的理念和目标。

2. 区域设置合理、设施设备齐全

以湖南省少年儿童图书馆为例，它服务区域设置合理，设有覆盖多种功能的阅览室和视听室、智力玩具室。阅览室布局均采用"动区""静区"进行分区，并设置吸音顶棚、吸音墙等装饰材料减低噪声。阅读花园充分利用原有露台结构改造成阳光房，不但增加了阅览室的面积，还充分利用了天然采光为青少年读者提供了更好的阅览空间。

湖南省少年儿童图书馆的基础性设施配置全面且现代化，能够满足读者

的多样化需求。图书馆通过这些设施的配置，提升了服务效率和质量，为读者提供了一个舒适、便捷、科技化的阅读环境。全馆共有 1269 个座椅，为读者提供了足够的座位，使他们在阅读和休息时能够有舒适的环境；配备 58 台多媒体终端，读者可以利用这些设备进行信息查询、在线学习；采用 Interlib3 区域图书馆集群自动化管理系统，将图书的采购、分类、借还等流程电子化，提高了图书馆的管理效率；同时对全馆实行无线网络全覆盖，为读者提供了便利的网络接入条件，方便读者使用图书馆的电子资源和服务；此外，还有阅读书架配置光控设施、书桌安装多个充电插座等，这些人性化的设施配置充分考虑了读者的实际需求，提高了阅读体验。

3. 馆藏特色资源丰富

以湖南省少年儿童图书馆为例，在纸质文献方面，截至 2022 年，馆藏总量约 146.86 万册（件），其提供的特色文献服务在全国著称。按照制订的馆藏发展规划，经过一段时期的建设积累，湖南省少年儿童图书馆现已形成具有一定规模、结构比较完整，具有自己独特风格的以下 4 类特色馆藏：绘本亲子阅览室、图画王国、英文绘本室、特藏文献室。

在电子文献方面，截至 2022 年，湖南省少年儿童图书馆各类数字资源馆藏总量为 168.74 万册（件），包含内容丰富、形式多样的适合青少年阅读的电子图书、期刊、音视频电子资源等。

（二）服务功能较为完备

以湖南省少年儿童图书馆为例，它通过打造集文献服务、信息咨询服务、读者活动、阅读推广、社会教育等功能于一体的多元化服务体系，有效满足了不同读者群体的需求。这种服务体系的设计不仅提供了丰富的阅读资源，还提供了多种形式的互动和交流平台，使图书馆不仅是一个借阅书籍的地方，更是一个学习和交流的场所。调查结果显示，受访者对服务功能的整体满意度较高，这表明湖南省少年儿童图书馆在服务功能方面取得了显著成效。

根据湖南省少年儿童图书馆年报统计，2019~2022 年共接待读者 119.96 万人次；总文献借还册次为 98.43 万；读者参与活动人次共 32.46 万，具体如表 8 所示。

表8　2019~2022 年湖南省少年儿童图书馆服务读者情况

年份	全年接待读者（万人次）	文献借还（万册次）	读者参与活动（万人次）
2019	28. 22	26. 03	7. 91
2020	29. 80	24. 83	1. 94
2021	24. 39	19. 68	21. 23
2022	37. 55	27. 89	1. 38

资料来源：湖南省少年儿童图书馆。

湖南省少年儿童图书馆在提供服务方面展现了一系列的现代化和人性化特点，这些特点对于提升服务效能和读者满意度至关重要。

第一，馆舍空间和环境等服务条件较好。图书馆在馆舍设计和环境布局上注重现代化和人性化，为读者提供了舒适、便捷的阅读和学习环境；根据进馆高峰期和服务对象的不同，图书馆针对性地延长服务时间，以更好地满足读者的需求。

第二，文献借阅服务水平大幅度提升。图书馆建立了涵盖办证、借阅、馆际互借、自主阅读、文献复制服务等的系列服务体系，提高了文献借阅的便利性和效率。

第三，信息咨询服务多样化。湖南省少年儿童图书馆逐渐建立了人工解答、电话、网络信息咨询等多种信息咨询服务方式，为读者提供了多种选择，提高了咨询服务的灵活性和便捷性。

第四，提供丰富多样的读者活动服务。在活动的数量方面，湖南省少年儿童图书馆在 2022 年开展了 57 场（次）活动，平均每月超过 4 场（次），活动内容丰富多彩，涵盖市民讲座、展览、主题性活动等，如"书中故事我来讲"绘本分享活动、传统文化学堂等，还增加了文创设计，丰富了服务内涵；在活动的方向方面，湖南省少年儿童图书馆始终坚持"面向少儿，面向未来"的服务宗旨，着重培养少儿爱读书、想读书、读好书的习惯，为建设文明城市、学习型城市，推动湖南少儿阅读事业做出了积极的贡献；在活动的组织和开展方面，积极引入志愿者服务等社会力量参与，通过利用社会资源提高活动的覆盖面和有效性。

（三）智能手段不断优化

在信息时代，图书馆服务手段的优化和创新对于提升服务效率和读者体验至关重要。以湖南省少年儿童图书馆为例，它应用高科技和智能服务手段，体现了图书馆在适应时代发展需求方面的积极态度和前瞻性思维。购置了自助借还书机、智能检索系统、电子阅读设备等，提高了服务效率和便捷性；建立了完备的网络服务平台，包括官方网站、移动应用程序等，为读者提供了便捷的在线服务入口，并实现了馆内资源的即时共享和及时维护，为读者提供更个性化、更智能化的服务，提高了服务效率和读者满意度。

（四）运营机制初步建立

以湖南省少年儿童图书馆为例，它在组织运营机制方面取得了显著成效。这种机制的建立和优化，有助于提高图书馆的服务效能，满足读者的需求。未来将继续优化这些机制，以进一步提升服务质量和效果，推动图书馆事业的发展。同时，图书馆可以考虑进一步扩大总分馆制的覆盖范围，增加馆外服务点，以进一步提升服务效能，推动图书馆事业的发展。

第一，从内部运营机制来看，湖南省少年儿童图书馆建立了科学的分部制，设置了借阅部、采编部、活动部等 20 余个职能部门，每个部门根据不同的服务对象设置不同的服务小组，使图书馆能够更加精准地满足不同读者的需求，保障了服务的科学性和有效性，有助于图书馆更有效地管理和运营。

第二，从外部运营机制来看，湖南省少年儿童图书馆初步构建了总分馆制，使图书馆的资源和服务能够更加有效地覆盖更广泛的读者群体，实现馆际互借，促进了资源整合。另外，湖南省少年儿童图书馆还在湖南省设立馆外服务点，延伸服务范围，尽可能地覆盖服务盲区，提高图书馆的服务覆盖率和可及性。截至 2022 年底，分馆和固定服务点数量达 31 个。

（五）服务效果日渐显著

以湖南省少年儿童图书馆为例，它目前在服务效能建设方面已经初见成效。第一，服务水平有了明显提升，特别是在场馆环境、现代化服务方面得到了高度认可。湖南省少年儿童图书馆根据少年儿童阅读特点与需求，不但提供了丰富多样的读者活动服务，还满足了读者的多元化需求，提升了服务效果，在服务手段方面应用高科技和利用互联网资源进行服务手段升级，提高了服务的效率和质量，市民进馆人数、办证人数、借阅人数与日俱增。第二，社会美誉度提高。湖南省少年儿童图书馆微信公众号自开通运行以来，成为一个重要的阅读窗口，深受广大读者喜爱，读者浏览阅读人数不断增加，现在微信公众号阅读的读者已成为主流。第三，业界认可度提升。湖南省少年儿童图书馆获得了国家一级图书馆、全国科普教育基地、未成年人保护先进单位、湖南省中小学生研学实践教育基地等数十项省部级荣誉称号。

五、湖南省公共图书馆少年儿童主题阅读服务效能建设中存在的问题及原因分析

（一）存在的问题

1. 馆藏文献总量及利用率不足

图书馆的文献资源是其服务读者的核心基础，因此，文献资源建设是公共图书馆最重要的工作之一。读者希望图书馆能够提供覆盖各个学科和领域的文献资源，以满足不同需求，希望图书馆的文献资源易于获取，包括便捷的借阅流程、丰富的在线资源、良好的检索系统等；对于专业读者，他们希望图书馆能够提供与研究领域相关的专业文献资源，以支持他们的学术研究和教学需求。

通过分析调查结果发现，大部分受访者认为湖南省公共图书馆的文献资源的总量及利用程度并不能满足现有要求。

第一，文献总量不足。以湖南省少年儿童图书馆为例，它的藏书总数呈现逐年上升的趋势，但受到地区经济发展水平的影响，与发达地区的图书馆相比，文献总量稍显不足。

第二，文献利用不充分。现有的纸质文献和电子文献由于没有完全匹配读者的阅读需求，借阅率不高。就纸质文献而言，部分受访者反映没有阅读兴趣，尤其是在图书馆特色文献阅读方面；就电子文献而言，进行数字阅览的人数占比较低，电子文献的利用率也较低。

2. 深度服务不到位

调查结果发现，湖南省公共图书馆在少年主题阅读深度服务方面还存在不足，体现在以下方面：

第一，传统借阅服务减弱，个性化服务较少。一方面，为适应人工智能的发展带来的便利和便捷，图书馆更多地采用智能化服务，减少了传统借阅服务，却忽略了部分读者的需求。例如，纸质图书的借阅流程智能化之后，读者依靠智能设备就可以完成书籍的检索、借阅和归还，但对部分读者，特

别是未成年人,他们需要更细致、更周到的传统借阅服务。另一方面,缺乏个性化服务。图书馆现有的服务是针对普通用户的一般服务,但有些特殊人士如低龄幼儿等,需要根据他们的不同特征开展个性化服务。

第二,阅读推广力度仍然不足。部分图书馆虽然在馆内开展了丰富多样的读者活动和讲座,但这些活动开展前并没有被广泛宣传,让更多的受众知晓;从活动内容来说,目前的活动以文化休闲方面为主,活动内容深度还不够,而且针对阅读推广的内容不多。另外,大部分阅读推广活动还局限在图书馆内,没有进行有效的宣传,没有起到扩散作用,馆外人员没有顺畅的渠道能方便地获取相关活动信息,更不要说参与到活动中来,导致阅读推广活动效果不好。

3. 服务资源供求失衡

调查结果反映,因为节假日、周末、寒暑假读者进馆时间比较集中,高峰期"一座难求",因此受访者认为现有的阅览座椅数量偏少,影响了读者的进馆体验。人流集中说明图书馆对市民有吸引力,大家的阅读需求比较旺盛,但这种集中也带来了服务供需失衡的问题,进馆人数的大幅波动,给图书馆均衡服务带来压力,造成人均享受的服务质量产生波动。这主要体现在以下两个方面:

第一,设施设备供不应求。虽然进馆人数总体在不断攀升,但人流量波动很大,高峰期内平均日进馆人数甚至多达3000余人。以高峰期测算,人均拥有座椅量不多,但在非高峰期,座椅空闲量较多。以湖南省少年儿童图书馆为例,它提供座椅数量为1269个,高峰期每天一个座椅要服务2~3个人,就会出现等座或无座的情况。高峰期一座难求的另一个原因,是寒暑假期间进馆的大部分读者是学生,学生学习阅读有稳定的座椅需求。进馆人流量日益增加和波动性大的特征,导致现有的设施不能满足读者需求。

第二,服务人员供不应求。根据《公共图书馆服务规范》规定每服务人口10000~25000人应配备1名工作人员。各级公共图书馆所需的人员数量的配备,还应兼顾服务时间、馆舍规模、馆藏资源数量、年度读者服务量等因素。就2022年来看,湖南省少年儿童图书馆员工总数46人(长沙市中小学生人口总数约100万人),平均每个员工要服务大约2.2万人,虽然处于规范要求内,但结合不断上升的人口和逐年增长的读者量,该数值并非处于合适范围,这在一定程度上加重了服务压力,导致工作人员在人流量大的时间段,同时服务多人,或同时兼顾多项工作,降低了服务质量和服务效率,影响了读者对服务效果的感知。

4. 人员结构不尽合理

以 2022 年湖南省少年儿童图书馆工作人员情况为例，图书馆人员结构不尽合理。一是管理专业人员和技术人员比例较低。技术人员比例偏低会导致图书馆文献管理、信息检索、阅读推广等方面的专业能力不足，管理专业人员的不足则会影响图书馆的运营效率和服务质量。

（二）原因分析

1. 资金保障力度不大

政策支持和资金投入是图书馆在资源采购、设施建设、服务创新等方面的强有力支持。目前，湖南省公共图书馆的经费虽然在逐年增加，但总体投入还是不够，与图书馆发展需求和读者的服务需求还有一定距离。具体体现在以下方面：

第一，总分馆建设资金投入不足。县级或县级以下的图书馆建设经费紧张是一个普遍存在的问题，资金投入不足限制了其服务能力的提升。有的县级图书馆服务设施比较落后，技术设备设施无法满足读者需求，达不到国家公共图书馆的等级标准，图书馆的地域发展不平衡，导致湖南省公共图书馆少年儿童主题的整体服务效能不高。

第二，购书经费分配不合理。购买新书前，必须了解读者的需求，所购书籍要有一定的前瞻性，否则花费人力、物力、财力购买的新书，读者不爱看，又没有收藏价值，就形成了浪费。因此，图书馆对购书资金的分配不但要有科学性和合理性，还要提前进行合理的经费规划，除纸质图书的购置，还要加强县级图书馆的数字图书馆建设，利用互联网技术，提供更多在线资源和远程服务。数字图书有阅读便捷性、易检索、更新快、占地少、易保存、可复制分享等优势，可以弥补实体资源的不足。

2. 管理机制不完善

管理机制是图书馆进行科学决策和规划的重要基础。管理机制不完善，会导致图书馆内部管理效率低下、管理流程混乱，阻碍图书馆的正常发展。湖南省公共图书馆管理机制不完善主要表现在以下两个方面：

一是图书馆内部人力资源管理不完善。馆员学习和培训机会虽多，但针对性学习培训较少。在设置培训学习内容时，没有完全了解被培训人员的需求，没有了解馆员在工作中急需寻找解决方法的问题，因此培训效果不佳。

另外，在职业发展和规划方面，只注重满足单位的用人需求，缺乏有效的职业晋升通道和奖励激励制度，忽视了员工个人发展的需求，因此造成了人员队伍的不稳定和人才流失。

二是用户管理较为欠缺。图书馆在进行服务的过程中，忽视了一些用户管理细节。图书馆管理人员没有从用户角度深入了解图书馆设施设备的使用便利性、图书借阅归还流程便捷性等用户的需求重点和难点，仅从管理者的角度、从便于管理出发来进行用户管理，这造成图书馆管理者与图书馆使用者视角的不对等，管理者不了解用户的需求，用户不理解管理者的要求，不但增加了管理成本，还降低了用户管理质量和效率。

3. 社会力量参与不足

图书馆的公益性决定了社会力量参与建设和管理的可能性。目前社会力量参与图书馆建设和管理的主要方式有政府购买服务、资本合作、志愿服务等，湖南省公共图书馆社会力量参与的作用不太明显。

一是个人参与不足。湖南省公共图书馆对个人捐助的宣传力度不足，个人对图书馆的捐资捐物很少，可能有些个人对图书馆有捐资捐物建设的意愿，但因为获取捐赠需求信息或渠道比较复杂或麻烦而放弃。图书馆志愿服务参与度也不足。志愿者服务意识不是很强烈，图书馆很难招募到精英志愿者。目前志愿者大多从事简单劳动，如进行书籍整理、上架、秩序维持等；专业性服务及个性化服务对志愿者的要求比较高，例如，专业性的大型活动及会务的讲解和翻译、文化培训、阅读推广，以及对特殊人群的服务等，有些志愿者无法胜任。

二是社会组织参与不足。例如，慈善团体和基金会对图书馆的建设和管理参与度不高。慈善团体和基金会往往更重视改善弱势群体的生存状况，或在面临大型灾难或天灾人祸时参与救灾和重建，图书馆的社会组织参与没有天灾人祸那么急切和重大，因此鲜有慈善团体和基金会参与。此外，图书馆现有的外包服务不规范，服务人员素质参差不齐，特别是对于专业的信息咨询，因其对人员素质要求较高，目前外包服务还没有正式开展。

六、湖南省公共图书馆少年儿童 主题服务效能提升策略

（一）完善内部制度，建立监督机制

湖南省公共图书馆应完善内部制度，要建立读者需求保障制度、监督制度和激励制度。读者需求保障制度的核心在于尊重和保障读者的基本权利。比如图书馆应该给读者提供舒适、干净、安静的阅读和学习环境，要有良好的通风条件，保证阅读人群的聚集不产生健康隐患；配备必要的基础设施和服务，如舒适的阅读座椅以及合理的、方便检索的书架等，供应开水、咖啡、小食品等，满足读者连续阅读的需求。同时，读者根据自身的感受以及对图书馆设备设施的使用感受，有权对图书馆的服务提出意见建议，图书馆可以根据读者反馈进行改进，提升服务质量。

建立科学合理的监督制度。没有监督就没有约束，服务质量和服务效率难以提高。目前，湖南省公共图书馆的服务人员主要由馆员、管理人员、外包服务人员及志愿者组成。对不同层级的工作人员，监督方式可以不同，但一定要建立严格的监督制度，部门主任和高层管理人员监督下级工作人员的服务工作，结合读者反馈进行考评；也要建立下级对上级监督的渠道，防止权力滥用。此外，要适度公开图书馆的管理信息，通过市民、媒体的监督，确保公共图书馆在透明的环境下运营。

健全激励制度。激励制度可以鼓励读者更加积极地利用图书馆资源，比如，读者阅读书籍可以获得相应的积分，积分可以兑换某些特别的书籍阅读权；激励制度也可以激励图书馆工作人员提供更好的服务，获得读者表扬的工作人员，也能积累积分；还可以针对工作人员对图书馆及读者、市民做出的贡献实施嘉奖，提高服务人员的工作热情。

（二）加强经费保障，合理配置资金

1. 加强总分馆建设资金投入

《中华人民共和国公共图书馆法》提出"加大对政府设立的公共图书馆

的投入，将所需经费列入本级政府预算，并及时、足额拨付"。规定了政府对公共图书馆的投入责任，体现了国家对公共文化服务体系建设的高度重视。根据这一法律要求，湖南省相关部门应当确保公共图书馆的资金投入，重点加强对总分馆建设的资金支持，提升公共图书馆的服务能力，保障公民的基本文化权益。

第一，随着财政收入的增长，各级相关部门对公共图书馆，特别是市、县、区级图书馆的经费投入也应该相应地增加。要保证对公共图书馆经费的及时和足额拨付，尤其是县级和县级以下公共图书馆的经费投入，防止因经费不足而影响基层文化服务的提供。要通过法律和政策明确图书馆经费的拨付标准和流程，确保经费的拨付有法可依、有章可循。

第二，要加强总分馆进行空间改造升级、购买文献、购置设备以及招募人员所需的经费投入。图书馆的空间布局对读者的使用体验有着直接影响，合理的空间设计能够提升阅读环境，吸引更多的读者。因此，对图书馆的空间改造升级加强经费投入是非常有必要的。图书馆的文献资源是服务读者的基础。购买文献的经费应根据服务人口数量和公众需求来确定，确保文献的多样性和时效性，满足不同读者的需求。同时，应考虑电子资源的采购，以适应数字化阅读的趋势。现代化设备对于提升图书馆服务至关重要，要保证购置现代化设备的经费充足，保障图书馆服务的现代化和便捷性，提高服务效率。图书馆工作人员的素质直接影响到服务的质量。在招募人员方面，除保证编制内人员的薪酬和福利外，也应注重非编制人员的待遇，包括基本工资的保障和福利的增加，以吸引和保留优秀人才。

2. 合理配置购书资金

在有限的经费投入下，公共图书馆要开源节流，多方募集资金，合理地配置购书资金，使购买的图书能最大限度地满足读者需求。

第一，要编制合理的资金分配方案，按需分配，确保资金分配的合理性、透明度和规范性。文献资源是图书馆服务的核心，首先，要保证文献经费分配的合理和透明。其次，管理层、采编部门、财务部门应协同工作。最后，一线服务人员的意见和建议应被充分考虑，因为他们直接与读者打交道，更了解读者的需求。此外，将分配方案向志愿者、读者等文献使用者公开，可以增加经费使用的透明度，确保分配方案的合理性和科学性。第二，应当制定明确的规范的经费分配流程，要有适用的经费分配指导原则。依据往年的经费使用情况和当年的用户需求进行调查分析，基于年度实际需求来确定合适的分配方式，并追踪资金使用的全过程，注重使用效果和反馈，避免资源的浪费和滥用。第三，要建立经费使用效益评价机制，确保公共图书馆资金的有效利用和服务的持续改进。要根据当年馆藏文献结构和读者需求进行年度经费评价，形成资金使用评价报告，清晰地展示经费使用的情况，包括哪些方面做得好、哪些方面需要改进，以及具体的数据分析，便于理解。将评价结果作为以后年度经费预算和安排的重要依据，确保图书馆资源的持续更新和优化。

（三）优化人力资源管理，推进用户管理

1. 优化人力资源管理

人力资源是图书馆提供优质服务的基础，有效的管理能够充分调动员工的积极性，发挥他们的潜能，从而提升图书馆的整体工作效率和服务质量。

第一，要提高工作人员的专业素养。公共图书馆工作人员的专业素养是确保图书馆服务质量的关键。图书馆要定期为工作人员提供专业培训，包括图书情报学、信息技术、读者服务等方面的知识更新，提高他们的服务能力和服务水平；要鼓励工作人员获取相关的专业资格认证，如图书馆学学位、信息技术证书等，提升他们的专业知识和技能；要为工作人员制订个性化的专业发展计划，帮助他们明确职业目标，并提供实现这些目标所需的资源和机会；让图书馆工作人员实行岗位轮换，不但能提升工作人员不同方面的专业能力，还能随着岗位的变化对服务工作进行全面的全新思考，提升工作人员的格局，促进部门之间的协调和配合。

第二，要加强团队建设。首先，积极的、支持性的工作环境能够提升团队的凝聚力和工作效率，促进工作人员团结一致、朝着共同的目标前进。培养馆员"以人为本"的服务理念，真正从心里尊重和服务读者，促进个人和团队的共同成长。其次，要打造学习型团队，以正确的价值观为核心，领导率先垂范，促进工作人员从普及性、被动性的学习到研究性、自发性的学习转变。

2. 进一步推进用户管理

公共图书馆的用户是其最重要的资源之一。用户既是图书馆服务的接受者，也是图书馆服务质量和效果的重要评判者。推进用户管理，确保用户能够有效利用图书馆资源，对于提升服务满意度和图书馆的整体发展至关重要。

第一，要关注用户的需求。针对用户在使用图书馆服务时遇到的任何问

题，要及时处理。要尊重和重视每一位读者给出的反馈，能当场解决的当场解决，不能当场解决的有代表性的问题，事后要上报寻求解决方案。针对读者反映的图书馆有时候秩序差的问题，可以制订"用户座位管理""读者守则"等程序性的解决方案，约束小部分读者的不良行为，营造良好的阅读氛围。

第二，要重视用户反馈。一方面，要安排专人收集用户反馈的意见和建议，及时进行整理归纳，对可以改善的合理建议积极采纳、及时解决；暂时无法改善的合理建议，要及时答复和说明，列入图书馆下一步的长期目标和发展规划。另一方面，针对文献利用不够充分的问题，可以定期进行用户需求调研，了解用户的阅读偏好、信息需求和使用习惯，以便提供更加精准和个性化的服务。

第三，要加强用户体验与互动。一是提供用户教育，包括图书馆使用指南、信息检索技巧培训等，帮助用户更有效地利用图书馆资源。二是鼓励用户参与图书馆的决策过程，了解图书馆如服务改进、活动策划等活动，增加用户的归属感和参与感。三是利用现代信息技术，如自助借还书系统、在线资源访问、移动图书馆服务等，提供便捷高效的用户体验。四是定期进行服务满意度评估，通过用户反馈和数据分析来衡量图书馆服务的质量和效果，不断优化服务。

（四）优化运营机制，促进长效发展

1. 创新总分馆制

目前，我国部分地区已经根据实际情况进行了总分馆制的创新和探索，并取得了一定的成效。由此看来，创新总分馆制是提升公共图书馆服务效率和覆盖面的有效途径。结合湖南省公共图书馆服务资源供求失衡的问题，扩充馆舍、大规模地增加空间或设备是不现实的，而市民又急需享受均等的文化服务，因此，创新总分馆制，是非常有必要的。

第一，总馆对分馆进行人才、资源等的调配。文献资源由总馆进行统一采购和编目，可以确保资源的一致性和高效利用。工作人员由总馆派出，这样就保证了总馆和分馆之间实现有效的资源共享，既有助于保持服务标准的一致性，促进公众享受的文化权益的平等，也能促进专业知识的交流和学习。

第二，根据地方实际情况改善总分馆服务。重点考虑经济落后地区乡镇图书馆和文化站的一体化建设，可以有效地解决资源分配不均的问题。规划基层站点时，考虑人口和居民文化程度等情况，可以确保服务的针对性和有效性。重视数字化服务，确保分馆有足够的数字设备，与总馆实现数字资源共享，可以大大扩展分馆的服务能力。

第三，利用总馆优势提升分馆服务水平。总馆可以向分馆传授服务经验，定期派专业人员对分馆服务进行指导，有助于快速提升分馆的服务水平。通过这种方式，可以确保公众无论身处何地，都能享受到平等的文化服务权益。

2. 创设特色分馆

在现有的总分馆服务不能充分满足需求的情况下，公共图书馆还可以创设特色分馆。创设特色分馆是公共图书馆创新服务模式的一个重要方向，它能够提供更加丰富和专业的服务，满足特定群体的需求，也能够提升图书馆的文化影响力和服务效益。

第一，根据服务对象的不同创设分馆。可以设立少年儿童分馆、视障者阅读室等，针对不同群体的特殊需求提供专业化服务，提高服务质量和满意度。通过分流不同群体的读者，可以减轻总馆的服务压力，同时提升服务的针对性和效率。

第二，可以根据服务内容的不同创设分馆。打造主题分馆，如非遗文化分馆，可以展示和传播地方特色文化，增强图书馆的文化教育功能。主题分馆的设立不仅能够从多方面彰显城市的文化价值，还能够吸引更多的读者参与，提升图书馆的文化影响力。

第三，在设立特色分馆之前，要进行深入的需求调研，了解特定群体或主体的需求和兴趣，确保服务的有效性和受欢迎程度；整合各类资源，包括图书、数字资源、专业人才等，以确保特色分馆能够提供高质量的服务；可以与学校、社区、文化机构等合作，共同建设和运营特色分馆，实现资源共享和优势互补；通过有效的宣传和推广活动，让更多的公众了解和使用特色分馆，提升其知名度和影响力。

（五）夯实基础服务，加强深度服务

1. 持续保障基础服务能力

公共图书馆能够确保基础服务能力的持续保障，同时推进深度服务，提升服务质量，更好地满足公众的文化需求，促进社会文化的发展。

第一，要保障公共图书馆的传统服务。图书馆应该继续提供细致、全面的人工服务，特别是对于特殊群体，如为无法适应智能操作的人群提供代检索等服务。

第二，继续加强文献资源建设。定期向读者发放图书购买意愿调查问卷，了解用户真实的阅读需求。充分利用借阅数据，分析图书的借阅情况和影响力，以指导图书采购。提供专业程度强、具有学科研究性的图书，满足公众对专业知识的需求。整理、收集、保护和宣传馆藏特色文献，提高特色文献借阅量。

2. 进一步推进深度服务

公共图书馆推进深度服务能够促进服务质量的提升，有助于完善服务功能、提升服务效能。

第一，要丰富信息服务形式，包括联合参考咨询和定题服务，加强与省图书馆、各区县图书馆的人才和资源合作，以提供个性化服务，了解不同社会需求，增强服务的针对性。

第二，要加强阅读推广。一是加强阅读作品，特别是经典著作的宣传，利用网络手段进行推广。进行系统的阅读推广研究，设计不同的阅读方案，提高读者的阅读能力。二是在读者活动中加入阅读活动，对参与者进行奖励，增强阅读兴趣。三是对阅读效果进行测评，及时发现问题，有针对性地进行改进。

（六）鼓励个人和社会组织参与建设

鼓励个人和社会组织参与公共图书馆建设是提升图书馆服务质量和扩展服务范围的重要途径。

1. 鼓励个人参与

通过媒体宣传个人捐资、捐书的积极作用，并介绍相关的冠名、税收优惠政策和奖励政策，以激发公众的捐助兴趣。广泛招募志愿者，并进行严格的考察和筛选，确保志愿者具备良好的责任意识和服务意识。对志愿者进行专业培训，加强理论学习和实践学习，并引入考核制度；对志愿者实施精神激励和物质激励，如颁发奖状或赠予纪念品等，以培养志愿者的积极性；鼓励志愿者参与公共图书馆的管理，如竞选"市民馆长"，以帮助图书馆更好地了解公众需求。

2. 引导社会组织参与

鼓励慈善团体和基金会参与图书馆的捐赠活动，通过互联网手段开展多种渠道的捐赠活动，营造良好的慈善文化氛围；与私营图书馆建立数据库共享，与书店建立读者需求共享，实现资源的有效利用；规范外包服务，引入专业的信息服务团队、参考咨询服务团队，提升服务的专业性。

七、结语

公共图书馆是满足市民文化需求、提升城市文明素养、发展社会文化的场所和平台，对公共文化事业发展有着非常重要的影响力。但是，随着群众对文化需求的增长，现有的公共图书馆服务并不能充分满足群众需求，本文以湖南省少年儿童图书馆服务效能为研究对象，在理论研究的基础上，结合问卷调查、实践探索，进行系统分析，为湖南省公共图书馆少年儿童主题服务效能提升进行策略研究。

本文首先对湖南省少年儿童图书馆服务效能的成效进行分析，其次结合调查问卷的结果和数据分析发现湖南省少年儿童图书馆馆藏文献结构优化不足，深度服务不到位、服务资源供求失衡、人员队伍不尽合理的问题，进一步分析原因，提出提升公共图书馆服务效能的策略建议。

湖南省公共图书馆少年儿童阅读推广服务分析

一、研究背景与研究意义

（一）研究背景

联合国教科文组织 1972 年向全世界发出了"走向阅读社会"的号召，1995 年宣布将每年的 4 月 23 日定为"世界读书日"，号召人人读书。世界上许多国家也把阅读推广当成政府的重要职责，如美国启动全民阅读工程、英国提出国家阅读计划、俄罗斯政府制定和实施《国家支持与发展阅读纲要》，以及德国成立由总统担任主席的"国民阅读推广委员会"等。在知识经济时代，阅读推广不仅是提高公众文化素质的途径，也是提高国家竞争力的重要途径。

我国的阅读推广活动始于 20 世纪 80 年代，进入 21 世纪呈现蓬勃发展之势，并逐渐得到国家的重视。公共图书馆在全民阅读推广活动中发挥着重要的作用。公共图书馆作为社会文化教育机构，承担着全民继续教育和全民阅读推广的责任，是公众终身学习的主要基地，也是少年儿童阅读推广的重要阵地，承担着让少年儿童快乐阅读、健康阅读的使命。综上，公共图书馆肩负着社会文化教育的重任，要加强对少年儿童的阅读推广。

（二）研究意义

阅读推广作为国际图书馆学界的一种理念由来已久，国外图书馆界在此方面进行了大量的实践，并积累了宝贵的经验，取得了丰硕的成果。从理论角度来说，公共图书馆的一项重要的职责就是促进阅读，《公共图书馆宣言》

第四条"激发儿童和青年的想象力和创造力"和少年儿童阅读密切相关。从现实角度来说，公共图书馆必须进行阅读推广，书是为了用的，图书馆的馆藏应发挥作用。我国图书馆界的阅读推广服务起步较晚，但发展迅速；对阅读推广服务的理论研究近几年来也逐渐受到相关学者的重视，且研究成果颇丰。

公共图书馆是教育的重要组成部分，湖南省公共图书馆开展少年儿童阅读推广活动，可以充分利用图书馆文献信息资源，传承人类优秀文化知识。湖南省公共图书馆开展少年儿童阅读推广活动，可以充分发挥图书馆读书育人、教育育人的服务功能，可以充分利用图书馆文献信息资源，促进少年儿童阅读能力的提高和知识结构的完善，并最终让少年儿童实现全面发展。

二、阅读推广活动的相关概念

（一）阅读推广活动内涵

"阅读"是看、读并领会的意思，"推广"是扩大使用范围或起作用范围的意思。阅读推广是指通过举办丰富多彩的读书活动，扩大阅读在社会中的影响作用，从而让更多的读者参与到阅读中。阅读推广活动的首要目标是加快实现全民阅读，并以此为基础开展一切具有指导性和鼓励性质的阅读活动。图书馆作为阅读推广活动的核心力量，应最大限度地合理利用其自身丰富的馆藏资源、成熟的管理体系及完善的馆内服务设备等为少年儿童阅读推广活动保驾护航。

（二）阅读推广活动的意义

阅读推广活动的意义对于图书馆而言至关重要，它们不仅能够提升图书馆的服务水平，还能够促进社会文化的发展。

第一，阅读推广活动通过提供丰富的阅读材料和活动，帮助青少年建立阅读习惯，这有助于他们的心智发展和知识积累。

第二，传承文化，储备优秀人才。通过阅读推广活动，图书馆能够传承和弘扬文化知识，特别是对于少年儿童来说，这有助于他们更好地理解和接受文化传统，为国家的未来发展储备高素质人才。

第三，提高公众参与度。多样化的阅读推广活动，如讲座、读书会、展览等，能够吸引不同背景和不同兴趣的公众参与，提升图书馆的社会影响力。

第四，彰显图书利用率，提升少年儿童读者服务。阅读推广活动能够展示图书馆的利用价值，提升少年儿童读者的服务水平，帮助他们形成独立自主的阅读意识和兴趣，同时有助于图书馆的生存和发展，为公共图书馆的生存和发展打下坚实的群众基础。

三、湖南省公共图书馆少年儿童阅读
推广情况调查分析

湖南省公共图书馆在少年儿童阅读推广方面采取了多种创新措施，不仅提升了服务效率和服务质量，也为少年儿童提供了更多样化的阅读选择，有助于培养他们的阅读兴趣和习惯，促进全民阅读水平的提升。本报告主要采用问卷调研法调研湖南省公共图书馆少年儿童阅读推广服务现状。

（一）少年儿童阅读推广情况问卷调查设计

1. 调查目的和对象

本次调研的目的在于向少年儿童群体发放问卷，收集其对湖南省公共图书馆现有的少年儿童阅读推广活动的态度及建议。

问卷发放对象主要分为两部分：一部分是在湖南省少年儿童图书馆进行阅读学习的儿童，另一部分为正在小学、初中就读的学生。两部分各发放调查问卷1500份。

2. 调查内容

问卷在文献调研和网络调研的基础上，调研湖南省内公共图书馆开展的少年儿童阅读推广活动，同时调查少年儿童群体对阅读活动的形式、风格、内容等的态度及建议。问卷主要分为以下三个部分，共18个题目：第一部分是少年儿童群体基础信息调研，包括性别、所处年级，此分类是因为不同年龄段的认知水平直接影响到其对阅读活动的接受程度；第二部分是对少年儿童群体的阅读情况调研，主要包括喜爱书籍类型、阅读时间、影响因素等；第三部分是少年儿童对图书馆阅读推广活动参与情况等的调研，主要包括到馆频次、到馆原因、了解途径等内容。

3. 调查方式

本问卷主要采用线下实地调查的方式，针对 3~18 岁少年儿童，通过线下发放调查问卷共 3000 份，剔除无效问卷后，共计收回 2930 份有效问卷，回收有效率达 97.67%。调查问卷见附录 2。

（二）少年儿童阅读推广情况分析

1. 少年儿童群体比例分布

在被调查的少年儿童群体中，小学 1~3 年级的少年儿童 651 人，占比为 22.23%，小学 4~6 年级的少年儿童 1093 人，占比为 37.29%，初中 1~3 年级的少年儿童 1186 人，占比为 40.48%，这表明初中阶段的少年儿童是湖南省少年儿童调研群体中的主要组成部分。表 1 为调查样本人数及年级分布占比。

表 1 调查样本人数及年级分布占比

年级	人数	占比（%）
小学 1~3 年级	651	22.23
小学 4~6 年级	1093	37.29
初中 1~3 年级	1186	40.48

从教育角度来看，小学阶段是少年儿童形成基础阅读习惯和兴趣的关键时期，而初中阶段则是他们开始探索更多学科领域和深化知识理解的重要阶段。公共图书馆在设计阅读推广活动时，应充分考虑这两个阶段少年儿童的特点和需求，提供适合他们认知水平和兴趣发展的阅读材料和活动形式。

2. 日常阅读情况分析

阅读是掌握知识信息的重要途径。在可自由支配时间之内，少年儿童群体阅读情况调研如图 1~图 3 所示。

学校为最主要的阅读场所（50.23%），可能因为学生有更多的时间和机会在学校读书。家里也是常见的阅读地点（27.66%），表明人们在家中也有阅读的习惯。公共图书馆的访问量相对较低（18.90%），可能是距离、时间或其他原因。

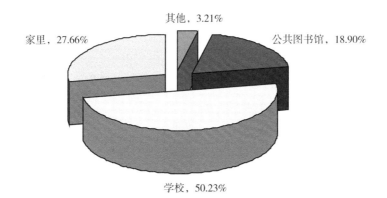

图1 少年儿童常去的阅读地点

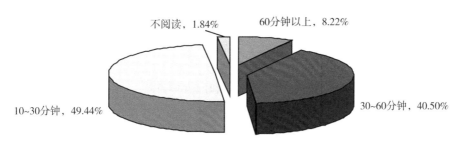

图2 少年儿童课外阅读时长

少年儿童的课外阅读时长分布：超过60分钟的比例为8.22%，表明有一部分学生每天阅读时间非常充足。30~60分钟的比例最高，达到40.50%。10~30分钟的比例也较高，为49.44%，可能是因为一些学生忙于其他活动而无法投入更多的时间进行阅读。不阅读的学生比例最小，仅为1.84%，说明绝大部分学生会抽出时间进行课外阅读。

从数据来看，大部分学生已经养成了良好的阅读习惯，能够在课余时间内分配一定的时间进行阅读。但也有相当一部分学生阅读时间较短，需要进一步培养阅读兴趣和阅读习惯。

如图3所示，少年儿童阅读时长影响因素主要有：作业太多占35.59%，占比最高。究其原因，学生面临繁重的学业负担，包括大量的家庭作业和考试压力。部分家长对子女成绩有过高要求，导致孩子需要花费更多时间在学习上。

图书馆太远占23.40%，部分地区的图书馆距离学校或社区较远，不便于学生前往；或者图书馆所在地交通不便，对于没有私家车或其他交通工具的学生来说，前往图书馆存在困难。

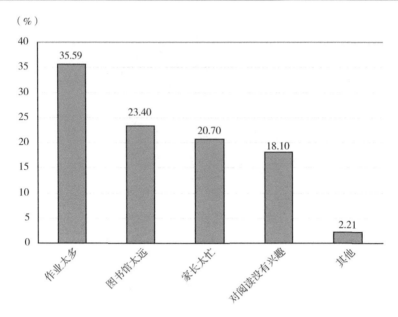

图 3　少儿课外阅读时长影响因素

　　家长太忙占 20.70%，现代社会中，许多家长为了生计而忙碌工作，无法陪伴孩子进行阅读；还有部分家长忙于参加各种社交活动，忽视了孩子的阅读与陪伴需求。

　　表 2 是部分少年儿童喜爱的书籍类型，可以看出，少年儿童群体对卡通动漫类、文学故事类和科学普及类书籍有较高的喜好度，分别占 68.83%、46.91% 和 31.48%。这些类型的书籍能够满足他们对娱乐、情感共鸣和知识探索的需求。公共图书馆在采购书籍时，可以考虑这些喜好，提供多样化的阅读材料，以满足不同读者的需求。

表 2　少年儿童群体喜爱书籍类型

书籍类型	占比（%）
卡通动漫类	68.83
科学普及类	31.48
文学故事类	46.91
报刊杂志类	27.84
文学名著	25.31
其他	20.99

3. 少年儿童参与图书馆阅读活动情况分析

本部分针对目前湖南省公共图书馆现有的少年儿童阅读推广活动，向少年儿童群体进行相关问题的调研，主要从活动了解途径、参加阅读活动与否、喜欢的阅读活动类型等方面入手。

图4为少年儿童对图书馆开展活动的知情情况。知道有活动且参加过占21.70%，图书馆可以考虑提供更多的参与机会，如志愿者服务、活动组织者培训等，以增强他们的归属感和参与度。知道有活动但没有参加过占24.62%，说明图书馆需要加强活动的宣传，让更多人了解并感兴趣。不知道是否开展过活动占41.33%，比例最高，图书馆可以举办一些关于活动信息的讲座或工作坊，帮助少年儿童更好地了解图书馆的活动。

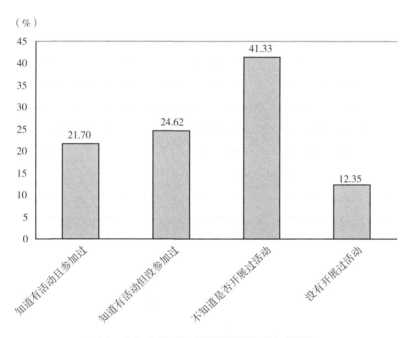

图4 少年儿童对图书馆开展活动的知情情况

图5是对少年儿童了解图书馆阅读推广活动的途径分析。可以看出，少年儿童了解图书馆阅读推广活动的途径学校老师推荐占90.00%，是最常见的途径。学校老师的推荐更具有权威性和针对性，学生会接触到更多的阅读材料和学习资源。家长及同学推荐占69.99%，这种推荐方式是最直接和有效的，可以帮助图书馆发现受欢迎的活动和书籍。

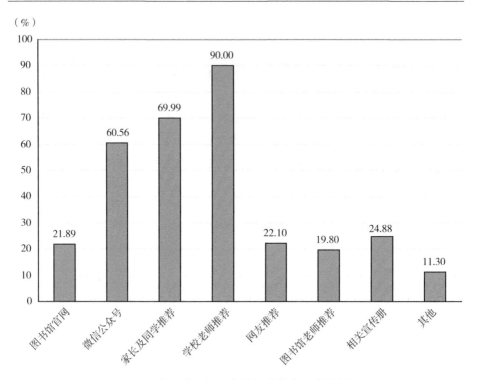

图 5　少年儿童了解图书馆阅读推广活动的途径

从图 6 中可以看出，在众多影响因素中，较为突出的是活动趣味性、活动互动性、活动证书和推广人员的专业程度。少年儿童在成长过程中，自尊心和荣誉心随着年龄的增长也在增强，参加图书馆的阅读活动以奖品、证书等作为回报，会提升少年儿童群体的参与感和幸福感。当然，总单纯依靠奖品等作为回报是不足以维持阅读推广活动的持久活力的；活动是否有趣、互动性是否高、活动是否有意义，是保持阅读活动具有吸引力和保持长久的重要条件。

图 7 展示了被调研的少年儿童群体喜欢的活动类型，少年儿童更喜欢参与互动性强、富有创意和娱乐性的活动，如小志愿者征集占比 92.08%。而征文比赛、参观图书馆和儿童礼仪培训的受欢迎程度较低，可能是因为这些活动的参与门槛较高或内容不够吸引人。为了提高图书馆的吸引力，可以考虑增加更多新颖有趣的活动，同时关注那些受欢迎度较低的活动，寻找改进的方法。

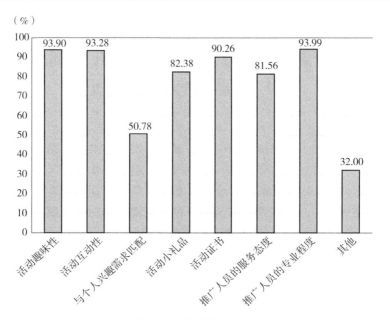

图6 少儿参与图书馆活动的影响因素

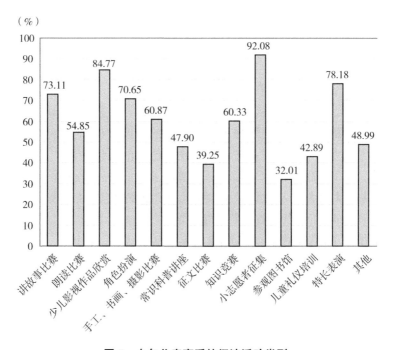

图7 少年儿童喜爱的阅读活动类型

四、湖南省公共图书馆少年儿童阅读
推广活动内容方式分析

湖南省公共图书馆积极开展少年儿童阅读推广活动，以湖南省少年儿童图书馆为例，它实行全免费开放，服务内容日趋多样化。每年图书馆在读书节、服务宣传周、世界读书日、全民读书月及寒暑假期间都会举办讲座、报告会、征文等少年儿童阅读推广活动。在全民阅读推动下，湖南省少年儿童图书馆一直致力于少年儿童阅读推广工作，倡导少年儿童多读书、读好书，致力于营造书香校园的良好读书氛围，湖南省少年儿童图书馆积极探索推动少年儿童阅读的各项举措和阅读推广方式。湖南省少年儿童图书馆阅读推广活动的内容方式如下：

（一）各项推广活动内容方式介绍

1. 书香湖南——湖南省少年儿童系列读书活动

这项大型少年儿童阅读指导和社会教育活动，紧紧围绕党和国家工作大局和重大节庆活动来设定主题，充分利用公共图书馆、少年儿童图书馆、学校、社区、家庭以及互联网的资源和优势，通过开展经典导读诵读、主题展览、读书笔记、征文、演讲、书法、手绘、答题、才艺、研学实践等丰富多彩的少儿阅读推广活动，既增强了少年儿童的爱国意识和情怀，培养了他们健康向上的人生观与价值观；又充分激发了他们的阅读兴趣，提高了他们的阅读技能，拓展了他们的综合素质；还增进了他们对中华优秀传统文化和湖湘文化的热爱和了解，有效促进了少年儿童"德智体美劳"全面发展。

连续开展 40 年的湖南省少年儿童主题读书活动已积淀了成熟可行的活动模式，取得了令众馆称赞、众人羡慕的丰硕活动成果。2010 年该活动荣获文化部群星奖，2015 年荣获首届"书香湖南"全民阅读品牌示范项目第一名，2016 年荣获湖南省公共图书馆优秀服务成果特等奖，2017 年荣获中国图书馆学会阅读推广优秀项目，2020 年荣获第三届"书香湖南"全民阅读品牌示范项目。

2. "书中故事我来讲"系列活动

"书中故事我来讲"系列活动包括主题绘本分享活动与"亲子绘本故事坊"。通过馆员讲读、读者荐读的方式，培养儿童阅读兴趣，让小读者在快乐中掌握健康、社会、语言、科学、艺术等领域的智能，同时，"书中故事我来讲"亲子绘本故事坊活动旨在打造更唯美的亲子时光，让孩子在故事中爱上绘本、爱上阅读，为亲子沟通提供良好平台。

3. "指尖生花"手作课堂系列活动

为进一步增进孩子们与家长之间的亲子感情，提高小读者的动手操作能力和想象创造能力，湖南省少年儿童图书馆特打造指尖生花手作课堂系列活动。结合绘本、节日等主题，利用不同手工材料，通过剪、折、搓、捏等表现手法，制作各种手工成品。

（二）推广活动内容方式经验总结

1. 个性化服务方面

少年儿童阅读推广是一项持续性的工程，既要根据湖南省公共图书馆的内外部环境制订中长期的计划，明确愿景、目标；也要制订年度计划，分解目标，确保中长期目标可以逐步实现。其中，如果没有大力贯彻"以人为本"的服务理念，就很难实现目标。湖南省公共图书馆在为少年儿童服务中，也应注重少年儿童个性化发展的需求，在制定决策和举办相关活动时可以按照年级或性别区分等。少年儿童作为群体，有共性；作为个体，也有差异，特别是年龄、性别的差异，带来了阅读兴趣、阅读习惯和对图书馆需求的差异。而湖南省公共图书馆在对少年儿童进行阅读推广时大多仅就"小学生"这一笼统的概念服务，没有对不同年龄层次的学生进行区分，开展相对应的阅读推广活动，在激发少年儿童阅读兴趣、培养少年儿童正确的阅读习惯等方面没有发挥核心影响力。故而，湖南省公共图书馆在阅读指导方面没有形成有效的引导机制。

2. 少年儿童阅读推广品牌项目方面

湖南省少年儿童图书馆在少年儿童阅读推广品牌项目方面采取了多种创新的、有效的措施。

一是开展暑期"阅读+"系列活动。湖南省少年儿童图书馆举办了"点亮童心 塑造未来"暑期"阅读+"系列活动。这些活动采用线上和线下相结合的形式，共计推出35场，如读书分享会、展览、讲座、儿童情景剧、沉浸式数字化体验等，旨在推广阅读，同时聚焦于中国传统文化教育、经典阅读、艺术素养提升、自然科普教育和实践探索等领域。

二是湖南省少年儿童图书馆荣获了第四届"童阅中国"年度阅读推广机构奖。这个奖项是对其在儿童阅读推广方面的特色事迹和经验做法的认可，表明了其在推动儿童阅读事业方面的积极贡献。

三是推出数智平台。湖南省少年儿童图书馆上线了微服务大厅、"书香润城乡"少儿阅读推广协作平台、童书漂流三大数智平台。这些平台提供了在线办证、书目检索、图书续借、数字资源等线上服务，并整合了总馆分馆优质少儿读物，促进了少年儿童共享理念下的图书资源流转。

四是开展文化建设创新发展座谈会。湖南省少年儿童图书馆召开了文化建设创新发展座谈会，旨在推动湖南省少年儿童图书馆事业的发展。会议中，专家代表提出了宝贵的意见和建议，如将"思贤学堂"打造成湖南省青少年重点服务项目，实现公共文化和青少年教育的紧密结合，以及利用现代科技手段打造线上线下相结合的学习平台等。

3. 少年儿童数字阅读推广方面

湖南省公共图书馆在少年儿童数字阅读推广方面面临着一些挑战，但也存在改进的空间和机遇。

一是加强数字资源培训和宣传。针对少年儿童提供专门的培训课程，教他们如何使用数字资源，提高他们的技能和自信心；通过社交媒体、学校公告、家长会议等方式，增加对数字资源的宣传，提高公众的认知度。

二是增加数字资源的使用机会。将部分数字资源开放给公众，允许读者在家中或其他地方访问；与学校、社区中心等合作，资源共享，提供数字资源的使用机会。

三是关注家长和教师的需求，改善家长对数字资源的看法。为家长和教师提供关于数字资源使用的指导，帮助他们更好地指导孩子；与家长、教师和协会合作，举办讲座和工作坊，提高各主体对数字资源的认识；同时提供视力保护的指导，如使用适当的阅读距离、定期休息等，以减少家长的担忧。

四是加强图书馆工作人员和家长之间的交流。工作人员应定期与家长沟通，了解他们的需求和担忧，并提供相应的支持；通过专业的服务和积极的态度，建立与家长之间的信任关系。

此外，还可以优化图书馆网站，确保网站易于导航，提供清晰的指引和帮助功能。

五、湖南省公共图书馆少年儿童阅读推广活动问题分析

公共图书馆在推动少年儿童阅读方面发挥着不可或缺的作用。湖南省公共图书馆在少年儿童阅读推广活动方面取得的成绩值得肯定，但也需要认识到存在的问题，并采取措施进行改进。

（一）服务形式不够丰富

公共图书馆完善的馆藏资源建设是开展少年儿童阅读推广活动的基础，图书馆合理利用馆内资源，可以提升阅读推广活动的品质。根据调查数据，公共图书馆开展的阅读推广活动形式主要集中在手工、征文、知识竞赛等方面，活动形式不够丰富，无法有效引起少年儿童的参与兴趣，导致活动影响效果甚微。

一是活动形式单一，缺乏针对性。公共图书馆的阅读推广活动缺乏多样性，难以激发少年儿童的兴趣和参与热情。活动设计未能充分考虑少年儿童的阅读需求，导致活动吸引力不足，影响推广效果；活动内容和形式创新不足，无法持续吸引少年儿童参与。

二是馆员专业水平参差不齐，个性化服务缺失。图书馆员在意识、观念、经验和专业知识等方面存在不足，影响服务质量。馆员服务态度和水平影响儿童体验，未能根据参与者的需求提供个性化服务，导致活动效果有限。

此外，图书馆需要定期开展馆员专业培训，以提升馆员的服务水平，满足少年儿童的需求。

（二）活动宣传力度待加强

根据调查研究，少年儿童群体主要是通过家长朋友、学校推荐的渠道了解阅读推广活动，而40%以上的少年儿童甚至不知道公共图书馆有开展过阅读推广活动，主要原因在于图书馆的宣传推广不够。

一是宣传渠道局限。公共图书馆在阅读推广活动开展前期的宣传明显不

够，少年儿童主要是通过家长朋友、学校推荐的渠道了解阅读推广活动。

二是宣传方式单一，线下宣传不足。图书馆的宣传方式不够创新，未能充分利用大数据和全媒体时代的优势，如社交媒体、网络广告等。线下宣传可以扩大宣传范围，如进社区、小喇叭广播等方式，但目前可能未被充分利用。

三是活动经费不足，信息传递不畅。资金短缺会影响活动推广后的稳定工作团队和相应的技术支撑，导致活动宣传受限，信息滞后，少年儿童无法及时获得活动信息。由于宣传不足和经费限制，少年儿童群体无法及时获取活动信息，影响了活动的参与度和效果。

（三）推广服务形式需拓展

公共图书馆开展的大多数阅读推广活动都集中在纸质版图书上，这使少年儿童的阅读体验感欠缺。在数字化时代，公共图书馆应该积极引入数字阅读资源，为少年儿童提供更加丰富多彩的阅读体验。

一是数字阅读资源不足，活动缺乏针对性。公共图书馆在数字化时代应该积极引入数字阅读资源，以丰富少年儿童的阅读体验。活动未能充分考虑少年儿童的阅读需求，导致活动吸引力不足，无法达到推广阅读的目的。

二是活动形式和内容单一，个性化服务缺失。活动形式简单、内容大同小异，缺乏创新性，无法满足不同年龄段少年儿童的阅读兴趣。活动缺乏个性化服务，没有根据参与个体的需求提供差异化的阅读体验。

三是缺乏对个体影响的研究，线上线下资源结合不足。图书馆未能充分关注个体读者所产生影响的效果，缺乏对读者体验的深入研究。公共图书馆应寻求线上资源与线下资源相结合的方式，以丰富阅读推广活动的形式和内容。

（四）合作推广意识不强

在多元化社会发展环境中，公共图书馆要重视并做好少年儿童阅读推广活动；通过整合资源、加强合作等方式，助力少年儿童阅读推广的快速发展。

一是合作方式单一，合作意识不强。公共图书馆在合作推广方面缺乏多样性，未能充分利用各种合作资源；图书馆未能与当地中小学图书馆建立有效联系，缺乏资源共享的意识，未能将中小学校园作为阅读推广的主要阵地。

二是图书馆与社区、家庭合作不足，合作理念不完善。随着城市发展，图书馆逐渐远离社区，但未能建立社区书房和图书馆的阅读网络；图书馆与家庭的合作理念不完善，未能为少年儿童阅读提供全面的支持。

（五）品牌意识待提升

在当今竞争激烈的市场环境中，品牌已成为企业成功的关键因素之一。而图书馆作为公共文化服务机构，如何构建一个有品牌意识的阅读推广项目，也成为一个亟待解决的问题。

一是缺乏明确的活动主题和品牌意识。公共图书馆的阅读推广活动缺乏长期的影响力和号召力，这可能是因为缺乏明确的品牌定位和活动主题。

二是缺乏对不同年龄段少年儿童阅读需求的把握。活动无法有效地吸引目标读者，这表明图书馆在活动策划上缺乏对不同年龄段少年儿童阅读需求的深入理解。

三是缺乏对自身文化内涵和特色的准确把握。图书馆无法在推广活动中体现出独特的品牌形象，这可能是因为对自身文化内涵和特色的认识不足。

六、湖南省公共图书馆少年儿童阅读推广服务优化策略

随着社会经济发展步伐的加快，一方面，人们需要学习新知识，跟上时代潮流；另一方面，由于快节奏的生活和重复的信息滞留出现，"阅读危机"已悄然出现。鼓励全民开展深入阅读，提高人民素质，创造良好的学习环境，具有重要意义。阅读兴趣是指一个人对阅读活动的爱好程度，只有在一定客观环境影响下，通过阅读实践活动，阅读兴趣才能逐渐形成并得到发展。读书是一件积极的事情，在有了一定的兴趣后，读者会不断开拓视野，寻求新的知识和进行有趣的阅读。

针对湖南省公共图书馆少年儿童阅读推广活动现存问题，有以下几个方面的优化建议：

（一）激发阅读兴趣、培养阅读习惯

在全民阅读法治化、规范化的大好形势下，湖南省公共图书馆的每一个阅读推广活动都应加强开拓创新，努力帮助少年儿童营造阅读氛围，激发阅读兴趣，养成阅读习惯，提高阅读能力和阅读水平，让更多的少年儿童受益

于读书，成为祖国的希望和未来。对于缺乏阅读意愿的少年儿童来说，湖南省公共图书馆阅读推广的目的是引导少年儿童接受阅读，喜欢读书。湖南省公共图书馆为市民提供文化休闲服务，同时肩负社会责任，促进全民阅读发展。以少年儿童为服务对象的阅读推广活动，其服务宗旨应该是培养他们的阅读兴趣，养成良好的阅读习惯。因此，湖南省公共图书馆在开展少年儿童阅读服务的同时，应更多地考虑这些服务如何对他们的阅读兴趣和习惯培养形成有利影响，让更多的少年儿童和他们的家长喜欢图书馆、喜欢读书。

少年儿童的阅读推广必须加强少年儿童对阅读的认识。首先，要认清促进少年儿童阅读和少年儿童阅读教育的意义和重要性，加强少年儿童对阅读的思考和理解；其次，要给予少年儿童正确的阅读指导和监督，为少年儿童正确选择阅读课外书籍提供重要意见；最后，要了解少年儿童阅读的内容和方法，激发和帮助少年儿童正确阅读，为少年儿童创造良好的阅读环境和阅读条件。

传统的暑期阅读推广活动主要面向少年儿童。暑期阅读推广活动对于少年儿童在阅读能力、学习能力、自信心及社会交往能力等方面的提升具有积极的影响。

暑期阅读活动旨在通过阅读指导、阅读挑战等方式，帮助少年儿童提高阅读能力，包括理解能力、分析能力和批判性思维能力。图书馆通过提供丰富的阅读材料和自主选择的机会，鼓励少年儿童自主选择阅读内容，培养他们的阅读兴趣和习惯。此外，暑期阅读活动有助于少年儿童在暑假期间保持学习状态，减少因假期带来的学习和阅读能力下降的情况；提供了更多阅读机会，使少年儿童的阅读量增加，阅读范围得到拓展，获得成就感和自信心。

暑期阅读活动有助于提高少年儿童的阅读成绩，增强他们在语文、历史、科学等学科领域的知识储备和技能；鼓励家庭利用图书馆资源，促进亲子阅读和家庭阅读氛围的培养。

暑期阅读也能提升少年儿童的社会交往能力，增强他们的自信心。暑期阅读活动中的小组讨论、阅读分享等环节有助于提高少年儿童的社会交往能力和团队合作精神。通过在暑期阅读活动中展示自己的阅读成果，少年儿童可以增强自信心，为他们的个人成长和发展奠定基础。

（二）加强资源建设，优化空间服务

1. 完善馆藏资源建设

湖南省公共图书馆可以更好地服务于少年儿童，满足他们的阅读需求，提升阅读体验，促进阅读习惯的培养和阅读能力的提升。同时，图书馆能在数字化时代背景下与时俱进，提供更全面、便捷的服务。

一是了解儿童阅读需求，控制资金使用。通过线上调查、线下调查、读者推荐以及与到馆读者的交流，深入了解少年儿童对阅读的需求和偏好，以更有针对性地开展阅读推广活动。公共图书馆应严格控制资金的使用方向，确保资金的有效利用，满足少年儿童对阅读的需求。

二是结合当地文化特色，进行线上数字化阅读推广。结合当地的文化习俗，开展具有特色的少年儿童阅读推广活动，提高活动的吸引力和参与度；在数字化时代的背景下，增加线上馆藏资源，开展线上阅读推广活动，满足少年儿童足不出户的阅读需求。

三是提供线上资源利用指导和专门的馆藏资源查询服务。开展线上资源利用指导讲座，帮助少年儿童正确使用线上馆藏资源，避免不良信息的影响；设置专门的馆藏资源查询服务，按照年龄段和书目类别分类，详细介绍少年儿童阅读书目相关信息，方便少年儿童及家长查找和借阅。

2. 打造轻松阅读氛围

马克思曾经指出：人创设自然环境，自然环境也创设人。良好的阅读环境对于激发少年儿童的阅读热情和学习能力至关重要。

建议为少年儿童设置专门的阅览室和活动室，确保有足够的空间供他们阅读和参与活动；根据少年儿童的喜好，将阅览室装饰成轻松愉悦的风格，例如，使用色彩鲜明的装饰、舒适的家具和设置有趣的阅读角落；合理规划图书馆的空间，确保阅读资源能够得到充分利用。

定期推出少年儿童阅读推广活动，包括故事会、绘画比赛、角色扮演、科学实验等，以吸引他们的兴趣；创造有趣的活动环境，例如，通过布置互动展览、设置游戏角等，让少年儿童在阅读和活动中感受到快乐；定期举办活动，提供多种形式的参与机会，让少年儿童能够根据自己的兴趣选择参与。

通过这些措施，湖南省公共图书馆可以营造一个舒适、有趣、富有吸引力的阅读环境，激发少年儿童的阅读热情，提高他们在图书馆的停留时间，并积极参与阅读推广活动。

3. 提升专业馆员服务水平

人才是社会发展的基石，图书馆员的专业技能、职业素养和道德品质对少年儿童的成长发展具有重要影响。

建议定期举办培训活动，包括专业知识、服务技巧、儿童心理学等方面的培训，以提高馆员的专业水平；举办各类研究学习活动，培养馆员的职业素养和道德品质，确保他们能够为少年儿童提供优质的服务；定期举办馆员学习成果和经验分享交流会，鼓励馆员相互学习和交流，以提高服务水平。

在规划少年儿童阅读推广活动时，选择具备文学性、思想性、知识性和趣味性的图书，以满足少年儿童的身心发展特点和认知能力；确保图书能够全面、完整地呈现给读者，让少年儿童能够更好地理解和享受阅读；在引导少年儿童参与阅读推广活动时，馆员应充分运用自己的专业知识，提供专业的阅读指导和建议；通过合理规划活动内容和形式，将活动影响力和效果最大化，吸引更多的少年儿童参与阅读。

通过这些措施，湖南省公共图书馆可以提升馆员的专业技能和服务水平，为少年儿童提供更优质的阅读服务，促进少年儿童的成长和发展。同时，这些措施有助于图书馆在少年儿童阅读推广活动中发挥更大的作用。

（三）丰富传播渠道，增强跨界合作

1. 智媒体助力，打造立体宣传

在智媒体时代，公共图书馆可以通过利用新媒体和网络平台来推广少年儿童阅读。具体措施如下：

一是制作具有吸引力的宣传视频，利用抖音、快手等短视频平台进行推广。利用大数据用户画像，精准投放视频给目标用户，吸引更多家长和少年儿童的关注；在微信、微博、小红书等社交平台上发布活动信息，利用移动图书馆等在线服务，打造全方位、立体化的宣传模式。

二是开展线上阅读活动，如在线讲座、阅读挑战、虚拟展览等，通过网络平台进行推广，扩大活动的影响力和覆盖面；结合新的教育改革，创新学习形式和方法，如利用 AR、VR 技术打造沉浸式阅读体验，或通过游戏化的方式提高阅读的趣味性。

利用大数据技术，图书馆可以为少年儿童提供个性化的阅读推荐，并通过互动平台鼓励他们分享阅读体验和心得。

2. 多方合作，促进协同发展

合作共建是提升少年儿童阅读推广效果的重要途径。

图书馆在推动儿童阅读方面，应与家庭、学校、出版社、书店、文化机构及社区等多方合作。通过与家庭合作，举办亲子阅读活动，鼓励家长参与儿童阅读，共同营造家庭阅读氛围；通过与学校建立长期合作关系，定期组织学生参与图书馆的阅读推广活动，结合课本内容与课外阅读知识，举办互动性强的活动；同时，与出版社、书店、文化机构等合作，共享资源，共同推广阅读，提高图书馆阅读活动的社会影响力，例如，将图书馆服务延伸到社区，开展社区阅读活动，提高图书馆服务的覆盖面。

图书馆不断创新合作模式，如联合举办比赛、展览、讲座等，提高活动的吸引力和参与度。与各方建立联合机制，共同策划和执行阅读推广活动，实现资源共享和优势互补。积极与政府部门、教育机构、文化组织等多方合作，共同推动少年儿童阅读推广活动，为儿童提供更全面、更丰富多样、更有趣的文化新体验。

通过这些合作共建策略，公共图书馆可以整合各方资源，扩大服务范围，提升阅读推广活动的质量和效果，促进全民阅读活动的深入开展。

（四）树立品牌意识，推动创新发展

1. 明确主题，丰富活动形式

公共图书馆应选择一种具体的阅读种类作为核心，构建具有鲜明特色的阅读推广品牌活动，提升品牌形象和吸引力。

一是根据图书馆的地理位置、馆内条件及少年儿童群体的兴趣，选择一个具有特色的阅读主题，如"科幻之旅""历史探索""自然奥秘"等；围绕选定的阅读主题，设计有吸引力的阅读活动，如主题讲座、故事会、角色扮演、手工制作等，以增加活动的多样性和趣味性；馆员应配合阅读主题，科学组织规划活动，并精心设计，确保活动的顺利进行。

二是利用各种宣传渠道，如社交媒体、学校通知、社区公告等，推广阅读活动，提高活动的知名度；在活动推出后，根据少年儿童群体的兴趣取向、活动参与度及社会影响力，及时调整活动内容和形式；在不断的改进中，扩大少年儿童阅读推广活动的吸引力，使其成为图书馆的品牌活动。

通过这些措施，公共图书馆可以构建一个具有鲜明特色的阅读推广品牌活动，提升图书馆的品牌形象，在阅读推广领域建立独特的竞争优势；吸引更多少年儿童参与阅读，促进他们的阅读兴趣和能力的提升。

2. 加大营销，扩大品牌影响力

湖南省公共图书馆在推广少年儿童阅读品牌活动时，应采取以下策略：

一是围绕特定的阅读主题，如"文学之旅""科学探索""历史之谜"等，设计一系列相关活动，以吸引少年儿童和家长的注意；通过图书馆的视觉识别系统（VI），如标志、颜色、字体等，强化图书馆品牌形象，提升公众对图书馆的认知；利用社交媒体、短视频平台、微信公众号等新媒体工具，发布活动信息、读者故事、阅读推荐等，扩大品牌影响力；确保品牌活动能够持续发展和常态化，通过定期举办活动，形成稳定的阅读推广机制。

二是树立创新意识，对品牌发展进行战略部署，深层次挖掘品牌的核心内容和价值，保持品牌的新鲜感和吸引力；结合本土特色，彰显当地文化品牌发展个性，增强品牌活动的辨识度，提升活动的影响力。

通过这些策略，湖南省公共图书馆可以有效推广其少年儿童阅读品牌活动，提升图书馆的品牌形象，在阅读推广领域建立独特的竞争优势；为少年儿童提供更加丰富和多样化的阅读体验，促进他们阅读兴趣和能力的提升。

总之，湖南省公共图书馆在少年儿童阅读推广方面做出了积极的探索和实践，取得了显著成效。图书馆通过丰富多样的活动，如"书香湖南"系列读书活动、周末10：30系列活动、指尖生花手作课堂等，吸引了大量少年儿童参与，提高了他们的阅读兴趣和能力。此外，图书馆还积极与家庭、学校、出版社、书店等多方合作，共同推动阅读推广活动，扩大了服务范围和影响力。

然而，图书馆在阅读推广活动中也存在一些问题和挑战。例如，活动形式不够丰富、宣传力度不足、数字资源利用不足、合作和推广意识不强、品牌意识薄弱等。为了解决这些问题，图书馆需要不断创新和改进，如加强资源建设、优化空间服务、提升馆员服务水平、丰富传播渠道、增强跨界合作、树立品牌意识等。

湖南省公共图书馆在少年儿童阅读推广方面取得了一定的成绩，但仍需继续努力，以更好地满足少年儿童的阅读需求，促进他们的全面发展。通过持续的创新和改进，图书馆可以为少年儿童提供更加丰富和多样化的阅读体验，帮助他们养成良好的阅读习惯，提升他们的阅读能力和素养，为他们的未来发展奠定坚实的基础。

湖南省公共图书馆少年儿童阅读服务转型分析

一、研究背景和目的

（一）研究背景

中国图书馆学会以习近平新时代中国特色社会主义思想为指导，发布了《中国图书馆学会"十四五"发展规划纲要（2021—2025 年）》，通过分析外部环境与内部动能，从社会组织、科技、文化和教育等方面提出了公共图书馆高质量发展转型的必要性。国家图书馆曾组织召开馆长联席会议，分析当前图书馆事业发展中遇到的问题，商讨如何应对转型时期的挑战，以及如何把握机遇，实现中国图书馆事业的跨越式发展。转型是目前我国图书馆事业的发展焦点，也是业界和学界的重点研究方向，关乎图书馆事业的发展前景与未来事业发展规划。

公共图书馆作为重要的公共文化机构，其在推动全民阅读和公共文化建设与发展方面扮演着至关重要的角色；特别是在促进少年儿童阅读兴趣、提升文化素养和实现身心健康发展方面，作用不可小觑。

（二）研究目的

本章的研究目的是分析湖南省公共图书馆少年儿童阅读服务的转型情况，了解转型中遇到的问题和转型带来的影响，为公共图书馆改进服务和促进少年儿童阅读提供参考依据。在当今社会，数字化和信息化的发展已经深刻地影响着人们的生活和学习方式，也给公共图书馆的服务带来了新的机遇和挑战。本研究选取湖南省少年儿童图书馆阅读服务现状第七次评估数据为主，其他湖南省公共图书馆少年儿童服务数据情况为辅，通过文献研究和实地调查，探讨湖南省公共图书馆在少年儿童阅读服务方面的转型情况，分析其转型过程中产生的问题，以及转型对公共图书馆和少年儿童阅读服务的影响。研究结果将为公共图书馆提供指导意见，改进服务质量，以更好地满足少年儿童读者的需求，促进阅读事业的发展。同时，本研究将为相关学科的研究提供参考，推动公共图书馆和阅读服务领域的研究和发展。

二、研究方法

（一）研究设计

本文旨在探讨湖南省公共图书馆少年儿童阅读服务的转型现状及未来发展，采用文献研究、实地考察、专家访谈等多种方法进行数据收集与分析。首先，通过文献研究，了解当前湖南省公共图书馆少年儿童阅读服务的现状及存在的问题。其次，就目前了解到的现状和问题，请教有关专家，以期获得专业指导并拓宽分析思路。最后，针对湖南省公共图书馆少年儿童阅读服务的转型问题，与图书馆工作人员及相关专家进行了多次深入访谈，探讨了未来的发展趋势及转型方向。

通过研究发现，当前湖南省公共图书馆少年儿童阅读服务存在以下问题：一是宣传手段不够新颖。二是发布内容同质化严重，无法满足读者多样化的阅读需求。三是少儿阅读意识缺乏。四是缺乏专业强劲的人才。

针对这些问题，我们提出了以下改进措施：一是对接读者需求，拓宽资源供给边界；二是强化行业合作，构建全链条参与模式；三是坚持以人为本，完善交流与反馈通道；四是优化自身资源，制度人才两手抓。在未来发展方面，湖南省公共图书馆少年儿童阅读服务应该更加注重多样化和个性化，满足不同读者的阅读需求；同时，应该加强数字化阅读服务，通过互联网和移动终端等渠道提高阅读服务的便捷性和效率。此外，还应该注重阅读服务的社交化和互动化，通过社交网络等渠道，增强读者间的互动和交流，提高阅读服务的趣味性和参与性。

总之，湖南省公共图书馆少年儿童阅读服务的转型和发展，需要全社会的关注和参与。通过研究和探讨，我们相信，湖南省公共图书馆少年儿童阅读服务的未来一定会更加丰富多彩，更加贴近读者的需求和兴趣。

（二）数据收集方法

本文旨在分析湖南省公共图书馆少年儿童阅读服务的转型情况。为了深入研究该话题，我们采用了多种数据收集方法。首先，进行了文献研究，查阅了相关的书籍、期刊和学术论文，了解到公共图书馆少年儿童阅读服务的发展历程、现状和问题所在。其次，进行了实地调研，并与图书馆工作人员进行了深入的交流，了解到湖南省公共图书馆少年儿童阅读服务的具体情况、服务内容和服务方式。再次，进行了问卷调查，调查了湖南省各地的少年儿童和家长对公共图书馆少年儿童阅读服务的需求和评价，了解到湖南省少年儿童阅读服务的不足之处和改进方向。最后，进行了专家访谈，与相关领域的专家进行了深入交流，了解了公共图书馆少年儿童阅读服务的国内外发展趋势和未来发展方向。通过以上多种数据收集方法，我们得出了湖南省公共图书馆少年儿童阅读服务转型的分析结论，并提出了相应的改进建议。

（三）数据处理方法

数据处理方法主要包括数据清洗、数据分析和数据可视化。数据清洗是指通过去除重复数据、纠正数据错误、填补缺失数据等方式，使数据更加准确和完整。数据分析是指通过对清洗后的数据进行统计分析和建模，以得出数据背后的规律和信息。数据可视化则是将分析结果通过图表、图形等方式展示出来，使数据更加直观和易于理解。

总的来说，数据处理是湖南省公共图书馆少年儿童阅读服务转型过程中不可或缺的一环。通过数据处理，可以更好地了解读者需求、服务质量等情况，有助于图书馆提供更加优质、多样化的服务，推进湖南省公共图书馆少年儿童阅读服务的不断转型和发展。

三、公共图书馆少年儿童阅读服务概述

（一）相关概念界定

1. 公共图书馆

《中华人民共和国公共图书馆法》将公共图书馆定义为"向社会公众免

费开放，收集、整理、保存文献信息并提供查询、借阅及相关服务开展社会教育的公共文化设施"；《图书情报词典》也明确，公共图书馆是"为社会公众免费服务的图书馆"，其服务对象涵盖不同类型读者群体。

随着我国综合国力的提升，构建服务型社会、学习型社会已经成为国家发展的战略方向。公共图书馆作为重要的文化单位，其发展的重要性日益凸显，其服务对象和内容也应随着社会的发展而不断调整和优化。

2. 公共图书馆儿童阅读服务

文化部等单位在《关于全国少年儿童图书馆工作座谈会的情况报告》指出，少儿图书馆是我国图书馆的重要组成部分，也是重要的社会教育机构。《中国百科大辞典》将少年儿童图书馆定义为"向少年儿童提供思想、文化、科学知识教育的社会机构"。郑莉莉等学者认为公共图书馆中针对性的为6~15岁学龄少年儿童和儿童教育工作者提供儿童阅读相关服务的图书馆（室）。根据上述概念，笔者认为，公共图书馆儿童阅读服务，是指图书馆利用适合少年儿童阅读的书刊资料和信息载体，面向少年儿童读者群体开展的公共文化服务，是学校教育的补充。儿童阅读服务以培养型为主，激发儿童的阅读兴趣、培养优良阅读习惯、提升阅读能力，保障儿童阅读权利，扩大图书馆社会影响力，实现合理化利用公共资源。

（二）公共图书馆服务效能简述

随着互联网和新媒体的普及，人们获取信息的方式发生了巨大变化，公共图书馆需要适应这一变化，加快服务转型，以提供更加现代化、个性化的阅读服务，提升公共图书馆的服务效能。

一是加强数字资源的建设。提供电子书、有声书、在线课程等数字资源，方便读者随时随地访问；利用大数据技术，为读者提供个性化的阅读推荐，根据读者的阅读历史和偏好，推荐相关书籍和活动；开发移动应用程序，提供图书检索、预约、续借等服务，方便读者通过手机和平板电脑访问图书馆资源。

二是利用社交媒体和网络平台，如微信公众号、微博、抖音等，发布活动信息、阅读推荐、读者故事等，扩大图书馆的影响力；结合线上资源与线下资源，提供全方位的阅读服务，鼓励读者参与图书馆的活动和决策，如读者座谈会、志愿者服务、活动策划等，增强读者的参与感和归属感。推广终身学习的理念，为不同年龄段的读者提供持续的学习资源和支持。

公共图书馆可以提升服务效能，更好地满足读者的多样化阅读需求，充分发挥其在文化传播和社会教育中的作用。同时，这也能够帮助图书馆在新时代下保持竞争力，为读者提供更加丰富和便捷的服务。

四、湖南省公共图书馆少年儿童阅读服务现状

（一）湖南省公共图书馆少儿阅读服务基本情况年报分析

1. 读本资源

湖南省公共图书馆资源在总量上非常丰富，服务对象覆盖全面，尤其是县级图书馆在资源总量上占据了较大比重，覆盖了更广泛的区域，服务了更多的人群，显示了其在地方文化服务中的重要作用。少年儿童读本资源量相对较少，需要进一步关注和投入，以满足青少年的阅读和学习需求。

表1　2018~2021年湖南省各级图书馆少儿读本资源情况

各级图书馆	图书（千册）	报刊（千册）	视听文献（千册）	在藏量中		音视频资源总量（千小时）	电子文本、图片文献资源总量（TB）
				开架书刊（千册）	少儿文献（千册）		
总计	4587.05	388.69	267.84	2896.47	809.42	2004.86	1296997.33
其中：少儿图书馆	294.18	21.37	8.07	142.42	90.15	1.46	126.94
按隶属关系分：	—	—	—	—	—	—	—
中央	0.00	0.00	0.00	0.00	0.00	0.00	0.00
省（自治区、直辖市）	502.52	62.76	33.40	189.18	45.78	0.56	358.86
地市	1067.24	70.67	17.38	772.80	218.34	1.49	850550.47
县（市、区）	3017.29	255.26	217.06	1934.49	545.30	2002.81	446088.00
县图书馆	1746.08	137.21	37.33	1120.12	364.98	306.37	213247.62

资料来源：2022年湖南省公共图书馆年报。

如表1所示，湖南省公共图书馆少年儿童读本资源总资源量数量较大，

图书总量为 4587. 05 千册，报刊总量为 388. 69 千册，视听文献总量为 267. 84 千册，音视频资源总量为 2004. 86 千小时，电子文本、图片文献资源总量为 1296997. 33TB，开架书刊总量为 2896. 47 千册，少儿文献总量 809. 42 千册。

其中，湖南省独立建制的少儿图书馆的图书总量为 294. 18 千册，报刊总量为 21. 37 千册，视听文献总量为 8. 07 千册，开架书刊总量为 142. 42 千册，电子文本、图片文献资源总量为 126. 94TB，少儿文献总量为 90. 15 千册。

从隶属关系分布来看，省、区、市级别的图书馆资源量较为均衡，但相对于地市和县（市、区）级别的图书馆，资源量较少。地市级别的图书馆资源量较大，尤其是开架书刊和少儿文献资源。县（市、区）级别的图书馆资源量最大，尤其是音视频资源和电子文本、图片文献资源。

从这些数据中可以看出，湖南省公共图书馆资源在总量上非常丰富，尤其是县、市、区级别的图书馆。这可能是因为县级图书馆覆盖了更广泛的区域，服务更多的人群。同时，少年儿童图书馆的资源量相对较少，需要进一步关注和投入，以满足儿童青少年的阅读和学习需求。

此外，电子文本和图片文献资源的总量达到了 1296997. 33TB，显示了湖南省公共图书馆在数字化资源方面的投入和发展。这有助于提高图书馆的服务质量和效率，满足读者对数字化资源的需求。

总的来说，这些数据反映了图书馆资源的丰富性和多样性，以及在不同隶属关系和区域分布上的差异，同时揭示了少儿图书馆资源和数字化资源的发展潜力。

2. 借阅情况

图 1、图 2 为 2018~2022 年湖南省公共图书馆书刊文献外借册次总数变化和少儿图书馆书刊文献外借册次总数变化。2020 年，湖南省公共图书馆、少儿图书馆外借人次、册次虽然有小幅减少，但是 2018~2022 年总体还是呈增长的趋势。

湖南省公共图书馆书刊文献 2018 年外借人次为 1019. 81 万，外借册次为 2274. 89 万，2019 年外借人次为 1143. 64 万，外借册次为 2409. 03 万，2020 年外借人次为 955. 97 万，外借册次为 2150. 62 万，2021 年外借人次为 1728. 96 万，外借册次为 3582. 06 万，2022 年外借人次为 2006. 46 万，外借册次为 3781. 80 万。

根据图 1 数据，我们可以看到以下两点：一是 2018~2022 年，外借人次整体呈上升趋势。特别是 2021 年和 2022 年，外借人次显著增加，达到了近几年的最高点。表明随着时间的推移，人们对图书馆资源的需求越来越大。二是外借册次方面，2019～2020 年呈下降趋势，这与新冠肺炎疫情影响有关，2021～2022 年又有所回升，说明人们还是有阅读的习惯，也因为图书馆增加了更多受欢迎的书籍。

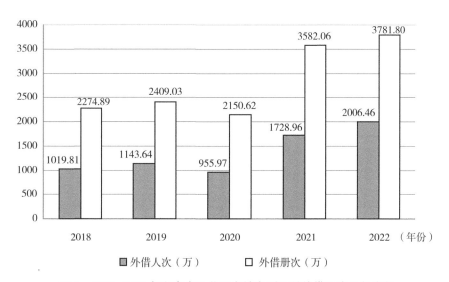

图 1　2018～2022 年湖南省公共图书馆书刊文献外借册次总数变化

　　图 2 展示了 2018～2022 年湖南省独立建制的少年儿童图书馆的外借人次和外借册次数据。我们可以通过分析这些数据来了解少年儿童读者借阅行为的变化。

　　从外借人次来看，2018 年为 39.67 万；2019 年外借人次略有增加，达到 40.5 万；2020 年外借人次下降到 39.11 万；这可能受到了新冠疫情的影响，导致人们减少外出，从而影响了少儿图书馆的访问量。2021 年外借人次显著增加，达到 50.51 万，由于疫情得到控制，人们开始逐渐恢复正常的社交和阅读活动。2022 年外借人次大幅增长至 85.46 万，由于疫情进一步得到控制，人们的生活逐步恢复正常，图书馆的服务也得到了更多的利用。

　　从外借册次来看，2018 年外借册次为 137.8 万；2019 年外借册次略有增加，为 141.68 万；2020 年，外借册次显著下降到 104.81 万；这与外借人次的下降趋势相符；2021 年外借册次有所恢复，达到 117.63 万，但仍低于疫情前的水平；2022 年外借册次大幅增长至 180.29 万，与外借人次的增长趋势一致，显示出读者对图书馆服务的广泛利用和对图书的高需求。

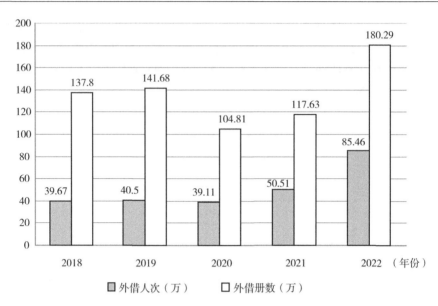

图2　2018~2022年湖南省独立建制的少年儿童图书馆书刊文献外借册次总数变化

图1、图2的数据表明，图书馆在当地社区中扮演着重要的角色，并且在疫情后期，人们对图书馆资源的需求和利用有所增加。

3. 活动举办情况

2018~2022年湖南省公共图书馆为读者举办讲座、展览、培训等各类活动，类型丰富、规模不断扩大，能够有效满足读者的文化需求。

如表2所示，2018年湖南省公共图书馆举办讲座次数为40次，2019年大幅增加至426次，至2022年为465次。参加讲座的人次由2018年的0.50万人次，增加到2022年的325.64万人次。讲座活动次数和参加人次整体呈上升趋势，表明图书馆在举办讲座方面投入增加，讲座活动受到读者的欢迎。

2018年湖南省公共图书馆举办展览次数为20次，2019年大幅上升至1179次，2021年为2495次，2022年为1643次。参观人次2018年为1万，2019年大幅上升至311.32万人次，2020年为209.55万人次，2021年为440.62万人次，2022年为471.54万人次。展览次数和参观人次也呈现上升趋势，反映出图书馆举办的展览活动具有吸引力，能够吸引更多读者参观。

2018年湖南省公共图书馆举办培训班次数为40次，2019年为4602次，2020年为3168次，2021年为4337次，2022年上升至4984次。培训人次2022年达到51.43万，其中基层培训人次为13.34万。培训班次数和培训人次总体呈现增长趋势，显示出图书馆在组织培训班方面做出了努力，培训效果良好。基层培训人次也呈增长趋势，说明图书馆积极开展基层培训活动，覆盖面不断扩大。

表2　湖南省公共图书馆举办的读者活动统计

年份	为读者举办各种活动						
	组织各类讲座次数（次）	参加人次（万）	举办展览（次）	参观人次（万）	举办培训班（次）	培训人次（万）	开展基层培训辅导人次（万）
2018	40	0.50	20	1.000	40	0.600	0.200
2019	426	134.24	1179	311.32	4602	72.841	4.422
2020	328	706.90	728	209.55	3168	39.35	4.40
2021	542	691.01	2495	440.62	4337	50.84	12.98
2022	465	325.64	1643	471.54	4984	51.43	13.34

资料来源：2022年湖南省公共图书馆年报。

综合分析，2018~2022年湖南省公共图书馆举办各类活动次数和参加人次整体呈现上升趋势，表明公共图书馆在举办各类读者活动方面持续投入并取得明显成效。

（二）湖南省少年儿童图书馆少儿阅读服务现状

1. 基本服务

湖南省少年儿童图书馆作为湖南省重要的公共文化设施之一，致力于为广大少年儿童提供优质的阅读服务和文化体验，通过提供充足的开放时间、丰富的阅读资源、多样化的读者活动以及社会公益活动，为广大少年儿童提供了优质的阅读服务和文化体验。

首先，湖南省少年儿童图书馆每周为读者提供66小时的开放时间，其中包括周六、周日的开放。为了满足读者的需求，图书馆每周错时或延时开放总时长达到12小时，寒暑假期间日均开放时间为8~9.5小时。这些措施使读者能够更加方便地利用图书馆的资源和服务。

其次，在年总流通人次方面，2018~2021年湖南省少年儿童图书馆的年平均流通人次为29.99万人次。这表明图书馆吸引了大量读者前来借阅图书和其他阅读材料，为读者提供了丰富的阅读资源。

再次，湖南省少年儿童图书馆还积极举办各类读者活动，2018~2021年，年平均举办读者活动1349场次，年平均参与人次达到55.66万人次。这些活动包括展览、讲座、培训、阅读推广等，旨在丰富读者的阅读体验，培养读者的阅读兴趣和综合素质。

最后，为了更好地服务读者，湖南省少年儿童图书馆还加强了与其他图书馆和机构的合作，实现了资源共享和互联互通。同时，图书馆积极参与社会公益活动，如开展爱心图书捐赠、文化扶贫等，为社会做出了积极贡献。湖南省少年儿童图书馆基本服务情况如表3所示。

表3　2018~2021年湖南省少年儿童图书馆基本服务情况

指标	性质	指标说明	少儿馆情况说明
周开馆时间	定性/定量	1. 本馆每周为读者提供主要服务的时长（小时）； 2. 周六、周日均开放； 3. 国家法定节假日每天开放时间不低于本馆常规开放时间的一半； 4. 加强错时开放：①每周错时或延时开放总时长不少于6小时；②寒暑假期间日均开放时间不少于6小时	1. 馆内每周为读者提供主要服务的时长为66小时； 2. 周六、周日均开放； 3. 每周错时或延时开放总时长12小时； 4. 寒暑假期间日均开放时间为8~9.5小时
年总流通人次	定量	每年到本馆、直属分馆（人财物均隶属本馆或社会力量合作建设，下同）、馆外服务点接受服务的读者数量（万人次）	2018~2021年年平均流通人次为29.99万
年人均服务读者数	定量	计算方法：年均总流通人次/工作人员数量	2018~2021年年均服务读者数0.62万人次
年读者活动	定量	1. 每年面向读者举办的展览、讲座、培训、阅读推广等各类活动的数量（场）； 2. 年读者活动参与人次（万人次）	1. 2018~2021年年平均举办读者活动1349场次； 2. 2018~2021年年平均参与55.66万人次

注：①周开馆时间不包括24小时自助图书馆。②年读者活动中，线上线下同时举办的只计1次，常设的展览、讲座等，如内容每年更新或调整可每年计1次，否则评估周期内只计1次。

资料来源：湖南省少年儿童图书馆第七次评估数据。

2. 读者评价

湖南省少年儿童图书馆非常重视读者的意见和建议，为此设置了多种读者日常评价渠道，如读者意见箱、意见簿、电子邮箱、电话等。湖南省少年儿童图书馆还建立了读者意见处理制度，并严格执行，确保对读者的意见和建议进行及时处理，并快速向读者反馈处理结果。

此外，为了评估读者对湖南省少年儿童图书馆服务的满意度，按照相关要求进行了线上测评。根据系统自动采集的测评结果，馆内读者满意率高达99.02%，这充分体现了湖南省少年儿童图书馆在服务质量和读者满意度方面取得了显著成效。

湖南省少年儿童图书馆将继续关注读者的需求和反馈，不断完善服务质量和提升读者满意度，为广大少年儿童提供更加优质、便捷的阅读服务。湖南省少年儿童图书馆读者评价情况如表4所示。

表4　2018~2021年湖南省少年儿童图书馆读者评价情况

指标	性质	指标说明	少儿馆情况说明
日常评价	定性	1. 是否有读者日常评价渠道，如读者意见箱、意见簿、电子邮箱、电话等； 2. 读者意见处理制度及执行情况（如处理的及时性、处理结果反馈情况等）	1. 有读者意见箱、意见簿、电子邮箱、电话等读者日常评价渠道； 2. 有读者意见处理制度，意见处理及时，并快速反馈
读者满意率	定量	按本次评估统一编制的《读者满意率调查表》及相关要求进行线上测评。读者满意率指满意、基本满意占比	根据系统自动采集测评结果，馆内读者满意率为99.02%

注：省级测评有效样本不少于600份，副省级、地市级（含直辖市所辖区县）不少于500份，县级不少于400份。

资料来源：湖南省少年儿童图书馆第七次评估数据。

3. 数字化服务

湖南省少年儿童图书馆在数字化服务方面表现良好，有功能完备的网站、活跃的新媒体及丰富的数字资源，为读者提供了便捷的数字化服务。

湖南省少年儿童图书馆在数字化服务方面表现出色，如表5所示，2018~2021年其网站访问总量达到了116.69万页次，年平均访问量为29.17万页次。新媒体平台的信息总推送数量为866条，年平均信息推送数量为217条，推送信息浏览量为 57.5 万次，年平均浏览量为 14.38 万次。馆藏数字资源的浏览量为 1734.41 万次，下载量为 6586601 篇次/册次。这些数据表明图书馆在数字化建设方面投入了大量的资源，为读者提供了便捷的数字化服务。

表5　2018~2021 年湖南省少年儿童图书馆数字化服务情况

指标	性质	指标说明	少儿馆情况说明
网站服务	定性/定量	1. 地市级及以上公共图书馆有网站且为独立域名；县级公共图书馆有网站即可，对独立域名不作要求。 2. 网站功能完备性、操作便捷性。 3. 网站年访问量（万页次）	1. 有网站且为独立域名； 2. 网站功能完备、操作便捷； 3. 2018~2021 年网站访问总量 116.69 万页次，年平均 29.17 万页次
新媒体服务	定性/定量	1. 在微博、微信等新媒体平台上有官方账号，并为用户提供信息推送服务； 2. 年信息推送数量（条）； 3. 年推送信息浏览量（万次）； 4. 通过 APP、小程序、微信公众号等新媒体平台提供预约、检索、借阅等移动图书馆服务	1. 在微博、微信等新媒体平台上有官方账号，并为用户提供信息推送服务； 2. 2018~2021 年新媒体平台信息总推送数量 866 条，年平均信息推送数量 217 条； 3. 2018~2021 年推送信息浏览量 57.5 万次，年平均浏览量 14.38 万次； 4. 通过 APP、小程序、微信公众号等新媒体平台提供预约、检索、借阅等移动图书馆服务
年数字资源服务量	定量	1. 年馆藏数字资源浏览量（万次）； 2. 年馆藏数字资源下载量（篇次/册次）	1. 2018~2021 年馆藏数字资源浏览量 1734.41 万次，年平均 433.6 万次； 2. 2018~2021 年馆藏数字资源下载量 6586601 篇次/册次，年平均 1646650 篇次/册次

资料来源：湖南省少年儿童图书馆第七次评估数据。

4. 文献服务

湖南省少年儿童图书馆的文献服务非常出色。2018～2021 年年平均文献外借量达到 27.71 万册次，书刊外借率高达 82.54%，如表 6 所示。此外，通过流动图书车等手段，湖南省少年儿童图书馆还拓展了服务范围，提高了文献资源的利用率。

表 6 2018～2021 年湖南省少年儿童图书馆文献服务情况

指标	性质	指标说明	湖南省少年儿童图书馆情况说明
年文献外借量	定量	每年读者通过本馆、直属分馆、馆外服务点外借的文献（不含电子图书）数量（万册次）	2018～2021 年年平均文献外借量 27.71 万册次
新媒体服务	定量	每年以流动图书车或其他流动服务方式开展文献外借的数量（万册次）	2018～2021 年年平均流动服务文献外借量 2.39 万册次
年数字资源服务量	定量	计算方法：2018～2021 年文献外借总量/普通文献馆藏量×100%	2018～2021 年书刊外借率 82.54%

注：①年文献外借量不包括流动服务文献外借数量。②文献外借总量为系统自动计算的 2018～2021 年总量。

资料来源：湖南省少年儿童图书馆第七次评估数据。

5. 服务宣传与阅读推广

湖南省少年儿童图书馆在服务宣传方面表现出色，拥有丰富的宣传材料，包括服务手册、数字图书馆指南、宣传片等，以全面介绍图书馆的服务内容。此外，该馆还重视重要时间节点的宣传活动，如在每年 4 月 2 日的国际儿童图书日、4 月 23 日的世界读书日，以及图书馆服务宣传周、全民阅读月期间，举办各种形式的宣传活动，以提高图书馆的知名度和影响力。据统计，2018～2021 年，该馆的媒体宣传报道总数达到了 1950 次，涵盖报纸、电台、电视台、网络等多种渠道，充分体现了在服务宣传方面的全面投入和卓越表现。

在阅读推广方面，湖南省少年儿童图书馆积极开展了多种形式的阅读推广活动。该馆特别关注未成年人的思想道德建设，并针对中华优秀传统文化的传承进行了深入推广。此外，湖南省少年儿童图书馆还定期开展以科普、安全、环保、心理健康等为主题的阅读推广活动，为读者提供丰富的阅读选择。2018~2021 年，该馆拥有 4 个阅读推广品牌，包括"书香湖南"——全省少年儿童系列读书活动、"周末 10：30"系列活动、"书中故事我来讲"系列活动和"指尖生花"手作课堂系列活动，这些品牌活动知名度高、影响力大，吸引了大量读者参与。

在服务团队建设方面，湖南省少年儿童图书馆同样表现出色。该馆组织本地阅读推广人，建立面向未成年人的阅读指导与推广团队，以提供专业的阅读推广服务。2018~2021 年，服务团队人员中获得专业机构培训证明及资质认证的数量达到 65 人。此外，湖南省少年儿童图书馆还实施了阅读推广人团队制度化管理，于 2018 年启动了《阅读推广人服务与管理规范》，并组建了阅读推广、美育教育、心理咨询等多个专业团队，确保服务团队的专业性和高效运行。这些举措充分体现了湖南省少年儿童图书馆在服务团队建设方面的重视和投入，如表 7 所示。

表 7　2018~2021 年湖南省少年儿童图书馆服务宣传与阅读推广情况

指标	性质	指标说明	湖南省少年儿童图书馆情况说明
服务宣传	定性/定量	1. 宣传材料，如图书馆介绍、读者手册、图书馆宣传片等； 2. 重要时间节点的宣传活动，如国际儿童图书日、世界读书日、图书馆服务宣传周、全民阅读月等； 3. 年媒体宣传报道总数（次），包括报纸、电台、电视台、网络等	1. 有服务手册、数字图书馆指南、宣传片等宣传材料； 2. 重要时间节点均举办各种形式的宣传活动； 3. 2018~2021 年媒体宣传报道总数 1950 次
服务内容	定性	1. 针对未成年人思想道德建设开展阅读推广活动； 2. 针对中华优秀传统文化传承开展阅读推广活动； 3. 其他主题的阅读推广活动（包含但不限于科普、安全、环保、心理健康等）	1. 有针对未成年人思想道德建设开展的阅读推广活动； 2. 有针对中华优秀传统文化传承开展的阅读推广活动； 3. 有开展其他主题的阅读推广活动

指标	性质	指标说明	湖南省少年儿童图书馆情况说明
阅读推广品牌	定量	1. 指知名度高、影响力大、持续时间长、读者广泛参与的高品质阅读推广活动； 2. 阅读推广品牌数量（个，2021年底数据）	2018～2021年，馆内有4个阅读推广品牌： 1. "书香湖南"——全省少年儿童系列读书活动； 2. "周末10：30"系列活动； 3. "书中故事我来讲"系列活动； 4. "指尖生花"手作课堂系列活动
服务团队	定性/定量	1. 组织本地阅读推广人建立面向未成年人的阅读指导与阅读推广团队； 2. 服务团队人员中获得专业机构（指与阅读相关的专业学会、协会、政府组织等）培训证明及资质认证数量（人，2021年底数据）； 3. 服务团队培育、管理机制建设及服务团队运行情况	1. 组织本地阅读推广人建立面向未成年人的阅读指导与阅读推广团队； 2. 服务团队人员中获得专业机构培训证明及资质认证数量65人； 3. 馆内实施制定了阅读推广人团队制度化管理，并于2018年开始正式启动湖南省少年儿童图书馆《阅读推广人服务与管理规范》； 4. 组建了阅读推广、美育教育、心理咨询等多个专业团队，运行情况良好

注：在2018～2021年持续开展并取得显著成效的上一评估期的阅读推广品牌，仍可统计在内；2018～2021年新增的服务品牌须持续2年以上（含2年）。

资料来源：湖南省少年儿童图书馆第七次评估数据。

五、湖南省少年儿童阅读服务转型分析
——以湖南省少年儿童图书馆为例

（一）阅读服务转型的硬件支持

1. 读本资源

少年儿童馆及各公共图书馆亲子阅读区的读本资源大多数以绘本等为重

点，同时配备适合家长看的育儿类和教育类图书，方便家长自行找到科学亲子阅读方法。每个图书馆，都尽最大的能力与多方考虑，为读者购买最合适、最科学、最有趣的读本资源。

（1）馆藏质量

参照国家图书馆少年儿童馆网站 2022 年 3 月 23 日发布的《全国少年儿童图书馆（室）基本藏书目录》（2012~2020 书目），湖南省少年儿童图书馆于 2022 年 7 月组织专门人员进行了自查，参照的书目以书名为比对指标（不同版本可以计入），文献馆藏覆盖率达到 88.21%。截至 2022 年底，湖南省少年儿童图书馆特色馆藏资源有 10557 种。湖南省少年儿童图书馆按照制订的馆藏发展规划，经过一段时期的建设积累，现已形成具有一定规模、结构比较完整的，具有独特风格的以下 4 类本馆特色馆藏：绘本亲子阅览室、图画王国、英文绘本室、特藏文献室；并针对未成年人的特点，将有声书、动画数据库、交互媒体库等电子文献纳入馆藏（馆藏数字资源服务平台），安装 10142 种电子图书，馆藏移动 APP 中文图书 19691 种。

（2）借阅情况

结合中小学"双减"，延长开放时间，周末、节假日增加服务人员和主题活动。2022 年湖南省少年儿童图书馆全年图书阅览 128819 人次、1260953 册次，外借 41973 人次、238923 册次；办理借阅证 3112 个；读者咨询培训 3561 人次。期刊外借共计 2691 人次，8841 册次；期刊阅览共计 3636 人次、16481 册次。

2. 空间环境

公共图书馆的空间形态建设对于提升读者阅读服务体验至关重要，具体措施包括建立总分馆体系，实现资源共享，提高服务效率。通过总分馆的建设，可以扩大服务范围，提高服务质量；对现有阅读空间进行改造，使其布局规划更加科学规范，以适应不同读者的需求；改善硬件设施，如灯光、桌椅、色调等，以提供舒适的阅读环境；营造良好的阅读氛围，减少干扰因素，如噪声、拥挤等，以帮助读者更好地专注于阅读。

通过这些措施，公共图书馆可以提升其服务效能，更好地满足读者的阅读需求，同时也为图书馆自身的服务转型和发展注入新的活力。

图书馆通过空间再造和环境保障，为读者提供沉浸式的阅读体验，提升他们的满意度，鼓励读者参与空间设计和改造，根据他们的需求和反馈进行调整。定期评估阅读空间的效果，根据读者反馈和实际使用情况，持续优化空间设计。

实体阅读空间扩建与改造方面：

近年来，湖南省少年儿童图书馆及各地市图书馆为了提升公众阅读服务的空间环境，陆续开展了阅读空间扩建和改造的工程。湖南省少年儿童图书馆建筑面积为 11976 平方米（含馆外书库、直属分馆），建立了 30 个分馆和固定服务点，包括人财物均隶属本馆或社会力量合作建设的分馆、固定流通服务点。读者活动空间面积 5749.1 平方米，执行国家、行业颁布的公共图书馆建设标准、图书馆建筑设计规范。同时馆内空间布局合理、动静分区。场馆通过社会化合作方式，建立阅读花园藏书阁、手艺人专题图书馆、儿童国学馆、阳光展厅、圆形自由阅读吧、图画王国、生态文明主题阅读空间、少儿阅读研学空间共 8 个新型阅读空间；设置针对不同年龄段读者的服务空间，如绘本室、阅创空间、亲子阅览区等；设置主题阅读空间，如文学借阅室、外文阅览室、国学馆等。湖南省少年儿童图书馆针对不同年龄读者提供了各种电子设备，将有声资源、视频资源用不同的载体供少年儿童读者进行阅读和体验。

湖南省少年儿童图书馆在提供阅读服务的同时，注重读者的安全和健康。配备了灭火器、空气消毒净化机、图书自助消毒机等设施，确保读者在安全、卫生的环境中阅读；进行安防监控升级，保障读者和图书馆的安全。为残疾人等特殊群体提供残疾人专用卫生间、无障碍通道、便民小药箱等设施设备，体现了对不同读者群体的关怀。亲子诵读室提供舒适的阅读环境，方便家长直接大声为孩子朗读书籍，是家庭阅读的理想场所。此外，阅览室配备低矮的板凳与书桌，每个桌子大小不一，配有适量的椅子，可供不同身高的孩子用于自己阅读和家长指导阅读。书架宽敞且都不超过四层，方便三岁及其以上孩子自我选择书籍。

湖南省少年儿童图书馆在提供阅读服务的同时，考虑到了读者的安全和健康，以及特殊群体的需求，这不仅提升了读者的阅读体验，也体现了图书馆的人文关怀和社会责任。通过这些设施和服务，图书馆能够更好地服务于少年儿童，促进他们的阅读兴趣和能力的提升。这也能够帮助图书馆在新时代下保持竞争力，为读者提供更加丰富和便捷的服务。

3. 数字化

在信息技术快速发展的背景下，公共图书馆正逐渐将数字资源融入阅读服务中，以适应读者的多样化需求。

公共图书馆要整合馆藏数字资源，包括电子书、有声书、视频讲座等，通过图书馆网站和移动应用程序提供给读者。推出线上阅读方式，如在线阅读、听书、视频讲座等，满足读者的互动式阅读需求；支持读者通过移动终端阅读设备，如智能手机、平板电脑等，随时随地访问图书馆的数字资源。

此外，公共图书馆还可以建立数智阅读空间，融合读者、图书馆、出版机构、科技企业等多方需求，支持阅读空间与数字设备的智慧化发展；利用大数据技术，为读者提供个性化的阅读推荐，根据读者的阅读历史和偏好，推荐相关书籍和活动。通过网络通信技术，提供在线讨论、书评分享、读者互动等互动体验，增强读者的参与感和归属感，为读者提供技术培训，帮助他们更好地利用图书馆的数字资源和服务。

公共图书馆可以更好地利用新型信息技术，提升阅读服务的质量和效率，满足读者的多样化需求，为图书馆自身的服务转型和发展注入新的活力。

（1）网络宣传工作

在数字化时代，公共图书馆需要加强数字化建设，提升公共文化服务中的数字远程服务能力。具体措施包括：

一是建立一个现代化的图书馆门户网站，提供在线检索、书目查询、电子资源访问、活动公告等服务；利用微邮平台、微博、小红书等社交媒体工具，以及移动应用程序，推广新书推荐、活动公告等信息，提高图书馆的可见度。

二是与青少年活动中心、企业界及相关单位合作，开展少年儿童自主阅读服务，鼓励阅读活动的举办和参与。利用互联网技术，如云计算、大数据分析等，拓展公共文化交流的渠道，提高数字远程服务的能力。加强对数字资源的整合和管理，提高数字资源的应用能力，为读者提供更丰富、便捷的数字阅读服务。

三是鼓励现代与传统发展模式并存，建立统一的数字和传统服务平台，实现资源共享，为读者提供更方便、高效、高质量的阅读服务。

湖南省少年儿童图书馆全年在省级媒体上发布信息45条，其中在文旅中国、华声在线、红网时刻等省级以上媒体采用宣传报道26条。在湖南省少年儿童图书馆自媒体上共编审发布信息713条，其中微信公众号发布信息231条，微博发布信息171条。湖南省少年儿童图书馆微信公众号粉丝由18794人增长至23063人。

（2）资源数字化

数字资源服务为公共图书馆提供了新的服务模式和手段，使图书馆能够更好地适应现代读者的需求，提供更加高效和便捷的服务。通过合理利用数字资源，图书馆能够提升其服务质量和效率，同时能为图书馆自身的服务转型和发展注入新的活力。

数字资源服务允许图书馆不受物理空间的限制，存储大量文献，以及更多的资料和更广泛的信息。通过数字资源，图书馆可以减少对物理空间的依赖，将更多的空间用于其他服务和活动。

读者可以随时随地通过互联网访问图书馆的数字资源，提高了阅读的便利性。根据读者调查反映的阅读需求，图书馆可以设定专门的采购配备模式，确保购买的文献能够满足读者的实际需求；注重实用性的文献配备原则，有助于提高文献的使用率和读者的满意度；增强文献的循环使用，提高文献的利用效率，减少资源的浪费。通过数字资源，图书馆可以提供更精准的阅读服务，满足读者的个性化阅读需求。

2022年湖南省少年儿童图书馆年数字资源增量为186827册、件；自建数据库数量4（种）、自建数字资源量22502（条）；截至2021年底，湖南省少年儿童图书馆智慧应用场景有6个，分别为智能图书馆、机器人、智慧书库、智慧办证服务、智慧借还服务、书籍自助消毒服务。

湖南省少年儿童在全省开展"红色故事少年说"童心向党音频征集活动，征集或拍摄1666分钟的音频资源成品。采购《神州共享连环画》《中华诗词库》等9家适合少年儿童的数字资源，完成数字资源采购金额96万余元，全年制作网页数字阅读专题360个；官网主页浏览量22万人次；数字资源浏览量1544.6万人次。

总的来说，湖南省公共图书馆的少年儿童阅读服务已经逐渐从传统的纸质阅读向数字化阅读转型。图书馆通过数字化阅读平台和设备、丰富数字阅读资源种类和数量等方式，提供更加便捷、多样化的阅读服务。这些转型和拓展将有助于提高湖南省公共图书馆的少年儿童阅读服务质量，满足读者多样化的阅读需求。

（二）活动形式

各地图书馆致力于将阅读推广品牌化，以公民文化素质提高为目标，不断丰富阅读推广方式。湖南省少年儿童图书馆及各地市图书馆积极开展各类读书活动和读者服务活动，不断创新阅读推广形式，激发少年儿童阅读兴趣。全年开展各类活动230余场次，服务受众近30000人次。

（1）阅读推广品牌

"书香湖南"——全省少年儿童系列读书活动，自 1982 年首次举办以来，截至 2022 年已连续举办 40 届，活动自 2008 年开始由湖南省委宣传部、湖南省精神文明建设指导委员会办公室、湖南省文化厅（2018 年与省旅游发展委员会合并成为湖南省文化和旅游厅）、湖南省新闻出版局、湖南省教育厅、共青团湖南省委、湖南省妇女联合会、湖南省关心下一代工作委员会联合主办，连续开展 40 年的湖南省少年儿童主题读书活动已积淀了成熟可行的活动模式，取得了令众馆称赞、众人羡慕的丰硕活动成果。

"周末 10：30"系列活动，读者活动部从 2018 年 10 月开始，每周的周六或周日上午 10：30 开展绘本讲读、手工 DIY 活动、整本书阅读等形式的阅读推广活动，定名为"周末 10：30"系列活动。截至 2022 年共计完成 48 场，活动参与 2464 人次。活动内容根据新年、节气、节日等因素选择合适的书目，采用黏土、手账、剪纸、折纸等多样的艺术表现形式，让孩子将书本与现实生活联动起来，充分调动阅读兴趣、内化所学的知识。

类似的活动还有"书中故事我来讲"主题绘本分享活动、"亲子绘本故事坊"、"指尖生花"手作课堂系列活动等。

（2）培训活动

湖南省少年儿童图书馆每年以图书馆或图书馆学（协）会名义主办、协办或承办市级及以上学术活动数量平均 4（场）；每年馆内工作人员参加市级及以上学术活动总人次平均 179 人；业务辅导与培训 137 次；业务辅导与培训参与 287690 人次。

此外，湖南省少年儿童图书馆还会开展丰富多彩的团建活动；主办刊物《少年儿童图书馆·中小学图书馆》；建立职工读书会、职工学习室、职工之家；出台人才培养与人才激励措施文件。

六、湖南省少年儿童阅读服务转型中
存在的问题及对策分析

除个别发达地区公共图书馆外，我国大部分公共图书馆阅读服务转型面临着发展瓶颈和制约难题。通过以上对湖南省公共图书馆少年儿童阅读服务转型的调研分析，主要发现有以下五个问题：

（一） 宣传手段不够新颖

公共图书馆在发布信息预告和活动通知时，需要考虑不同读者的需求和习惯。除传统渠道，还可以利用社交媒体、电子邮件、短信服务、本地新闻网站等多种渠道发布信息，以吸引少年儿童及家长的注意力。

一是宣传方式需要创新。以少年儿童喜欢的方式，如短视频、互动式海报、增强现实（AR）技术等，以吸引读者的注意。优化用户体验，确保信息易于找到和理解，包括清晰的标题、易于导航的界面和简明的内容。

二是需要提供多语言服务，以覆盖不同语言背景的读者群体。与其他文化机构、社区组织、学校等合作，共同推广图书馆的活动和服务；鼓励社区参与，通过居民小组、家长委员会等渠道，让更多人了解图书馆的活动；针对不同读者群体，制定个性化的宣传策略，如为视力障碍者提供大号字体和简洁信息的宣传材料。

三是需要强化宣传效果。需要收集读者反馈，不断改进宣传策略和内容，以强化宣传效果。

（二） 发布内容同质化严重

图书馆作为知识传播和文化交流的重要场所，面临着如何吸引更多少年儿童读者、提高服务质量和满足读者多样化需求的挑战。目前，大多数图书馆发布内容同质化需从以下方面改进：

图书馆可以通过问卷调查、访谈、社交媒体互动等方式，深入了解少年儿童读者的兴趣和需求，为创新服务提供依据，可以与博物馆、美术馆、科技馆等进行跨界合作，举办联合展览、讲座、研讨会等活动，丰富服务内容。利用现代信息技术，如虚拟现实技术（VR）、增强现实技术（AR）、3D打印等，为读者提供沉浸式阅读体验和创新的学习环境。利用大数据分析，根据读者的阅读历史和偏好，提供个性化的书籍推荐和阅读建议。

图书馆还可以举办多样化的主题活动，如作家见面会、读书会、主题电影放映会、文学创作比赛等，增强互动性和趣味性。鼓励社区参与图书馆的建设和管理，如志愿者服务、社区捐赠图书、居民参与图书馆活动策划等，增强图书馆的社区归属感。

(三) 少儿阅读资源紧缺

多数公共图书馆的少儿阅读资源所占比例还是偏小，并且少数公共图书馆对少儿阅读资源没有做到及时完善和更新，导致少儿阅读资源紧缺。少儿阅读资源的不足和针对性不强会影响儿童的阅读兴趣和阅读习惯的培养。图书馆可以采取以下措施：

一是根据儿童的年龄和发展阶段，图书馆可将阅读资源细分为不同的类别，如婴儿图书、幼儿图画书、学龄前儿童启蒙书、小学生读物等，确保每个阶段的孩子都能找到适合自己的书籍。同时，聘请专业的儿童图书采购人员和儿童教育专家，定期评估和更新图书馆的少儿图书资源，确保书籍的多样性和时效性。

二是提供阅读指导服务，帮助家长和孩子选择合适的书籍，同时开展阅读促进活动，如儿童故事会、亲子阅读时间等；设计互动性强的阅读活动，如角色扮演、手工制作、科学实验等，以吸引不同年龄段儿童的兴趣；利用数字技术和互联网，提供电子图书、有声书、互动故事等数字阅读资源，满足不同孩子的阅读习惯。

三是鼓励儿童和家长提供反馈，参与图书馆的图书采购和活动策划，使服务更加贴近用户需求。通过图书馆的网站、社交媒体、社区宣传栏等渠道，加强对少儿阅读资源的宣传和教育，提高家长和儿童对图书馆资源的认识和使用率。

（四）课业与阅读不平衡

目前，中国儿童在课业和阅读之间难以找到平衡。《中国儿童阅读发展研究报告》显示，除老师布置的阅读作业外，中小学生每周自主阅读时长超过 2 小时的不足四成。这表明深度阅读不足，儿童阅读的长期价值容易被忽视。

中国新闻出版研究院针对全国国民阅读情况进行调查，结果显示 8 周岁以上的少年儿童不读书的原因主要是"升学压力和课业负担"。这就需要进一步完善课标推荐书目分级分类。在少年儿童读物的实际选择中，最具影响力的当数中小学语文课程标准中所附的推荐书目，而课标推荐书目除文学经典作品外，首先，还应推荐其他类型的读物，如自然科学和社会科学类的书籍。其次，读物选择避免"应试化"现象。将课外读物推荐书目写入语文教材标准，其根本目的在于培养少年儿童广泛的阅读兴趣，扩大阅读面，增加阅读量，希望少年儿童"少做题，多读书"，避免出现读物阅读与考试挂钩、"为了考试而读书"的现象。最后，正确引导少年儿童的数字化阅读。相较于传统读物，电子读物具有速度快、渠道多、范围广的特点。数字媒介在给少年儿童提供便捷阅读渠道的同时，容易造成碎片化阅读、浅阅读等习惯的养成。

面对互联网所提供的海量信息，公共图书馆少年儿童阅读服务要注意进行及时有效鉴别，防止少年儿童阅读过程中受到不良内容的干扰。

（五）专业复合型人才匮乏

受到编制限额、发展空间和工作待遇的影响，大部分公共图书馆缺乏具有新媒体采编应用、阅读创新推广、传播营销、心理学等专业背景的复合型人才。

图书馆可以通过与高校合作，培养具有新媒体采编、阅读推广、营销、心理学等专业知识的人才；同时，通过提供有竞争力的待遇和良好的职业发展前景来吸引这些人才。

另外，图书馆可以为现有馆员提供定期的专业培训，包括新媒体应用、服务创新、读者心理学等方面的知识，帮助他们提升专业技能和服务水平，推动图书馆文化的转变，从"管理者"心态转变为"服务者"心态。这需要从管理层做起，通过激励机制和职业发展规划，鼓励馆员更加关注读者需求，提供更加人性化的服务。

七、湖南省公共图书馆少年儿童阅读服务转型的策略

基于以上分析，提出下列四点服务实施策略，分别是对接读者需求，拓宽资源供给边界；强化行业合作，构建全链条参与模式；坚持以人为本，完备交流与反馈通道；优化自身资源，制度人才两手抓。

（一）对接读者需求，拓宽资源供给边界

公共图书馆不仅要为读者提供更加丰富和精准的阅读资源，还要通过智慧化的服务方式，提升读者的阅读体验，促进知识交流和文化的传承。

一是加强线上服务平台的建设，如图书馆网站、微信公众号和小程序，确保数字阅读资源的及时更新和优质内容的推送。同时，线下活动要结合线上宣传，扩大影响力。利用大数据和人工智能技术，分析读者的阅读习惯和

偏好，提供个性化的阅读推荐和服务。

二是建立有效的读者反馈机制，鼓励读者对阅读资源进行评价和反馈，形成双向互动的传播模式；注重特色阅读资源的收集和整理，这些资源对于学术研究和公众知识储备都具有独特价值，能够提升图书馆的吸引力。依托5G、大数据、人工智能、区块链等技术，提供更加精准的公共数字文化服务，创新资源样态，提升资源质量。通过智慧化阅读服务，如智能推荐、虚拟助手、在线咨询等，提升服务的便利性和智能化水平。

三是培育和打造数字文化服务品牌，通过品牌的力量提升图书馆的知名度和影响力。与其他图书馆、文化机构、教育机构等建立合作关系，共享资源，扩大服务范围。加强对图书馆员的培训和教育，提升他们的专业技能和服务意识，以适应新的服务模式和技术应用。

（二）强化与各行业合作，构建全链条参与模式

公共图书馆与社会力量应秉承"价值共生、高效协同、长期共赢"的合作理念，图书馆可以通过与政府、社会组织、学校等联合，宽领域、多维度、立体化联合宣传推送继续深化业务合作，促进图书馆与各行业高质量融合发展。

1. 图书馆+政府

政府对于公共图书馆儿童阅读服务的扶持和政策制定是提升儿童阅读能力、培养阅读兴趣的重要途径。

政府应出台专门针对儿童阅读能力提升的政策文件，明确儿童阅读服务的重要性和目标，为公共图书馆提供指导和依据，通过税收优惠、资金补贴、表彰奖励等方式，鼓励公共图书馆积极参与儿童阅读服务。

政府应提供充足的经费支持，帮助公共图书馆完善儿童阅读区域的基础设施，采购适合儿童的图书、电子阅读器等器材；协助加强对图书馆员的专业培训，特别是有关儿童心理学、儿童文学等方面的知识，提升图书馆员的服务能力和专业水平。

利用媒体、社交平台、教育机构等多渠道宣传儿童阅读服务，提高社会对儿童阅读的重视程度，增加公共图书馆儿童阅读服务的知名度和参与度。与学校、社区、非营利组织等建立合作关系，共同推广儿童阅读，举办阅读活动，扩大服务覆盖面。建立儿童阅读服务的评估体系，定期收集儿童、家长和图书馆员的反馈，不断优化服务内容和方式。

2. 图书馆+兄弟馆

各图书馆应建立馆际交流和合作机制，定期举办研讨会、工作坊等活动，分享儿童阅读服务的经验和最佳实践案例，促进资源共享和互补。公共图书馆可以联合开展宣传活动，如联合举办儿童阅读节、阅读马拉松、亲子阅读活动等，共同提高儿童阅读服务的社会知名度；建立共享的数字资源平台，集中各馆的儿童阅读资源，提供一站式服务，方便儿童和家长获取多样化的阅读材料；合作开发针对儿童阅读能力提升的项目，如共同编写阅读指导手册、开展阅读能力评估、设计互动式阅读活动等；共同举办图书馆员培训，提升图书馆员在儿童阅读服务方面的专业知识和技能；利用社交媒体和新技术手段，如微博、微信、短视频平台等，共同推广儿童阅读服务，吸引更多儿童和家长参与；构建地区性的儿童阅读服务网络，实现信息互通、资源共享，共同提升服务质量和效率；定期收集儿童、家长和图书馆员的反馈，根据反馈调整和优化服务内容和方式，确保服务的针对性和有效性。

3. 图书馆+社会组织机构

国际图书馆协会联合会发布的《0～18岁儿童图书馆服务指南》指出，公共图书馆与社会组织机构积极密切的联系益处是巨大的，加强了服务的宣传与推广。图书馆与出版发行机构、评价机构等社会组织机构之间的合作对于提升儿童阅读服务水平具有重要意义。

图书馆可以与出版发行机构合作，共同推广新出版的少儿读物，通过图书馆的渠道增加新书的知名度和可及性；联合主办儿童阅读活动，如作者见面会、新书发布会、阅读竞赛等，吸引更多的儿童和家长参与，共同为儿童提供更好的阅读环境和服务。图书馆也可以与评价机构合作，共同研究和推广少儿分级阅读标准，为儿童提供更合适和有针对性的阅读材料。图书馆、出版发行机构和评价机构之间可以互相分享儿童阅读服务的信息、经验和资源，共同提升服务水平，共同研发适合儿童的阅读材料，如绘本、桥梁书等，满足儿童的阅读需求。

通过这些合作和交流活动，图书馆、出版发行机构和评价机构可以共同推动儿童阅读服务的发展，提升儿童阅读服务水平，增加儿童阅读服务的社会参与度。同时，这些合作有助于不同机构之间的相互学习和交流，促进儿童阅读服务领域的创新和发展。

4. 图书馆+学校

图书馆与学校合作可以提升儿童阅读服务水平，增加儿童阅读服务的社会参与度。同时，这些合作有助于图书馆和学校之间的相互学习和交流，促进儿童阅读服务领域的创新和发展。

一是图书馆可以与学校共享图书和其他教育资源，如图书馆提供借阅服务，学校提供阅读空间，共同为儿童提供更多的阅读机会。二是可以与学校共同设计和组织阅读活动，如阅读俱乐部、读书分享会、写作工作坊等，激发儿童的阅读兴趣和创造力。定期举办"阅读推广周"活动，邀请作家、插画师等来校举办讲座和互动，增加儿童对阅读的兴趣。三是利用学校的通信系统、网站、社交媒体等平台，增加阅读服务的宣传力度，学生的阅读兴趣和水平，提供个性化的书籍推荐，帮助学生在阅读中找到乐趣。四是与学校合作推广家庭阅读计划，鼓励家长参与儿童的阅读过程，创建家庭阅读环境。图书馆与学校的合作可以有效地推动儿童阅读服务的发展，提升儿童阅读服务水平，增加儿童阅读服务的社会认同感和参与度，促进教育和文化领域的发展。

5. 图书馆线上+线下

为了提升在儿童阅读服务方面的服务质量和影响力，图书馆需要充分利用网络平台和多媒体工具进行宣传和推广。

对于尚未开通官方网页的图书馆，应尽快设计并开通网站，作为信息发布和读者互动的平台。对于已有网站的图书馆，需要定期更新内容，确保信息的时效性和吸引力。图书馆可在官方网站设立专门的儿童阅读服务专栏，整合适合儿童的阅读资源，如电子图书、有声书、互动故事等，并定期更新推荐书目。利用微信公众号、小程序、新浪微博、抖音、快手等社交媒体平台，发布有趣、富有教育意义的阅读内容和活动信息，吸引儿童和家长的注意。

通过线上问卷调查和线下访谈等方式，收集儿童和家长对阅读服务的需求和反馈，根据调研数据调整服务内容和推广策略。举办线上与线下相结合的互动活动，如阅读挑战、故事创作比赛、绘画比赛等，鼓励儿童参与并分享自己的阅读体验。与学校、出版社、儿童教育机构等合作，共同推广儿童阅读，扩大服务的影响力。利用大数据分析，根据儿童的阅读历史和偏好，提供个性化的阅读推荐。鼓励儿童和家长参与图书馆的阅读服务设计和活动策划，提高他们的参与感和归属感。

通过"线上+线下"结合的方式，图书馆可以更好地满足儿童的阅读需求，提升服务质量，扩大影响力，实现从传统的阅读服务向全方位、多媒体、个性化的阅读推广转变。

（三）坚持以人为本，完备交流与反馈通道

基于"把关人"理论，图书馆在阅读服务转型中确实需要发挥关键作用，确保提供给用户的内容是有价值、有质量和符合用户需求的。

图书馆应改造服务空间，使其更加适合阅读和交流。同时，创新服务形式，如举办讲座、研讨会、工作坊等，以提高用户的参与度和满意度。图书馆应充分利用微信公众号、微博、直播平台等新媒体工具，发布有趣的、有教育意义的阅读内容和活动信息，吸引更多的用户。

图书馆应建立有效的读者反馈机制，鼓励读者提供意见和建议，通过收集和分析读者的反馈，不断改进服务质量和内容，为读者提供更加精准和个性化的服务。此外，图书馆应分享成功的阅读服务模式，确保其他图书馆可以复制和借鉴，这有助于提高整个图书馆行业的服务水平。

通过以上措施，图书馆可以更好地适应新媒体环境下的阅读服务需求，为读者提供高质量、个性化的阅读体验，同时增强与读者的互动和沟通。

（四）优化自身资源，制度人才两手抓

1. 健全长效机制，完善阅读推广体系

公共图书馆作为推广阅读活动的重要机构，需要树立"用户主体、制度创新"的发展理念，并通过优化管理机制来提升阅读推广服务的质量和效果。

图书馆应紧跟国家的发展决策和时代潮流，利用新技术和新方法，提升服务能力，同时寻求政府、企业和社会各界的支持，解决服务过程中的困难和矛盾；应加强与学校、出版社、非营利组织、企业等的合作，构建多元化的合作网络。通过合作，可以有效利用各方资源，形成工作合力，共同推动阅读推广活动。

图书馆应科学合理地规划和设计阅读推广活动，包括整体设计、中长期规划、模式创新和主题活动策划等，确保活动的内容和形式能够吸引不同年龄和背景的读者。图书馆还应制定评估考核措施，并引进第三方评估咨询机构，以客观公正地评估阅读推广活动的效果。根据评估结果，及时调整和优

化服务模式和发展规划，持续优化阅读推广体系。这包括对服务内容、形式、推广策略等的不断调整，以适应读者不断变化的需求。

通过这些措施，公共图书馆可以更好地满足读者的需求，提升服务质量，推动阅读文化的传播和发展。图书馆也能够在不断变化的环境中保持生命力和可持续发展。

2. 优化人力资源，培育推广人才队伍

公共图书馆在推广儿童阅读活动时，需要建立一支具备儿童教育学、心理学等相关专业背景的专业团队。

图书馆应通过公开招聘，吸引具有相关专业背景的优秀人才加入。图书馆可以邀请儿童教育专家和心理学家作为顾问，为阅读推广活动提供专业指导。同时，招募志愿者参与阅读推广工作，他们可以是教育工作者、家长或有热情的社区成员。

图书馆应设计科学合理的考核体系，确定科学的考核指标，并实施有效的激励机制，以激发人才的工作积极性和创造力；应创造良好的工作环境，提供事业发展机会，营造积极的文化氛围，以留住人才，促进他们的长期发展。

通过这些措施，公共图书馆不仅可以提升推广人才队伍的整体素质，还能够更好地满足儿童阅读服务的需求，推动阅读文化的传播和发展。

八、研究结论

公共图书馆是一个重要的文化机构，为人们提供各种阅读服务。随着社会的变革，公共图书馆少年儿童阅读服务也在进行转型。

首先，湖南省公共图书馆重视对少年儿童阅读服务的投入。这包括增加购买儿童图书的数量和种类，建立专门的儿童阅读区域，提供更加丰富的阅读材料，以及在儿童节、暑期和寒假等时间段组织更多的阅读活动。

其次，湖南省公共图书馆利用现代科技手段，提升少年儿童阅读服务的质量。例如，通过开发专门的阅读应用程序，为儿童提供更加便捷和个性化的阅读体验；同时，利用社交媒体等渠道，与儿童和家长建立更加紧密的联系，了解他们的需求和反馈，以便更好地提供服务。

再次，湖南省公共图书馆重视与学校和社区等的多方合作。例如，与学校签署合作协议，为学生提供更加优质的阅读材料和服务。同时，在社区开展阅读推广活动，吸引更多的儿童和家长加入到图书馆的阅读群体中来。

最后，湖南省公共图书馆注重评估和改进少年儿童阅读服务的效果。通过开展用户满意度调查、阅读数据分析等方法，了解阅读服务的优点和不足，以便及时进行改进和优化；同时，邀请专家、学者等外部人员对阅读服务进行评估，提出宝贵的意见和建议。

综上所述，湖南省公共图书馆少年儿童阅读服务的转型已经取得了很大进展。通过充实数字化领域的资源和举办互动性很强的活动，图书馆提高了孩子们的阅读兴趣和能力；但是仍然面临一些挑战，需要继续努力解决这些问题。

湖南省公共图书馆少年儿童阅读
服务模式分析

全民阅读作为文化强国的一项重要举措，有利于促进文化产业的健康长远发展，提升人民群众的整体文化素养。公共图书馆作为具有社会教育职能和文化教育职能的公共文化设施，在少年儿童阅读服务方面有着不可推卸的责任，本章结合目前湖南省少年儿童阅读服务的现状及少年儿童阅读情况，探索公共图书馆在少年儿童阅读服务模式上的提升路径。

一、湖南省公共图书馆少年儿童
阅读服务相关概述

（一）湖南省公共图书馆简述

《中华人民共和国公共图书馆法》将公共图书馆定义为"向社会公众免费开放，收集、整理、保存文献信息并提供查询、借阅及相关服务开展社会教育的公共文化设施"。《图书情报词典》也明确，公共图书馆是"为社会公众免费服务的图书馆"，其服务对象涵盖不同类型读者群体。随着我国综合国力的不断攀升，构建服务型、学习型社会已成大势所趋，作为重要的文化单位，公共图书馆的重要性日渐凸显，其发展也越来越受到各级政府的高度重视。公共图书馆应积极担起社会使命，充分保障公众享有的文化权利，为构建学习型社会做出应有的贡献。截至 2022 年，湖南省共有公共图书馆 148 个，其中少儿图书馆有 12 个，实际使用房屋建筑面积 83.25 万平方米，图书总藏量接近 6000 万册（其中少儿文献 809.42 万册），阅览室坐席数 6.02 万个（其中少儿阅览室坐席将近 2 万个），计算机 0.8 万台（其中供读者使用的电子阅览终端 0.54 万台)①。

(二) 湖南省公共图书馆阅读服务内容

《公共图书馆服务规范》指出，公共图书馆应当为公众免费提供信息咨询、文献借阅、阅读活动等服务，以满足公众文化需求，公共图书馆提供的阅读服务具有公益性。

公共图书馆提供的阅读服务是为了保障读者阅读权利的各方面需求，并满足他们对知识信息的需求。图书馆提供多种语言的书籍，包括汉语、英语、日语、法语等，以满足不同国家用户的需求。

图书馆提供纸本、电子、多媒体等多种载体的阅读资料，让用户可以根据个人喜好和需求选择合适的阅读方式。举办各种主题读书活动、研学摄影活动等，为用户提供更多样化的阅读体验。

图书馆的多媒体阅览室提供丰富生动的电子影像资源，为用户提供更便捷的信息获取渠道；提供方便快捷、资源共享的公共文化数字资源服务，让用户可以随时随地获取所需的阅读材料。图书馆的工作人员持有优良的服务态度，运用所学所识为用户提供专业的咨询服务，帮助用户找到适合自己的阅读材料。

湖南省公共图书馆通过这些服务，不仅满足了用户对知识信息的需求，还提升了用户的文化素养和阅读体验。通过这些多样化的服务，公共图书馆在促进阅读文化的传播和发展方面发挥着重要作用。

(三) 湖南省公共图书馆少年儿童阅读服务

文化部等单位在《关于全国少年儿童图书馆工作座谈会的情况报告》中指出，少儿图书馆是我国图书馆的重要组成部分，也是重要的社会教育机构。《中国百科大辞典》将少儿图书馆定义为"向少年儿童提供思想、文化、科学知识教育的社会机构"，是主要服务少儿读者群体的图书馆。少年儿童是指十岁左右至十五六岁这一时期的孩子。公共图书馆少年儿童阅读服务是图书馆服务的重要组成部分，旨在为少年儿童提供一个良好的阅读环境，促进他们健康成长。

图书馆通过提供丰富多彩的儿童书籍、图画书、电子书等，激发儿童对阅读的兴趣，培养他们对知识的渴望；可以定期举办阅读活动，如故事时间、

---

① 资料来源：湖南省公共图书馆。

阅读挑战、阅读马拉松等，帮助儿童养成定期阅读的习惯；提供阅读指导服务，帮助儿童选择适合他们阅读水平的书籍，提高他们的阅读技巧和理解能力。

图书馆确保所有儿童有平等的阅读机会，无论他们的背景如何，都能够享受到图书馆提供的服务。通过举办各种儿童阅读活动，可以提高图书馆自身在社会上的知名度，吸引更多的家庭参与阅读。图书馆通过有效的资源管理和利用，确保公共资源得到合理分配，让更多的儿童受益于图书馆的服务。

为了更好地实现这些目标，图书馆需要与学校、家庭、社区等其他社会力量合作，共同推动儿童阅读服务的发展。同时，图书馆需要不断更新和改进服务内容，以适应不断变化的儿童阅读需求。

二、湖南省公共图书馆少年儿童 阅读服务现状分析

湖南省公共图书馆一直致力于为少年儿童提供优质的阅读服务。目前，公共图书馆为少年儿童设计的阅读服务模式主要包括三个方面：一是线上服务，二是线下服务，三是社区服务。①线上服务主要是指通过公共图书馆网站或者微信公众号等平台，向少年儿童提供丰富的电子图书、视频、音频等资源，满足少年儿童的阅读需求。②线下服务是指在公共图书馆内为少年儿童设置专门的阅读区域，提供书籍、期刊、报纸等纸质阅读资源，并举办各种主题阅读活动，吸引少年儿童参与阅读。③社区服务是指公共图书馆联合社区、学校等组织，开展各种形式的阅读推广活动，如读书分享会、阅读驿站等，让阅读服务走进社区，让更多的少年儿童感受到阅读的魅力。

总的来说，湖南省公共图书馆少年儿童阅读服务模式是多样化的、全方位的，无论是在线上还是线下，都能满足不同层次、不同需求的少年儿童的阅读需求，为他们提供更多的阅读资源和阅读体验，促进少年儿童阅读兴趣和阅读能力的提升。

（一）阅览和外借服务现状

目前本章笔者所调查的公共图书馆都能为少儿读者提供文献外借服务，包括个人外借、集体外借、馆际互借、预约借书。在办理借阅证方面，有的

图书馆学龄前儿童、小学生、中学生凭身份证、学生证、户口簿等有效证件即可办理；有的图书馆则要求未满规定年龄的儿童阅览时需由家长陪同；幼儿园、中小学凭学校证明、经办老师的教师证原件及复印件，即可办理集体借书证。其中，长沙、株洲、湘潭三地681家图书馆实现了通借通还，三地读者可以凭借读者证享受681家图书馆一证通行、921万册图书一卡借还、跨市可借图书5册，为三地读者带来了福音。

湖南省公共图书馆的阅览及外借服务比较完善，能够满足不同年龄段儿童的阅读需求。除文献外借以外，公共图书馆还为少儿读者提供阅览服务，如表1所示。大多数图书馆都设有专门的少儿阅览室，为少年儿童提供了很好的阅览环境与服务。有的图书馆还设有包括少儿电子阅览室、少儿活动室、培训教室、玩具图书室等在内的专门少儿空间。

表1 截至2022年湖南省各市（州）的公共图书馆少年儿童阅览服务情况

指标	长沙市	株洲市	湘潭市	衡阳市	邵阳市	岳阳市	常德市	张家界市	益阳市	郴州市	永州市	怀化市	娄底市	湘西土家族苗族自治州	湖南省本级	总计
图书馆数量（个）	10	10	7	15	14	12	9	4	8	12	12	14	7	12	2	148
阅览和外借（万人次）	530	457	126	456	383	394	435	48	188	531	801	371	218	125	130	5193
音视频资源总量（千万小时）	700	0.83	0.44	0.36	0.01	886.2	6.97	0	0.05	107.89	126.72	108.13	1.39	65.06	0.56	2004.86
少儿阅览室坐席数（个）	2229	729	388	2230	1065	2130	815	310	750	1248	2050	1827	1070	1070	1359	19270

资料来源：湖南省公共图书馆年报。

表1提供了截至2022年湖南省各市（州）公共图书馆少年儿童阅览服务的情况，包括图书馆数量、阅览和外借人次、音视频资源总量和少儿阅览室坐席数。

从图书馆数量分析，湖南省14个市（州）和省本级共有公共图书馆148个，其中张家界市、娄底市和湘潭市的图书馆数量相对较少，分别为4个、7

个和 7 个。衡阳市、邵阳市和怀化市的图书馆数量较多，分别为 15 个、14 个和 14 个。

从阅览和外借人次分析，长沙市、郴州市和永州市的阅览和外借人次较高，分别为 530 万、531 万和 801 万，说明这几个市的图书馆服务得到了较频繁的使用。而张家界市和湘西土家族苗族自治州的阅览和外借人次较低，分别为 48 万和 125 万，这些地区的图书馆数量较少或人口密度较低。

从音视频资源总量分析，岳阳市的音视频资源总量最多，达到 886.2 千万小时，远超其他市。其次是长沙市和永州市的音视频资源总量也相对较多，分别为 700 千万小时和 126.72 千万小时。张家界市、益阳市和邵阳市的音视频资源总量较少，分别为 0 千万小时、0.05 千万小时和 0.01 千万小时。

从少儿阅览室坐席数分析，湖南省的少儿阅览室坐席总数为 19270 个，其中长沙市、衡阳市和岳阳市的坐席数较多，分别为 2229 个、2230 个和 2130 个。株洲市、湘潭市和张家界市的少儿阅览室坐席数较少，分别为 729 个、388 个和 310 个。

综合看来，湖南省各市（州）公共图书馆的少年儿童阅览服务情况显示出地域差异，一些市（州）的图书馆服务使用频率较高，资源较丰富，而另一些市（州）则相对较少。长沙市、永州市在阅览和外借人次、音视频资源总量方面表现较好，显示出这些市对少儿阅读服务的重视。图书馆数量的分布与阅览和外借人次、音视频资源总量和少儿阅览室坐席数并不完全一致，说明图书馆服务的质量和吸引力也受到其他因素的影响，如图书馆的位置、服务质量和推广活动等。

湖南省整体上在少儿阅读服务方面投入较大，但仍存在区域发展不平衡的问题，未来可能需要针对资源较少的地区进行重点支持和优化。

（二）网络与多媒体服务现状

湖南省公共图书馆非常注重利用网络和多媒体技术提供阅读服务。多个公共图书馆建立了网站和数字图书馆，提供电子书、音频和视频等多媒体资源。读者可以通过电脑、手机等设备随时随地访问这些资源，方便了读者的阅读和学习。同时，图书馆提供网络咨询服务，方便读者随时获取阅读方面的帮助和建议。

经调查，湖南省多个图书馆设立了音像资料借阅室和多媒体阅览室。值得一提的是，湖南省少年儿童图书馆主页上有一独立的"数字资源"版块，包括少儿音视频资源库、中华连环画、中少报刊、中少绘本、晨星历史故事库等栏目，这些丰富的信息在网上全天候开放，使各个年龄的少年儿童读者在这里都能找到自己感兴趣和有用的信息。

表2是截至2022年湖南省各市（州）电子阅览室终端数的统计数据，包括计算机总数和供读者使用的电子阅览室终端数。

表2　截至2022年各市（州）电子阅览室终端数统计

地区	计算机（台）	供读者使用电子阅览室终端（台）
长沙市	1282	869
株洲市	354	242
湘潭市	264	179
衡阳市	732	451
邵阳市	689	509
岳阳市	543	369
常德市	401	282
张家界市	168	133
益阳市	340	215
郴州市	447	308
永州市	855	650
怀化市	637	384
娄底市	543	433
湘西土家族苗族自治州	529	337
湖南省本级	415	123
总计	8199	5484

资料来源：湖南省公共图书馆年报。

湖南省共有计算机总数8199台，其中长沙市、永州市和衡阳市的电子阅览室终端数较多，分别为1282台、855台和732台。张家界市和湘潭市的电子阅览室终端数较少，分别为168台和264台。

供读者使用的电子阅览室终端总数为5484台，长沙市、永州市和邵阳市的供读者使用终端数较多，分别为869台、650台和509台。湖南省本级、张家界市和湘潭市的供读者使用终端数较少，分别为123台、133台和179台。

通过计算各市（州）供读者使用的终端数与计算机总数的比例，我们可以得出终端使用率。例如，长沙市的使用率为 67.8%（869 台/1282 台），而湖南省本级的使用率为 29.6%（123 台/415 台）。终端使用率较高的城市有更积极的读者服务策略，或者图书馆的电子阅览服务更受欢迎。

表 2 数据说明，湖南省整体上在电子阅览服务方面投入较大，但仍存在区域发展不平衡的问题。湖南省各地市电子阅览室的终端数量和服务能力存在差异，一些地市的电子阅览服务资源较丰富，而另一些地市则相对较少。长沙市、永州市和衡阳市在电子阅览室终端数和供读者使用的终端数方面表现较好，显示出这些地市对电子阅读服务的重视。电子阅览室的使用率在不同地市之间也有所不同，这可能与图书馆的服务质量、地理位置、读者需求和推广活动等因素有关。

（三）图书馆利用教育现状

图书馆利用教育是指为培养和提高人们利用图书馆所开展的一系列教育活动，是素质教育的重要组成部分。经过良好的图书馆利用教育，少年儿童可以独立且熟练地去使用实体或者虚拟的图书馆及其信息资源，探寻自己感兴趣的领域。同时，可以锻炼少年儿童的自学能力，通过图书馆利用教育所获得的技能，少年儿童可以解决学业及生活中遇见的某些问题。

（四）读书活动现状

组织和引导广大少年儿童多读书、读好书是促进下一代健康成长、培养造就人才必不可少的重要手段。目前，湖南省各市（州）、县（市）区的公共图书馆都为少儿开展了丰富多彩、形式多样的读书活动，如主题读书活动、少儿书展、书评讲座、演讲比赛、故事会、诗歌朗诵会等。

其中，最具特色的是各市（州）、县（市）区图书馆组织开展了"童心向党·童阅湖南"湖南省少年儿童主题读书活动，引导青少年儿童继承和发扬革命先烈的优秀品质和崇高精神，结合图书馆实际，紧扣主题，开展了形式多样、内容丰富的少儿系列读书活动，并以此为契机带动湖南省全民阅读活动深入开展。例如，益阳市安化县图书馆开展了主题手绘作品征集活动，在各中小学广泛宣传发动，积极组织中小学生按照活动要求参加此次"童心向党·童阅湖南"主题手绘作品征集活动；在县内各中小学收集绘画参赛作品，选送优秀作品至湖南省参赛。这次活动既提升了孩子们的文化素养，提供了感受生活之美、艺术之美、情感之美的实践体验；又深入了爱党教育，提高了孩子们的绘画水平，展现孩子们积极向上的精神风貌。又如，湘潭市少年儿童图书馆的青青故事会推出"童心向党·童阅湖南"爱国爱党系列绘本故事分享，为小朋友们讲述湖湘故事《青年毛泽东和图书馆的故事》《杂交水稻之父——袁隆平》。湖南图书馆还采用中国传统文化元素设计打造国学堂，引入拙诚学堂、长沙市书法家协会、湖南省古琴学会等合作机构，举办面向读者的免费培训活动。

从表3可以看出，湖南省整体上在阅读推广方面表现积极，但仍存在区域发展不平衡的问题。湖南省各市（州）在举办读书活动和培训班方面存在明显的地域差异，一些市在这些活动上投入较多，而另一些市则相对较少。长沙市作为省会城市，在阅读推广和文化教育方面起到了领头作用，举办了大量的读书活动和培训班，有助于提高公众的阅读兴趣和文化素养，促进学习习惯培养和知识传播。

表3　2018~2022年湖南省各地区举办读书活动次数统计

地区	举办读书活动（次）	举办培训班（个）
长沙市	1049	2937
株洲市	951	280
湘潭市	194	144
衡阳市	554	154
邵阳市	451	220
岳阳市	424	163
常德市	285	78
张家界市	106	62
益阳市	232	66
郴州市	648	313
永州市	363	73
怀化市	355	87
娄底市	183	70
湘西土家族苗族自治州	170	60
湖南省本级	326	277
总计	6291	4984

资料来源：湖南省公共图书馆年报。

2018~2022年，湖南省总共举办了6291次读书活动。其中，长沙市、郴州市和株洲市举办的读书活动次数较多，分别为1049次、648次和951次。张家界市和湘西土家族苗族自治州的读书活动次数较少，分别为106次和170次。

湖南省在2018~2022年共举办了4984个培训班。长沙市、株洲市和郴州市举办的培训班个数较多，分别为2937个、280个和313个。益阳市、张家界市和湘西土家族苗族自治州的培训班个数较少，分别为66个、62个和60个。

从表3可以看出，长沙市在举办读书活动和培训班方面都远远超过其他市（州），显示出该市在推动阅读和文化教育方面的积极努力。有些市在举办读书活动方面较为活跃，但在举办培训班方面则相对较少，如岳阳市和邵阳市；有些市则相反，如郴州市在举办培训班方面较为积极，但在举办读书活动方面则相对较少。

图1展示了2018~2022年湖南省公共图书馆为少儿读者举办活动的数据变化。2019年和2018年相比，组织各类讲座的次数略有下降，但举办的展览和培训班的数量有所增加。2020年，所有类别活动的数量都有所减少，特别是组织各类讲座和举办展览的数量大幅下降。2021年所有类别的数量都出现了显著增长。2022年，组织各类讲座和举办展览均有所下降，培训班的数量有所增长。

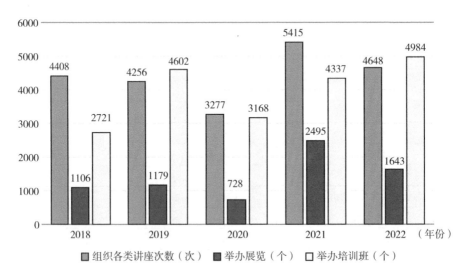

图1 2018~2022年湖南省公共图书馆为少儿读者举办活动数据

资料来源：湖南省公共图书馆年报。

从图 2 可以看出，2018~2022 年，湖南省少年儿童图书馆每年都举办了不同数量的活动。其中，2019 年举办的活动数量最多，分别为 166 次讲座、100 个展览和 1759 个培训班；而 2020 年举办的活动数量最少，只有 255 次讲座、69 个展览和 114 个培训班。

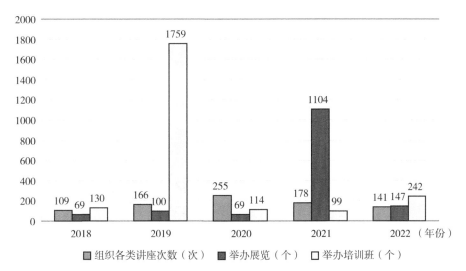

图 2 2018~2022 年湖南省少年儿童图书馆为少儿读者举办活动数据
资料来源：湖南省公共图书馆年报。

这些数据显示了湖南省少年儿童图书馆在这几年中对少儿读者的重视和投入。通过举办各种活动，如讲座、展览和培训班，该图书馆为少儿读者提供了丰富的学习和成长机会，促进了少儿读者的全面发展。特别是 2019 年和 2021 年，图书馆加大了活动的组织和举办力度，以满足少儿读者的多样化需求。

（五）个性化服务现状

图书馆的个性化服务是根据不同读者的特点和需求提供定制化的服务。图书馆的个性化服务对于少年儿童尤为重要，因为他们的成长阶段、心理特点和文化需求各不相同。

为不同年龄段的儿童提供专门的活动空间，满足他们不同的活动需求，便于图书馆的管理；为即将面临中高考的学生提供专业的复习指导和心理支持，帮助他们更好地应对考试压力；为少年儿童提供社交礼仪和公共意识方面的培训，帮助他们更好地融入社会，提高他们的社交能力。

为了提供有效的个性化服务，图书馆需要进行深入的调研和分析，了解不同年龄段的少年儿童的特点和需求，然后根据这些信息设计相应的服务内容和活动。比如，根据儿童礼仪培训的内容，图书馆可以编著相关的辅助读本，帮助儿童更好地理解和掌握礼仪知识。通过这些个性化服务，图书馆不仅能够满足少年儿童的需求，还能够提高他们的阅读兴趣和能力，促进他们的全面发展。湖南省公共图书馆还开展了多种特色服务，如设立24小时自助图书馆、推广移动阅读服务、建立数字图书馆等，为少年儿童读者提供更加便捷、个性化的服务体验。

总之，湖南省公共图书馆在个性化服务方面进行了积极探索和实践，旨在为读者提供更加贴心的服务。

三、湖南省公共图书馆少年儿童阅读服务模式分析

公共图书馆一直是人们获取知识和文化的场所，而少年儿童是图书馆服务的主要对象之一。因此，如何为少年儿童提供更好的阅读服务，是公共图书馆的重要任务之一。在湖南省的公共图书馆中，少年儿童阅读服务的模式主要包括以下八个方面：

（一）阅读推广活动

湖南省公共图书馆会定期举办各种阅读活动，如阅读分享会、阅读比赛、阅读推广活动、阅读讲座、故事会等。这些活动不仅可以吸引少年儿童参与，还可以增强他们的阅读能力和阅读兴趣。

（二）阅读导读服务

图书馆会提供一系列的阅读服务，如借阅书籍、阅读指导、阅读推荐等，这些服务可以让孩子们更加方便地获取到自己喜欢的书籍。图书馆也可以设立专门的阅读辅导区域或设施，由阅读辅导员提供指导和帮助，解答少年儿童在阅读中遇到的问题，帮助孩子们更好地理解和欣赏书籍，并引导他们培养良好的阅读习惯和方法。

（三）个性化阅读推荐

图书馆可以通过建立少年儿童阅读档案，了解他们的阅读喜好和需求，然后根据个人情况为他们提供个性化的阅读推荐，以满足他们的阅读需求。

（四）图书馆+社区

一方面，湖南省各公共图书馆积极在社区开展阅读推广活动，将阅读文化融入生活和学习中去；另一方面，湖南省公共图书馆致力于与社区共建公共阅读空间。中国特色社会主义进入了新时代，为了满足人民对美好精神的追求，公共阅读空间的建设显得尤为重要。

（五）"图书馆+互联网"

在"互联网+"的大趋势下，数字图书馆的出现为少年儿童提供了更加便捷和多样化的阅读方式。为了在图书馆阅读与互联网阅读之间找到契合点，创新少年儿童阅读服务方式，并激发其阅读热情。

数字图书馆应根据不同年龄段儿童的认知特点和阅读需求，提供相应的书目推荐和阅读指导。例如，可以参考《中国儿童分级阅读参考书目》的分段方式，为不同年龄段的儿童推荐适合他们阅读水平的书籍，如有声读物和多媒体资源，不仅可以保护儿童的眼睛，还可以通过声音和图像等多感官刺激，吸引儿童的注意力，激发他们的阅读兴趣；建立互动反馈平台，让儿童能够分享自己的阅读体验和感受，并看到其他儿童的评论和反馈，增强阅读的社交性和趣味性。

为了减少费用障碍，国家可以加大对数字图书馆的支持力度，为未成年人提供免费或低收费的阅读资源，鼓励他们更多地使用数字图书馆。鼓励家长参与儿童的阅读过程，提供指导和建议，帮助儿童选择合适的阅读材料，监督儿童的阅读习惯和阅读内容。

通过这些措施，数字图书馆可以在推动少年儿童阅读服务中发挥更大的作用，也可以促进传统纸质阅读向现代化网络阅读的转变。

（六）公共图书馆+学校+家庭

构建"公共图书馆+学校+家庭"的阅读服务模式，可以形成一个三位一体的阅读服务网络，有效推动未成年人阅读服务工作的开展。

公共图书馆应积极与学校、家庭、社会团体、文化中心、媒体机构等合作，共同开展阅读活动。图书馆可以通过组织亲子互动活动、阅读讲座、阅读俱乐部等形式，推广科学的阅读理念，鼓励家庭参与图书馆活动，普及阅读知识。

学校应利用自身的图书资源，并借助公共图书馆的力量，将"家庭阅读"活动纳入日常教学中。学校图书馆可以与公共图书馆建立流动借阅服务制度，让更多的图书资源被充分利用；同时，学校应开展"家庭阅读"指导活动，提高家长的阅读意识和指导技能。

家长应认识到儿童阅读的重要性，并积极参与学校、公共图书馆举办的亲子活动。通过自身的行为示范，家长可以培养孩子良好的阅读习惯，并为未成年人树立良好的榜样。

为了更好地实现这一模式，需要家庭、学校和公共图书馆之间的紧密合作，共同制订和实施阅读推广计划。政府和社会各界也应提供必要的支持和资源，以确保这一模式的有效运行。通过共同努力，可以有效地提升儿童的阅读兴趣和阅读能力，促进他们的全面发展。

（七）图书馆+书店

"图书馆+书店"这一模式是指图书馆与书店合作共同进行阅读推广，在湖南省内已经屡见不鲜了。例如，2023年长沙图书馆"读吧，长沙"系列活动之"你的Book我买单"活动在袁家岭新华书店，乐之书店开福店、雨花店、天心店、橘子洲店、财信店、德思勤24小时书店、卡佛书店桃子湖店、松雅湖店、麓之风10家书店和长沙图书馆官微、官网同步启动。读者只要前往长沙市内以上10家活动书店选书，办理好登记手续后即可当场免费带回家。读者也可通过长沙图书馆官方微信公众号选择"微服务大厅"点击"你的Book我买单"进入页面在线选书，长沙市内的读者均可享受书籍包邮快递到家。

"你选书我买单"的活动模式可以促进书店、图书馆和读者之间的共赢。对于书店来说，这种合作可以增加客流量和人气；对于图书馆来说，这种模式可以提升读者的参与度和满意度；对于读者来说，这种模式提供了更大的选书自由和便利。

将这种模式应用到少年儿童阅读服务上，图书馆可以与书店合作，推广"你选书我买单"的活动，鼓励少年儿童参与。图书馆可以提供一定的预算，让少年儿童在书店中选择自己喜欢的书籍，图书馆负责支付费用。少年儿童可以更直接地参与到书籍的选择过程中，接触到更多的书籍，增强他们对阅读的兴趣和参与热情，拓宽他们的阅读视野，丰富他们的阅读体验。

家长可以陪同少年儿童一起参与活动，共同选择书籍，这不仅能够增进家长与孩子之间的亲子关系，还能够提升家长对阅读重要性的认识。

通过这种合作模式，图书馆和书店可以共同推动少年儿童阅读服务的发展，激发他们的阅读兴趣，提升他们的阅读能力，同时能够促进书香社会的建设进程。这种模式的成功实施，需要图书馆和书店之间的密切合作，以及对少年儿童阅读需求的深入了解。

"公共图书馆+学校+家庭"的阅读服务模式对于书店、图书馆、读者来说形成了共赢局面：对于书店来说，带动了客流量的增长；对于图书馆来说，实现了由被动"送菜"到读者主动"点菜"的转变；对于读者来说，选书空间加大，在不花钱的情况下可阅读到新书好书。这种模式一经推出，就得到了广大读者的热烈欢迎，提高了读者的阅读积极性，大大推动了书香社会的建设进程。

（八）图书馆+其他社会机构

2023 年，由湖南省文化和旅游厅主办，湖南省少年儿童图书馆承办，开展了"书中故事我来游"湖南省青少年研学摄影采风创作活动。以青少年阅读为基，以研学旅行为媒，推动青少年阅读从"循诵习传"走向"知行合一"。致力于通过图书馆阅读推广与研学摄影的有机结合，既让湖湘青少年充分感受图书馆专业细致的阅读服务，又让他们畅游三湘四水、亲近红色热土、饱览潇湘美景、感受绵延文脉、享受研学实践的独特体验，同时鼓励他们拿起相机，记录阅读的快乐、研学的趣味、景致的美丽及人文的厚重，由此有效地激发青少年阅读求知、探索实践的强烈愿望，有效地丰富和提升青少年的艺术素养和文化涵养，有效地引导和培育青少年传承中华文明、传播湖湘文化，将阅读、研学、摄影有机融合，让广大湖湘青少年在阅读中研学，在研学中摄影，以摄影彰显研学历程，以研学拓展阅读深度，畅享童年，激扬青春，成为文化传播与传承的使者，促进了湖南省少年儿童的阅读服务发展。

通过以上服务模式的综合运用，图书馆可以为少年儿童提供全方位的阅读服务和一个良好的阅读环境，促进他们的阅读兴趣和阅读能力的提升。总的来说，湖南省公共图书馆的少年儿童阅读服务模式是一个比较完善和多样化的系统。

四、湖南省公共图书馆少年儿童阅读服务模式未来发展趋势及对策建议

（一）湖南省公共图书馆少年儿童阅读服务模式未来发展趋势预测

我国少年儿童阅读服务工作存在诸多问题，涉及各个方面。未来，公共图书馆还可以通过跨界合作，整合社会上的各种资源，力图解决少年儿童阅读服务中的难题，为更多的孩子提供更好的阅读服务。

1. 强化数字化阅读资源

随着科技的发展，数字化阅读资源将更加普及和便捷，公共图书馆可以进一步扩展数字化阅读资源的覆盖范围，提供更多的电子书、在线阅读平台等，以满足少年儿童对数字化阅读的需求。

2. 推动多媒体阅读体验

除传统的纸质图书，公共图书馆可以引入多媒体阅读资源，如有声书、电子期刊等，通过图书馆内的设施和技术支持，为少年儿童提供更加丰富多样的阅读体验。

3. 强化阅读互动与社交

图书馆可以通过组织更多的互动式阅读活动，如读书分享会、阅读俱乐部等，鼓励少年儿童参与讨论和交流，增强他们的阅读体验和社交能力。

4. 引入创新的阅读服务形式

公共图书馆可以引入一些创新的阅读服务形式，如阅读 APP、虚拟阅读空间等，通过科技手段提供更加个性化和便捷的阅读体验，满足少年儿童的阅读需求。

5. 加强阅读教育培训

公共图书馆可以加强阅读教育培训，培养专业的阅读指导员和辅导员，提供更加专业和有针对性的阅读指导服务，帮助少年儿童提高阅读能力和阅读素养。

通过以上趋势的发展，湖南省公共图书馆少年儿童阅读服务模式将更加多元化、个性化和科技化，为少年儿童提供更好的阅读体验和服务。

（二）湖南省公共图书馆少年儿童阅读服务模式未来发展对策建议

1. 推动湖南省公共图书馆阅读服务创新

2012 年以来，湖南图书馆依托官方网站开通了网上参考咨询和文献远程传递服务，通过微信公众号、微博、短视频等新媒体平台提供即时性移动服务；连续 6 年实施公共文化"进村入户"工程，为基层图书室、乡镇文化站提供了硬件设备并负责定期进行知识更新；创新推出"网上书房"便民借阅新模式，通过"网络+物流"的形式及线下信用借阅柜等服务节点，打破时空限制，读者可以通过快递借还图书；针对社会机构有读书需求却经费不足的情况，推出"藏书于民"项目，与社会机构共建藏书点，将外观完好且具有阅读价值的下架图书，放置在这些社会结构，供公众使用；自主研发"一网读尽"数字阅读平台，将海量的数字资源集中在一起，为读者提供一站式阅读使用便利服务，得到文化和旅游部肯定；面对突如其来的新冠肺炎疫情，联合"学习强国"长沙平台推出了"云课堂"；湖南省图书馆学会还指导长沙、株洲、湘潭三地图书馆实现了三地图书"通借通还"。

2012~2022 年，湖南省图书馆实现网上文献传递 63 万余篇；"网上书房"上线 3 年，办证人数近 3.6 万人，总借阅量达 20 万余册次；与社会各界共建藏书点 24 个，累计调拨图书近 12 万册，阅览人次 20 余万；数字阅读平台注册用户达 197 万余人，总访问量 5100 万余次，拉近了读者与图书馆之间的距离，提升了图书馆的服务效能①。

湖南省各公共图书馆的阅读服务创新取得了很好的成效，可见加大对馆藏文献数字化建设和数字资源开放力度，能够进一步优化产品和服务供给，提升服务能级，为湖南省社会、经济与文化发展提供文献智力支持。

2. 加强少年儿童阅读推荐服务

阅读活动对于少年儿童来说是非常重要的，不仅能够帮助他们养成良好的阅读习惯，还能够促进他们的身心发展。公共图书馆在提供阅读服务时，应该考虑到未成年人的特殊需求，包括他们的阅读水平和兴趣，以帮助图书

---

① 资料来源：湖南省图书馆。

馆提升未成年人阅读服务的质量和效果。

一是图书馆员应根据未成年人的阅读水平和兴趣，提供个性化的书目推荐。这需要图书馆员具备丰富的阅读经验和知识储备，能够理解不同年龄段儿童的阅读需求。

二是图书馆应设立专门的少儿馆藏区和活动空间，提供适合不同年龄段儿童阅读的书籍和材料。这些空间应该设计得有趣、吸引人，鼓励儿童自主探索和阅读。

三是图书馆应加强对工作人员的培训，确保他们具备与未成年人互动的专业技能和知识，能够提供有效的阅读指导和推荐服务。

四是图书馆应与其他教育机构、社会组织建立合作关系，共同开展阅读活动，为未成年人提供多元化的阅读体验，应确保阅读推荐服务的持续性，通过定期更新推荐书目和活动信息；不断创新服务模式，如利用新媒体平台进行图书推荐，提供在线阅读资源和互动体验，以吸引更多未成年人参与阅读，这样可以保持读者的关注和参与度。

通过这些措施，图书馆既可以更好地满足未成年人的阅读需求，提升他们的阅读体验，也可以提升图书馆的服务质量和影响力。

湖南省公共图书馆少年儿童
网络阅读服务分析

一、引言

随着互联网技术的飞速发展，网络阅读已成为少年儿童阅读的重要途径之一。首先，网络阅读服务是公共图书馆为满足读者需求而提供的一种服务方式，具有时间灵活、内容丰富、互动性强等特点。其次，针对少年儿童这一特殊读者群体，网络阅读服务可以通过提供适合不同年龄的图书、多媒体资源和互动平台，提升少年儿童的阅读兴趣，提高其阅读能力和素养。最后，网络阅读服务还可以为少年儿童提供多样化的学习、娱乐和社交于一体的体验，有利于少年儿童的全面发展。然而，当前湖南省公共图书馆的少年儿童网络阅读服务仍存在一些问题，如网络阅读平台和内容不够完善、网络阅读资源配置不协调、读者反馈机制不够健全、阅读环境和设施不够完善等，需要加强优化。因此，本研究旨在分析湖南省公共图书馆少年儿童网络阅读服务的现状与优化方法，为其提供改进建议，以更好地满足少年儿童网络阅读读者的需求，促进湖南省公共图书馆少年儿童网络阅读服务的发展。

二、网络阅读的特点

（一）网络检索的便捷性

随着互联网的快速发展和普及，互联网上的海量信息基本上可以满足不同人对不同类型信息的需求。尤其是在现今搜索引擎不断完善的情况下，信息采集和信息搜索的效率不断提高，人们只需要简单地输入关键词或者主题，便能够快速精确地获得大量自己想要的信息，并且这些信息大部分是免费的。同时，通过互联网，读者可以自由地选择自己感兴趣的内容，并根据自己的阅读习惯进行阅读，更加高效地获取信息，提高了阅读的质量和效率。这种便捷性对于读者来说非常有益。

（二） 阅读形式的多样化

相较于只能够提供文字和图片的传统纸质阅读，网络阅读集文字、图片、音乐、视频等于一体，呈现出立体而多元化的形式，能够更加直观、生动，内容也更加丰富。这些多样化的阅读形式不仅可以满足读者的视觉和听觉需求，而且可以更好地呈现阅读的内容和主题，更加吸引读者的眼球。

（三） 内容及载体的丰富性

网络阅读主要包括阅读电子书籍和网络小说、线上听书、观看网络视频、浏览网站、参加网络论坛等，形式丰富，覆盖面广，增加了阅读的趣味性。在过去，人们只能通过书籍、报纸、杂志等媒介来获取信息和阅读内容；而现在，读者可以通过电脑、平板电脑、手机等电子设备进行阅读，阅读的载体也非常丰富，降低了时间、空间的影响，为读者提供了很大的便捷。

（四） 阅读过程的互动性

网络世界是一个相对来说比较开放的世界，与传统的纸质阅读不同，网络阅读不是单向的信息传递，而是一种交流和互动的过程。在网络阅读中，读者可以随时随地与其他读者进行互动，分享自己的阅读体验和感受。同时，读者可以通过评论、点赞、转发等方式与作者进行交流，表达自己的看法和观点；甚至通过互动参加到作者的内容创作当中，成为内容的共同创作者。这种参与到内容创作中的体验，能够更加吸引读者的注意力，让读者的阅读过程更加丰富和有趣。

三、湖南省公共图书馆少年儿童 网络阅读服务现状

（一）覆盖范围

湖南省公共图书馆少年儿童网络阅读服务的覆盖范围目前已经得到了比较好的发展，各级公共图书馆都加强了对少年儿童网络阅读服务的建设。目前，湖南省公共图书馆少年儿童网络阅读服务已经能够覆盖大部分县城和市区，但是，少年儿童网络阅读服务在农村地区的投资建设比较少。这些公共图书馆不仅提供了电子书籍和数字资源，还为少年儿童提供了一系列其他的网络阅读服务，其中包括阅读推荐、在线阅读、阅读指南、阅读交流和阅读评价等方面。湖南省公共图书馆少年儿童网络阅读服务的建设已经形成了系统化的网络阅读服务体系，包括公共图书馆、线上网络阅读平台、图书馆联盟、阅读推广中心和阅读社区等多个服务机构。这些网络阅读服务机构在推广网络阅读服务中相互配合，共同推进湖南省少年儿童网络阅读服务的发展。

（二）用户群体

湖南省公共图书馆在少年儿童网络阅读服务的用户群体主要是学龄前儿童和小学生。其中，学龄前儿童的阅读兴趣较为广泛，包括童话故事、动画卡通、儿歌等，而小学生则更加注重知识的获取和学习的效果。此外，家长也是少年儿童网络阅读服务的重要用户群体之一，他们主要通过公共图书馆提供的服务，引导孩子正确使用网络阅读资源，培养孩子的良好阅读习惯。在使用公共图书馆少年儿童网络阅读服务的过程中，大部分用户会选择在晚上或周末等空闲时间进行阅读，以满足自己的兴趣和学习需求。

（三）服务内容

目前，湖南省公共图书馆少年儿童网络阅读服务的服务内容主要包括以下四个方面：首先，湖南省公共图书馆为少年儿童提供了丰富的数字资源。这些资源包括数字图书、数字报纸、数字杂志、电子书籍、在线视频、音频等，涵盖了文学、科技、历史、艺术等多个领域，可以满足不同年龄段、不

同兴趣爱好的少年儿童的需求。而且，这些数字资源可以在家中或在图书馆内的电脑终端上随时访问，方便快捷。

其次，湖南省公共图书馆通过网络阅读平台为少年儿童提供了个性化的阅读推荐服务。根据少年儿童的兴趣爱好、阅读习惯等信息，系统会自动为他们推荐相关的图书、杂志等资源，让他们更加方便地找到自己喜欢的阅读材料。平台还提供了用户评分、评论等功能，让少年儿童可以分享自己的阅读体验，也可以从其他读者的评价中获取更多的阅读灵感。

再次，湖南省公共图书馆的网络阅读服务注重与实体图书馆的联动。少年儿童可以通过网络阅读平台预约实体图书馆的藏书，也可以在实体图书馆借阅图书后在网上进行续借和归还。湖南省公共图书馆还为少年儿童提供了线上与线下相结合的阅读活动，如读书分享、线上读书会等，让他们在阅读的同时能够结识同龄人，交流阅读心得。

最后，湖南省公共图书馆的网络阅读服务还注重阅读辅导和互动交流。少年儿童可以通过网络平台参加阅读讲座、作文比赛等活动，提升自己的阅读和写作能力。平台还为少年儿童提供了在线咨询服务，让他们可以随时向专业的阅读辅导员咨询问题，获得及时有效的帮助。

（四）发展趋势

随着信息技术的快速发展和普及，网络阅读成为一种重要的阅读方式，逐渐取代了传统的纸质阅读。在这个背景下，湖南省公共图书馆的少年儿童网络阅读服务也在不断发展。未来，湖南省少年儿童网络阅读服务将会呈现以下四个发展趋势：首先，湖南省公共图书馆将会持续加强少年儿童网络阅读服务的推广力度。随着互联网的普及，越来越多的孩子通过网络获取信息和知识。因此，公共图书馆将会在各种网络平台上进行宣传，让更多的孩子了解到这项服务，并引导他们积极参与。

其次，湖南省公共图书馆将会加强少年儿童网络阅读服务的内容建设。在网络阅读时代，内容是吸引孩子的关键。湖南省公共图书馆将会针对不同年龄段的孩子，提供丰富多彩的网络阅读内容，包括经典文学作品、科普知识、少儿英语等多种类型。同时，湖南省公共图书馆将会开展更多网络阅读推荐活动，为孩子们推荐优秀的网络阅读资源，引导他们读好书、读好文章。

再次，湖南省公共图书馆将会继续加强少年儿童网络阅读服务的互动性。在网络阅读时代，孩子们需要更多的互动和参与。湖南省公共图书馆将会在网络阅读平台上开展各种互动活动，如读书分享、读后感交流、知识问答等，让孩子们能够在阅读中互相交流、分享知识，从而激发他们的阅读兴趣和阅读热情。

最后，湖南省公共图书馆将会加强少年儿童网络阅读服务的管理和保障。网络阅读服务需要有一个完善的管理和保障体系，湖南省公共图书馆将建立健全网络阅读服务的管理规章制度和安全保障机制，确保孩子们在网络阅读过程中的安全和健康；同时建立健全用户反馈制度，及时准确地了解网络阅读用户的阅读爱好、阅读习惯等用户特征，从而更好地提供有针对性的服务。

四、湖南省公共图书馆少年儿童网络阅读服务的特点和优势

（一）数字化网络阅读服务平台的便捷性

首先，湖南省公共图书馆针对少年儿童阅读建立的一系列数字化网络平台功能完备、操作便捷，可以让读者通过互联网、移动设备等多种方式来获取和使用图书馆资源，实现 24 小时在线阅读。数字化阅读服务平台还可以实现多种服务功能，如在线借阅、预约、续借、查询等，不仅方便了读者的使用，还节省了读者的时间成本和金钱成本。其中湖南省少年儿童图书馆官网服务种类齐全，能够提高读者的搜索效率，提升操作的便捷性。其次，湖南省少年儿童图书馆微信公众号、官方微博发布各类关于图书馆的通知信息，以及书籍推荐等各类资源，这可以让不同的读者根据自己的兴趣爱好在不同的网络服务平台进行阅读。最后，为了让少年儿童读者能够更加便利地利用网络阅读资源，该馆为读者提供了计算机终端、平板电脑、触屏一体机等，对于一些缺乏电子设备的少年儿童读者群体来说，极大地提升了他们对网络阅读的便捷性。

此外，湖南省公共图书馆少年儿童网络阅读服务平台采用了用户友好的界面设计和操作方式，让少年儿童可以轻松地进行在线阅读、借阅、预约等操作。通过数字化网络阅读服务平台，少年儿童可以随时随地在线阅读图书、期刊、报纸等各种类型的材料。这种便捷的服务解决了少年儿童阅读的时空限制问题，让他们可以根据自己的需求和兴趣随时选择阅读内容和阅读方式。

（二） 网络阅读服务与传统阅读服务的融合和互补

湖南省公共图书馆在开展少年儿童网络阅读服务时，与传统阅读相结合，同时结合本馆特色和湖南特色，使线上资源和线下活动联动，近年来组织了"三湘少年儿童阅读之星"、湖南省"少儿故事大王"大奖赛、湖南省少年儿童原创音频大赛、湖南省少年儿童数字阅读知识竞赛、湖南省少年儿童"学习雷锋好榜样"读书活动等一系列少年儿童阅读活动。网络阅读服务与传统阅读的融合通过数字化的方式、虚拟图书馆等平台，为少年儿童读者提供更加便捷、快速的阅读服务，在满足读者基本需求的基础上，为他们提供了更加全面、丰富的阅读体验。帮助读者提高阅读质量和阅读效率；通过多媒体、动画、游戏等形式，丰富了阅读体验，提高了读者的阅读兴趣和参与度。同时，为图书馆提供了更加高效的管理方式。

（三） 丰富的网络阅读资源和内容

湖南省公共图书馆构建的一系列少年儿童网络阅读服务平台提供了诗词、连环画、期刊、绘本、报刊等数字化资源和动画片、读者活动、讲座视频、纪录片、宣传片等视频资源。可以满足不同年龄、不同爱好的阅读群体的需求。为了更好地服务少年儿童的读者，湖南省公共图书馆持续购买商用数字资源，同时自主建设一大批内容积极向上，适合少年儿童身心特点的数字资源，如"红色故事少年说"系列音频资源，少儿特色数字资源库等。

以湖南省少年儿童图书馆为例，从表1中可以看到：2019~2022年，该馆电子图书新增了36.47万册；从表2中可以看出2020~2022年，该馆的数字资源在不断地引进，尤其是电子文本和图片文献资源，在两年的时间里增加了126.94TB；从表3中得到；截至2022年，各类数字资源馆藏总量达到1687402（册、件），包含形式多样的适合青少年阅读电子图书、期刊、音视频电子资源等。这说明该馆不仅网络阅读资源的存量大，而且内容非常丰富，可为不同年龄、不同兴趣爱好的少年儿童读者群体提供更多样化、个性化的网络阅读选择，大幅提升了少年儿童对网络阅读的兴趣。

表1 2019~2022年湖南省少年儿童图书馆新增电子图书

年份	本年新增电子图书（万册）
2019	10.01

续表

年份	本年新增电子图书（万册）
2020	19.21
2021	1.60
2022	5.65
合计	36.47

资料来源：湖南省少年儿童图书馆。

表2　2020~2022年湖南省少年儿童图书馆数字资源总量

年份	音视频资源总量（千小时）	电子文本、图片文献资源总量（TB）
2020	0.10	0.00
2021	0.10	35.04
2022	1.46	126.94

资料来源：湖南省少年儿童图书馆。

表3　2022年湖南省少年儿童图书馆数字资源馆藏量

序号	资源名称	册（件）
1	数字图书馆总馆	838894
2	视频库	1838
3	馆藏数字资源服务平台	10142
4	馆藏移动APP	19691
5	报刊荟萃	1350
6	少儿特色数字资源库	15198
7	少儿特色数字资源库（二期）	5420
8	红色故事少年说	1884
9	知识视界	1507
10	乐学园资源	323
11	中国知网	883
12	中华诗词库	350000
13	紫葡萄少儿库	1200
14	神州共享连环画	14200
15	中文在线电子图书	420530

序号	资源名称	册（件）
16	中国少年儿童出版社绘本	4342
	合计	1687402

资料来源：湖南省少年儿童图书馆。

（四）注重互动性和趣味性

湖南省公共图书馆少年儿童网络阅读服务在互动性和趣味性方面具有显著优势和特点。与传统的阅读方式相比，网络阅读服务更具互动性，能够让读者参与到阅读之中，让阅读变得更加有趣和生动。湖南省公共图书馆少年儿童网络阅读服务通过提供各种有趣的互动服务，如在线讨论、阅读评价、书评分享等，让读者能够更好地交流和分享阅读心得，更加深入地理解和感受书籍中的内容，从而提高了阅读的效果和品质。同时，网络阅读服务能够让读者更加深入地理解和感受书籍的内容，也能够让阅读变得更加有趣和轻松，增强了阅读的趣味性。随着科技的不断发展和进步，网络阅读服务将越来越成为人们获取知识和文化的重要途径，湖南省公共图书馆少年儿童网络阅读服务的优势和特点也将更加凸显。

（五）教育与娱乐的结合

湖南省公共图书馆的少年儿童网络阅读服务不仅为少年儿童提供了优质的教育资源，也将教育和娱乐巧妙地结合了起来。首先，网络阅读服务的内容涵盖了丰富的知识领域，包括语文、数学、科学到历史、地理、文化等各个方面。这些内容不仅能够满足少年儿童的学习需求，还能够扩大他们的知识面，开拓他们的视野。其次，网络阅读服务还注重孩子们的娱乐需求，将学习的知识融入有趣的音频、漫画、动画形式中，吸引他们的兴趣；让少年儿童在阅读中获得愉悦和乐趣，增强他们的阅读兴趣和阅读能力。

（六）鼓励家庭共读

随着现代社会的发展，家庭共读已成为一种普遍的阅读方式。湖南省公共图书馆的少年儿童网络阅读服务具有鼓励家庭共读的特点和优势。家庭共读不仅能够培养良好的家庭阅读氛围，促进家庭教育的发展；而且能够提高孩子的阅读兴趣和阅读能力，还能促进孩子的全面发展，增强亲子关系。

五、湖南省公共图书馆少年儿童网络阅读用户特征和借阅偏好

（一）少年儿童网络阅读用户特征

在少年儿童网络阅读用户进行网络阅读时使用设备方面，使用网络远程操作方式即电脑访问终端的用户占比高达95%；通过微信公众号访问终端的用户占4%；而使用PC访问终端的用户仅占1%[①]。由此可见，绝大部分的少年儿童网络阅读读者通过电脑的方式进行网络阅读，只有极少部分是通过手机微信公众号的PC终端进行阅读的。

表4为湖南省少年儿童图书馆与超星信息技术有限公司共建的读秀知识库各月少年儿童网络阅读用户的访问量分布。从三年浏览量总体来看，少年儿童网络阅读用户浏览量最多的三个月份分别是9月、10月和11月；而相对来说，4月浏览量最少。在年浏览量逐年递减的情况下，2022年的4月和10月相较于2020年浏览量不减反增，尤其是2022年的4月。同时，2021年和2022年相比于2020年，每月的访问量更加均衡，可以看出网络阅读用户的阅读时间更加均衡。

表4　2020~2022年读秀知识库各月网络阅读访问量分布

单位：次

年份／月份	2020	2021	2022	小计
1	6410	5645	5909	17964
2	4431	6160	5959	16550
3	6368	6342	4808	17518
4	4044	4149	4602	12795
5	9464	5697	4015	19176
6	5444	6065	5040	16549

① 资料来源：湖南省少年儿童图书馆。

月份 \ 年份	2020	2021	2022	小计
7	7096	5884	4615	17595
8	8226	5097	5669	18992
9	7944	5548	6443	19935
10	7202	6984	7705	21891
11	8260	6911	4574	19745
12	4959	5191	6105	16255
合计	79848	68673	65444	213965

资料来源：湖南省少年儿童图书馆。

（二）少年儿童网络阅读用户借阅偏好

在阅读资源方面，表5为湖南省少年儿童图书馆与武汉缘来文化传播有限责任公司合作推出的知识视界视频图书馆在各阅读类别部分用户浏览点击量。知识视界视频图书馆的阅读资源涵盖地球科学、历史文化和生态环境等八个领域。从2020~2022年的整体数据来看，我们可以发现历史文化、天文航天、体育探险是少年儿童网络阅读最受欢迎的三个领域，相对来说自然科学和生态环境关注度稍微低一点；但是总体来说，各领域之间的关注度差距不是很大。从单个领域来看，我们可以发现，天文航空天和体育探险这两个领域在2020年关注度排在最后两名，到了2022年跃升至前两名，可以看出少年儿童近年来对天文航天和体育探险的兴趣显著提高。

表5 2020~2022年知识视界视频图书馆各阅读类别用户浏览量

单位：次

序号	类别	2020年	2021年	2022年	小计
1	地球科学	15962	10261	12173	38396
2	历史文化	15482	11576	16954	44012
3	生态环境	12159	12237	13029	37425
4	科学技术	15396	9096	16365	40857
5	自然科学	12072	10651	13145	35868
6	生命科学	14092	12946	12023	39061

序号	类别	2020 年	2021 年	2022 年	小计
7	天文航天	10397	14376	18807	43580
8	体育探险	10642	11582	18639	40863
合计		106202	92725	121135	320062

资料来源：湖南省少年儿童图书馆。

六、湖南省公共图书馆少年儿童网络阅读 服务效果及影响因素

(一) 少年儿童网络阅读量分析

在馆藏数字资源年浏览量方面，我们可以从表 6 中看出，湖南省少年儿童图书馆的馆藏数字资源年浏览量在逐年增加，在 2022 年达到了 663.02 万次。总体来说，馆藏数字资源服务效果越来越显著。

表 6 湖南省少年儿童图书馆馆藏数字资源年浏览量

年份	馆藏数字资源浏览量（万次）
2019	370.46
2020	437.7
2021	558.86
2022	663.02
合计	2030.04

资料来源：湖南省少年儿童图书馆。

但是湖南省公共图书馆少年儿童的网络阅读方式接触率比较低。《中华人民共和国未成年人保护法》明确规定 18 岁以下的人统称未成年人。然而在通俗意义上，儿童更多指向 0~12 岁年龄层处于幼儿园、小学受教育阶段，而少年则偏向 12~18 岁处于中学教育阶段的孩子；依据其界定：0~14 岁群

体统称"少年儿童"。根据湖南省发布的人口统计数据，2022 年末全省常住人口的年龄构成中，0~14 岁的人口为 1249 万，然而，2022 年该馆馆藏数字资源年浏览量仅为 663.02 万次，少年儿童人均年浏览量仅有 0.531 次。

根据第十九次全国国民阅读调查结果显示，0~8 周岁儿童的数字化阅读方式接触率为 69.2%，9~13 周岁少年儿童的数字化阅读方式接触率为 76.4%。可以看出湖南省少年儿童的数字化网络阅读服务的覆盖率虽然在不断扩大，但是其覆盖率远远低于全国的平均水平，少年儿童的网络阅读服务的整体效果有待进一步提高。

（二）影响因素

影响湖南省公共图书馆少年儿童网络阅读服务效果的因素有很多，首先是图书馆的资源和服务质量。图书馆的网络阅读资源和服务质量将直接影响少年儿童的阅读体验和阅读兴趣。如果图书馆的网络阅读资源丰富、阅读环境安静舒适、服务质量高，那么少年儿童在图书馆进行网络阅读的体验将更加愉悦，阅读兴趣也会更加浓厚；反之，如果图书馆的资源质量低下、阅读环境极差、服务质量不佳，那么少年儿童进行网络阅读的体验和阅读兴趣都会受到很大影响。因此，提高图书馆的网络阅读资源质量和服务质量，有利于提高湖南省公共图书馆少年儿童网络阅读的效果。

其次是少年儿童自身的阅读能力和阅读习惯。一些低年级的少年儿童识字量不多，理解能力有限；不懂很多字词的具体含义，对文本内容理解不畅，阅读文本存在困难，极大地影响了其阅读兴趣。阅读是一项需要积累的能力，只有通过持续的阅读才能提高阅读能力。阅读也是一项需要养成的习惯。然而，在阅读过程中，有的少年儿童缺乏耐心，不能长久坚持阅读，每天的阅读时间十分有限，还有些少年儿童缺乏自制力，使用本该用于网络阅读的电子设备沉迷于电子游戏、网络小说等。因此，图书馆应该通过推广阅读、培养阅读兴趣等方式，帮助少年儿童养成良好的阅读习惯和提高阅读能力，从而提升湖南省公共图书馆少年儿童网络阅读服务的效果。

最后是社会环境和家庭教育。少年儿童的成长环境和家庭教育对他们的阅读习惯产生直接影响。如果少年儿童的成长环境和家庭教育都非常注重阅读，那么他们在进行网络阅读时也会更加投入和认真；反之，如果少年儿童的成长环境和家庭教育对阅读不够重视，那么他们进行网络阅读时也会缺乏兴趣。因此，图书馆应该积极引导家长对孩子阅读的重视，营造良好的阅读氛围和教育环境，从而提高湖南省公共图书馆少年儿童网络阅读服务的效果。

同时，社会资源主要倾斜在城市等发达地区，较难覆盖到农村等欠发达地区，因此，应该加大对少年儿童网络阅读服务的全地域推广，扩大其覆盖面。

七、湖南省公共图书馆少年儿童网络阅读服务的问题及发展对策

（一）湖南省公共图书馆少年儿童网络与热度服务存在的问题

1. 网络阅读资源配置不协调

湖南省公共图书馆一直致力于为少年儿童提供优质的网络阅读服务，但是在实践过程中发现，网络阅读资源配置存在不协调的问题。首先，部分图书馆在购买电子书资源时没有考虑到读者的需求，购买了一些并不受欢迎的书籍，导致电子书的使用率不高。其次，一些图书馆为了追求数量，大量购买电子书，但是由于资源质量参差不齐，读者并不愿意花时间去浏览这些资源，造成浪费。最后，还有一些图书馆没有及时更新电子书资源，导致读者阅读体验不佳，也影响了读者对图书馆的信任度和满意度。

此外，湖南省公共图书馆主要的图书资源、电子设备等投入主要集中在发达地区，而农村等欠发达地区以及残障儿童等特殊阅读群体的网络阅读资源投入很少。从表 7 中可以看出：在音视频资源总量上，岳阳市、长沙市远超其他几个地区，甚至与有些地区相比产生了数百倍的差距；电子文本、图片文献资源总量最多的怀化市有 958180.45TB，而最少的张家界市只有 4.00TB，相差近 239545 倍；从地区总体来看，张家界的音视频资源总量和本年新增电子图书均为 0，电子文本、图片文本仅为 4TB，可以看出张家界地区公共图书馆的数字资源是极其匮乏的。此外，特殊阅读群体的阅览室坐席数并未增加，以湖南省少年儿童图书馆为例，从表 8 中可以看出，虽然浏览室坐席数每年在递增，但是相比于 2020 年，2021 年、2022 年盲人阅览室坐席数减少了 40 个，仅有 64 个坐席，可以看出对于特殊阅读群体的服务投入比较少。

表7 2022年湖南省各地区公共图书馆数字资源分布情况

地区	音视频资源总量（千小时）	电子文本、图片文献资源总量（TB）	本年新增电子图书（万册）
长沙市	700.25	355.33	103.46
株洲市	0.83	264.36	143.81
湘潭市	0.44	117.97	2.80
衡阳市	0.36	198.51	194.51
邵阳市	0.01	40042.82	32.01
岳阳市	886.20	186934.67	4.16
常德市	6.97	139.85	6.91
张家界市	0.00	4.00	0.00
益阳市	0.05	20.00	22.97
郴州市	107.89	45999.64	11.21
永州市	126.72	177.39	15.79
怀化市	108.13	958180.45	4.36
娄底市	1.39	45.24	7.48
湘西土家族苗族自治州	65.06	64158.24	14.05

资料来源：湖南省公共图书馆年报。

表8 湖南省少年儿童图书馆阅览室坐席分布情况

年份	阅览室坐席数（个）	盲人阅览室坐席数（个）
2019	2559	28
2020	2785	104
2021	3277	64
2022	3577	64

资料来源：湖南省少年儿童图书馆。

2. 家长教育意识不足

湖南省公共图书馆向少年儿童提供网络阅读服务，帮助他们更好地获取知识和文化。但是有少数家长教育意识不足，担心网络阅读的内容不可控，认为网络阅读会影响孩子的学习和身心健康，因此对孩子的网络阅读有些抵触。实际上，网络阅读可以为孩子们的成长和发展带来很多好处。

首先，网络阅读可以为孩子们提供更多的知识和信息资源。网络上有着丰富的图书、文章、新闻信息等资源，可以让孩子们更好地了解世界和获取知识。与传统阅读方式相比，网络阅读更加便捷和高效，孩子们可以随时随地进行阅读。这对于忙碌的家长和学生来说都是非常有利的。

其次，网络阅读可以培养孩子们的阅读能力和语言表达能力。网络上的阅读材料形式多样，包括文字、图片、视频等，可以帮助孩子们用不同的方式更好地理解和掌握知识。同时，网络阅读可以让孩子们接触到不同的文化和语言，拓宽他们的视野和思维方式。通过不断阅读和思考，孩子们的阅读能力和语言表达能力会不断提高。

最后，网络阅读可以为孩子们提供更多的乐趣和娱乐。网络上有很多有趣的故事、漫画、游戏等，让孩子们在学习的同时享受到阅读的乐趣。这可以激发孩子们的学习兴趣，让他们更加积极地参与阅读和学习。

3. 网络阅读环境和设备存在短板

湖南省公共图书馆虽然在推广少年儿童网络阅读方面取得了一定的成就，但是网络阅读环境和设备的短板仍然是亟待解决的难题。第一，在网络阅读环境方面，少年儿童阅读需要一个安静、舒适的环境，但是在公共图书馆中，噪声和空气质量成为影响阅读体验的重要因素。这对于需要高度集中精力阅读的孩子们来说，无疑是一种干扰。

第二，网络阅读设备方面也是网络阅读服务中的短板之一。公共图书馆的设施建设需要与时俱进，满足读者的需求，但是在少年儿童网络阅读服务方面，公共图书馆的设施还有一些欠缺。首先是网络设备，少年儿童网络阅读需要高速、稳定的网络，但是在公共图书馆中，网络设备带宽不够，这使阅读内容加载缓慢，影响了阅读体验。其次是电脑设备，公共图书馆的电脑设备并不是专门为少年儿童阅读服务而设计的，往往过于老旧，配置不够高，运行速度缓慢，这也影响了少年儿童阅读的顺畅进行。

4. 缺乏有效的评估机制和反馈机制

目前，湖南省公共图书馆提供了不少针对儿童的网络阅读服务，包括电子图书、数字资源、在线阅读等，但这些服务的效果和质量并不能得到有效的评估和反馈。首先，缺乏有效的评估机制。例如，电子图书虽然数量较多，但并没有相关的评估机制来判断这些电子图书的质量，是否适合不同年龄段的儿童阅读，以及是否符合儿童阅读习惯等问题。对于数字资源和在线阅读服务也缺乏有效的评估，使图书馆既难以了解服务的实际效果，也无法及时发现问题并进行改进。

其次，缺乏有效的反馈机制。湖南省公共图书馆提供的网络阅读服务需要不断地进行改进，而没有有效的反馈机制则难以了解用户的需求和反馈。例如，如果用户对某些电子图书的质量提出了意见，但如果没有反馈渠道，则无法及时得到反馈并进行改进；没有有效的反馈机制也难以了解用户的使用情况，如哪些服务受到欢迎、哪些服务需要改进等。

（二）湖南省公共图书馆少年儿童网络阅读服务的发展建议

1. 优化网络阅读资源配置

随着数字化时代的到来，少年儿童网络阅读服务的需求量不断增加。虽然目前湖南省公共图书馆的数字图书数量在逐年增长，但是为了更好地满足少年儿童的阅读需求，需要对网络阅读服务资源配置进行优化。首先，需要对服务资源进行分类管理，分别针对不同年龄段的儿童提供不同的阅读服务。对于低龄儿童，可以增加绘本、儿歌等音视频资源的数量，提高阅读的趣味性和互动性；对于中高龄少年儿童，则可以增加科普、文学、故事等资源，拓宽他们的知识面和阅读兴趣。

其次，需要注重服务资源的更新与维护。在满足儿童阅读需求的同时，要注重资源的质量和时效性。图书馆可以通过与出版社、知名作者等合作，获取最新的图书资源；加强对服务资源的维护和更新，及时清理过时的资源，确保服务的质量；此外，在服务资源的选择和推荐上，需要注重个性化和差异化，应该充分考虑儿童的个性差异和阅读习惯，通过用户数据分析等手段，了解儿童的阅读偏好和需求，推荐适合他们的阅读资源。

最后，需要增加网络阅读服务的覆盖面。图书馆与多平台合作，扩大传播范围；打破地理位置的限制，加大对农村等经济欠发达地区的资源投入，不断缩小湖南各地区公共图书馆发展之间的差异；加大对公共图书馆内用于网络阅读服务的电子设备的投入，尤其是对边远山区的投入，让边远山区少年儿童、特殊少年儿童等读者群体能够参与到网络阅读当中。

2. 加强对家长和少年儿童的引导和教育

湖南省公共图书馆应该通过宣传、资源开发和家长培训等方式，引导家长重视孩子的阅读能力的培养，让家长更加了解网络阅读的价值和重要性，提高引导孩子阅读的能力，了解如何引导孩子阅读、如何筛选网络阅读资源、如何与孩子进行阅读互动等方面的知识和技能。这样可以让少年儿童在网络阅读中获取高质量的信息，健康成长。同时，可以建立家长互助平台，让家长相互交流和分享阅读经验，提高家长的阅读素养和教育水平。

同时，湖南省公共图书馆应该加强对少年儿童的引导和教育，帮助他们更好地利用网络阅读资源，养成正确的阅读习惯。网络上有着各种各样的信息，有些内容不适合少年儿童阅读。因此，图书馆应积极开展教育，帮助少年儿童树立正确的阅读认知，引导少年儿童选择适合自己年龄段和阅读水平的图书，以便他们更好地理解和吸收内容；同时，应该帮助少年儿童发现不同类型的图书，让他们养成广泛阅读的好习惯。此外，图书馆还应该教育少年儿童如何正确使用网络阅读资源。比如如何搜索和筛选信息、如何评估信息的可信度和准确性，以及如何保护自己的个人隐私。湖南省公共图书馆可以通过与孩子们一起上网、讨论、分享和交流的方式开展一系列主题教育，帮助他们更好地掌握这些技能。

3. 加强网络阅读保障服务工作

为了更好地满足广大少年儿童的网络阅读需求，为少年儿童提供优质的阅读资源，图书馆必须加强网络阅读保障服务工作。首先，图书馆应该提供一个舒适、安静的阅读环境，加强对噪声的控制和对环境卫生、空气质量的维护，确保阅读环境的安静舒适。其次，应该加强对图书馆内设备的维护和管理，确保设备的稳定性和可靠性，提供先进的设施设备。例如，安装音响设备，以便少年儿童更好地听取音频资源。最后，应该提供高速稳定的互联网服务，以确保读者能够快速地访问图书馆的在线资源。

此外，为了确保少年儿童的网络阅读安全，湖南省公共图书馆在网络阅读服务中设置了安全过滤机制，对不良信息进行屏蔽和过滤。图书馆还应该定期对网络阅读服务进行安全检测和漏洞修复，确保网络阅读服务的稳定和安全，还加强对网络阅读服务内容的审核和筛选，确保网络阅读服务内容的合法合规。

4. 建立健全评估和反馈制度

为了确保服务的质量和效果，建立健全的评估和反馈制度变得至关重要。首先，评估制度应该包括定期的测评和检查。通过对少年儿童网络阅读服务的测评和检查，可以深入了解服务的优势和不足，并及时进行改进和完善。这也有助于提高服务的质量和效率，更好地满足少年儿童的需求。其次，反馈制度是非常重要的。除了定期的测评和检查外，图书馆应该针对少年儿童网络阅读服务设立反馈机制，收集用户的意见和建议，更好地了解用户的需求和期望，并根据反馈意见进行改进和优化。同时，反馈机制也可以增强用户的参与感和满意度，提升服务的用户黏性。

评估和反馈制度的有效性也需要得到保障。为此，图书馆应该建立专门的质量管理部门或机构，负责制定和执行评估和反馈制度，并对其有效性进行监督。

八、总结

未成年人是祖国的未来，通过阅读，未成年人可以提升自身的素质，增强自身的阅读储备。我国著名教育家蔡元培先生曾说"教育不专在学校，学校之外还有许多机关，第一是图书馆"。本文通过文献研究、问卷调查、实地考察等研究方法比较分析发现，湖南省公共图书馆的少年儿童网络阅读服务在近年来得到了快速发展，同时面临着一些问题和挑战。首先，湖南省公共图书馆的少年儿童网络阅读服务得到了广泛的关注和支持，其提供的数字资源和在线阅读服务既为少年儿童提供了更加便捷的阅读方式，也促进了阅读兴趣的培养和阅读能力的提高。其次，湖南省公共图书馆的少年儿童网络阅读服务在平台建设、内容丰富性和用户体验方面都取得了一定的成绩，其提供的数字图书、动画、音频、游戏等内容丰富多彩，用户可以随时随地进行在线阅读和学习。最后，湖南省公共图书馆的少年儿童网络阅读服务也在用户交互、服务质量等方面做出了不少努力，如设置在线咨询、读者评论、推荐阅读等功能，增加了用户的参与度和满意度。

然而，湖南省公共图书馆的少年儿童网络阅读服务也存在一些问题和挑战，主要表现在以下三个方面：第一，平台建设和内容更新仍存在一定滞后，尤其是与国际先进水平相比，还有很大的差距。湖南省公共图书馆的少年儿童网络阅读服务需要加强技术投入和人才培养，提高平台的技术能力和内容质量，还需要优化其网络阅读环境和更新阅读设备。第二，用户体验仍有待改善，缺乏有效的评估和反馈制度。湖南省公共图书馆的少年儿童网络阅读服务需要加强用户研究和反馈，优化用户体验。第三，网络阅读资源配置不协调，网络阅读服务覆盖面有待进一步扩大。湖南省公共图书馆需要加强与其他机构的合作和资源共享，以提高平台的影响力和服务能力，优化其资源配置，提升其网络阅读服务的效果和覆盖面。

湖南省公共图书馆少年儿童数字阅读推广服务模式分析

一、前言

自 2014 年以来，全民阅读已连续 10 年写入政府工作报告。2017 年的两会重点探讨了传统阅读和数字阅读的关系。2021 年，《中华人民共和国国民经济和社会发展第十四个五年规划和 2035 年远景目标纲要》明确提出"深入推进全民阅读，建设'书香中国'"。以上皆表明我国对阅读推广工作十分重视，实现"全民阅读"已经成为国家和政府工作的焦点。随着互联网等相关技术的发展，国民数字阅读所占比重持续增加，随之提升的是国民对数字阅读服务的期待和要求。在新形势下，如何更有效地进行公共图书馆少年儿童数字阅读推广已成为亟待解决的问题。

数字化、智能化、智慧化已深入人们生活的方方面面，表明人们的生活方式发生了巨大改变，在出版和阅读方面也不例外。数字阅读正以强劲势头渗透到我们的工作、生活中，渗透到孩子们的阅读里。数字阅读必将以其方便、快捷、信息量大、互动性强等优势迅猛发展，并被越来越多的人，包括少年儿童所喜爱。从长远来看，随着新技术的不断出现和广泛应用，数字阅读服务必将受到更加广泛的推崇。少年儿童因其年龄特点，对新生事物尤其抱有浓厚兴趣，具有天然的接受能力，丰富多彩、生动有趣的数字资源无疑对其更具吸引力。这些背景都将助力少年儿童数字阅读的推广和发展。

（一）全民阅读热潮盛，数字阅读模式来助力

据 2023 年 8 月中国互联网络信息中心（CNNIC）发布的《第 52 次中国互联网络发展状况统计报告》表明：截至 2023 年 6 月，中国的网民规模已经

达到 10. 79 亿, 互联网普及率为 76. 4%, 相比 2022 年底增加了 0. 8 个百分点。我国手机网民规模达 10. 76 亿, 较 2022 年 12 月增长 1109 万, 网民使用手机上网的比例为 99. 8%。我国网络文学用户规模达 5. 28 亿, 较 2022 年 12 月增长 3592 万, 占网民整体的 49. 0%。

报告显示, 手机阅读成为数字阅读主要形式, 0~17 周岁的未成年人阅读能力平稳提升, 图书阅读率为 84. 2%, 人均图书阅读量为 11. 14 本, 阅读率和阅读量均较往年有所增长; 2022 年, 这类人群的图书阅读率为 84. 2%, 比 2021 年提高了 0. 3 个百分点, 人均图书阅读量为 11. 14 本, 比上年增加了 0. 21 本。2022 年我国儿童各媒介综合阅读率持续稳定增长, 数字化阅读倾向进一步增强, 手机移动阅读成为主要形式。在纸质书阅读、手机阅读、电子阅读器和网络在线阅读之外, 出现了 "听书" "视频讲书" 等新的阅读选择。

如何推广少儿数字阅读、提升深度阅读时间等问题一直是受到重视和关注的问题。公共图书馆是社会文化事业的重要组成部分, 也是文化传承与普及的重要阵地。少儿数字阅读服务是公共图书馆的重要服务之一, 对于提升儿童阅读素养、培养阅读兴趣和培养创造力具有重要作用。科学技术的发展加快了数字阅读的推广, 与此同时, 全国各地的公共图书馆建设了许多少儿数字阅读平台, 平台中丰富的数字资源为少儿提供了一种内容更为丰富的阅读形式。现在, 数字阅读是少儿阅读重要的方式, 为了给少儿提供更好的数字阅读服务, 了解少儿数字阅读推广现状、少儿数字阅读需求、少儿数字阅读的资源建设及少儿数字阅读推广的效果对推广阅读有着重要意义。本文主要对湖南省少年儿童图书馆少儿数字阅读服务的推广模式进行简要分析。

(二) 少年儿童数字阅读推广的实际意义

少儿数字阅读推广相比其他数字阅读推广, 更具有针对性和服务性。做好少儿数字图书馆推广服务, 不仅能够加深家长和少儿对数字阅读的理解, 而且还可以提高少儿数字资源的有效阅读率。本文通过各平台提供的数据及问卷调查, 针对湖南省少年儿童图书馆少儿特色资源库的推广服务、平台利用情况以及少儿数字阅读需求情况做了分析, 并提出了今后发展的对策, 不仅为湖南省少年儿童图书馆少儿特色资源库的少儿数字阅读推广提供了一定的参考和启发, 而且还为其他相关的省、市公共图书馆的少儿数字阅读推广提供了可借鉴的经验。

（三）国内少儿数字阅读推广研究

随着智能终端设备不断发展、数字资源内容越来越丰富，国内的研究也越来越注重儿童数字阅读推广活动。彭爱东（2019）等以公共图书馆网站、微信公众号和微博账号为数据来源，研究发现我国数字阅读推广发展很快，但发展不均衡。李瑛（2016）通过对公共图书馆儿童阅读推广现状调查，探究了开展儿童数字阅读推广工作的策略措施。曾真（2019）指出增加对图书馆员工的培训、提升数字阅读内容的质量、优化数字资源的操作界面、提供相关的课程式教育辅导和专题性文化服务是公共图书馆儿童数字阅读推广的主要策略。在数字阅读推广客体，也就是数字阅读资源方面的研究也有很多。杨柳（2021）等提到在重庆市少年儿童图书馆问卷调查中发现大多数少儿愿意进行数字阅读，而且认为少儿图书馆应提供数字阅读推广的相关服务。刘珊珊（2011）提到少儿数字阅读需要的形式主要有图文类、音频视频类、动漫类、游戏类等。常向阳（2013）指出数字阅读满足了少儿对时间和空间的需求，方便了少儿寻找资料，少儿之间可以实现数字资源共享、互动阅读。少儿在数字阅读时存在功利性、个性阅读和休闲阅读的需求。王楠（2020）发现少儿喜爱数字阅读，但也遇到一些问题，如娱乐性功能经常会导致一些少儿放弃数字阅读，使少儿处于"浅阅读"状态，形成喜欢视频阅读的习惯，这不利于少儿思维的发展。少儿需要形成自己的辨别能力，此时需要家庭、学校及图书馆的服务人员进行阅读指导。李武（2018）对上海中学生进行微信阅读调查时发现："社交性需求"是少儿开展数字阅读的重要原因，数字阅读是社会化阅读的需要，在数字化阅读的基础上少儿可以更好地与其他小朋友进行交流，对少儿的数字阅读思维也会产生很大的影响。

在少儿数字阅读资源推广方式方面，刘红（2012）等提出少儿数字阅读推广应从资源建设、人才配备、阅读活动的筹划等方面准备齐全再推行。冯蕾（2013）提到通过数字绘本阅读是少儿数字阅读推广的重要形式，可以引起少儿阅读的兴趣，说明少儿数字阅读推广的数字阅读资源要符合少儿的数字阅读需求。徐小丽（2012）提到针对少儿数字阅读推广，要构建数字化阅读平台，共建共享数字资源，提高少儿数字资源的利用率。陈丽冰（2015）提到要利用网络技术组织在线读书会，保持和少儿的联系；向学校推荐适合少儿阅读的数字资源，建设数字阅读平台，利用数字阅读教育研究策略为青少年提供课程咨询服务进行数字阅读推广。温盛勇、罗焕佑（2015）针对少儿推广服务策略提到建设绿色网站平台进行少儿数字阅读推广，同时应提供正确的数字阅读方法和阅读习惯的指导。

（四）国外少儿数字阅读推广研究

国外图书馆主要通过图书馆 2.0、电子阅读器数字阅读体验、数字游戏奖励阅读与学校教育相结合的方式来推广少儿数字阅读。数字阅读改变了读者传统的阅读方式，同时少儿的阅读行为受家长的影响，因此给图书馆的阅读推广带来了挑战。国外学者认为图书馆数字资源的推广应首先确定推广对象，比如说针对儿童群体进行的数字阅读体验式推广。

Ormes（1998）认为儿童在公共图书馆互联网方面的期望很高，高度的交互性不是一种选择，而是一种要求，图书馆只有提供高质量的网络服务才能满足儿童在互联网时代的阅读需求。Balling（2008）等通过应用案例研究发现现代图书馆员的角色和功能与广大公众对图书管理员的看法存在差异，以用户为中心的图书馆阅读推广不仅需要个性化服务，还需要图书馆员的专业知识，图书馆员要采取积极行动，从自身改变，用满足用户需求的专业知识和专业精神来做好数字阅读工作。Lonsdale（2005）等研究了英国 National E-Book Observatory（2007-2009）项目，发现图书馆虽然对数字资源进行了一系列的推广，但是缺乏正式的数字资源推广战略。Haarhoff（2014）对数字资源和纸质资源数字化进行研究，为公共图书馆数字资源的建设和数字资源相关标准的制定提供参考。在数字阅读推广活动中，数字游戏的奖励制度能鼓励儿童在数字阅读时坚持更长的时间，但效果并不持久，只有设定学习目标才能实现有效维持儿童的参与数字阅读次数。Kucirkova 和 Merideth（2021）等研究了父母参与 3~4 岁儿童数字阅读的积极影响，发现在亲子共享阅读中儿童降低了对自我的关注，建议儿童数字书籍设计可考虑父母和孩子共同阅读；父母在阅读时的积极参与和指导也能形成各种交流记忆，提高儿童数字阅读效果。阅读动机和认知技能（如基本的感觉产生过程）影响儿童对数字内容的理解，图书馆可以通过推荐来激励儿童主动数字阅读，通过培训来提升儿童数字阅读技能。

二、少儿数字阅读相关概念及推广模式研究

（一）少儿数字阅读的概念

在我国，"少儿"指的是 18 岁以下的未成年人。数字阅读的概念虽然没有统一的明确界定，但通常指的是通过数字设备（如电子书阅读器、智能手机、平板电脑等）进行的阅读活动，其阅读对象和阅读方式都是数字化的，主要包括电子书、音视频、网络文章、博客、社交媒体内容等形式。

少儿数字阅读特指未成年人通过数字设备屏幕与文字、图像、音频等内容的互动，从而获得阅读体验的过程。这种阅读方式相较于传统的纸质阅读，具有便捷、多样、互动性强等特点，能够吸引儿童的注意力，激发他们的阅读兴趣。

少儿数字阅读的推广对于提升儿童的阅读素养、培养阅读兴趣和创造力具有重要意义。随着数字技术的普及和发展，少儿数字阅读已成为儿童阅读的重要组成部分。图书馆、学校和家庭都应重视少儿数字阅读的推广，为儿童提供丰富的数字阅读资源和平台，引导他们合理使用数字设备，培养良好的阅读习惯。

（二）少儿数字阅读的内容

少儿对数字阅读形式的接触呈现多样化。小学阶段的儿童倾向于阅读趣味性较强的书籍，如童话故事、儿童文学、科普百科等，这些内容通常以图像和简短的文字为主，能够吸引他们的注意力，同时具有教育意义。进入中学阶段，少儿的阅读兴趣开始拓展，他们开始关注传记类书籍，对时事新闻和网络信息也表现出浓厚的兴趣。在这个阶段，他们可能更倾向于通过网络获取信息，这不仅是因为网络信息的丰富性和即时性，还因为网络阅读的便捷性和互动性。

根据《青少年蓝皮书：中国未成年人互联网运用报告（2023）》的数据，少儿的数字阅读活动主要包括看小说、看新闻、看帖子等，这表明数字阅读已经成为他们获取信息和娱乐的重要方式。2/3 的少儿喜欢在电脑、手机或电子阅读器上看新闻资料，这可能是因为新闻阅读可以满足他们对时事

的好奇心和求知欲。而 1/2 的少儿喜欢看小说、故事、非小说类文学作品等，这反映了他们对文学作品的兴趣。

虽然网络阅读在少儿中越来越普遍，但他们在网上搜索学习资料的比例相对较低。这可能是因为网络环境中的信息繁杂，且难以保证信息的准确性和权威性，少儿在寻找学习资料时可能会感到困惑，难以判断信息的可靠性。

因此，对于公共图书馆来说，提供适合少儿阅读的数字资源，并指导他们如何高效地利用这些资源是非常重要的。图书馆可以提供数字阅读指导服务，帮助少儿筛选和评价网络信息，同时提供高质量的学习资料和文学作品，以满足他们多样化的阅读需求。

（三）少儿数字阅读的特点

数字阅读具有便捷性、经济性、广泛性等特点，少儿数字阅读也有这些特点，但是少儿数字阅读有其独特性。

第一，圈群化和娱乐化。圈群化和娱乐化是少儿数字阅读的两个显著特点，它们对少儿的阅读习惯和社交方式产生了深远的影响。少儿数字阅读的圈群化指的是少年儿童在数字阅读平台上形成小团体，通过阅读相同的书籍、讨论和分享阅读体验来建立社交联系，形成积极的阅读氛围。娱乐化则是指数字阅读内容往往包含更多的趣味元素，如动画、声音、互动游戏等，这些元素能够吸引少年儿童的注意力，并提高他们的阅读兴趣，使阅读变得更有趣。

第二，便捷性和广泛性。数字阅读的便捷性体现在少儿可以随时随地通过电子设备访问阅读内容。广泛性则是指数字阅读平台提供了海量的阅读资源，包括各种类型的书籍、文章、漫画等，用户可以根据自己的兴趣选择阅读材料。

第三，经济性和资源多样性。少儿数字阅读的经济性体现在节省了纸质书籍的购买成本和存储空间。资源多样性则是指数字阅读平台能够提供多种格式的阅读材料，包括文本、图片、音频、视频等，使阅读体验更加丰富和多元化。

为了确保少儿能够正确使用数字阅读资源，家长、学校和公共图书馆应提供适当的指导和支持。例如，公共图书馆可以举办数字阅读指导活动，教导少儿如何安全地使用网络资源、如何筛选和评估信息的可靠性，以及如何合理规划自己的阅读时间。此外，公共图书馆还可以与学校合作，将数字阅读融入课程中，鼓励学生在教师的指导下进行数字化学习。

（四）少年儿童数字阅读的推广模式

少儿数字阅读推广是一个系统工程，需要从多个方面进行规划和实施。少年儿童数字阅读的推广模式多样化，旨在激发孩子们的阅读兴趣，提高孩子们的阅读能力，并培养良好的阅读习惯。目前，公共图书馆少儿数字阅读推广模式主要有两类，一是提供数字资源，二是举办数字阅读主题活动。

湖南省公共图书馆在数字资源提供方面，可以继续加强数字资源的建设，确保资源种类齐全、内容丰富、更新及时。这包括电子书、有声书、互动故事、在线课程等，以满足不同年龄段儿童的需求。另外，湖南省公共图书馆可以培养和引进具有数字阅读推广能力的专业人才，包括熟悉数字技术、了解少儿心理和教育需求的专业人员，以提供有效的阅读指导和推荐服务。

在举办数字阅读主题活动方面，湖南省公共图书馆可以策划和举办各种形式的阅读活动，如数字阅读讲座、电子书创作比赛、线上阅读挑战等，以激发儿童的阅读兴趣和创造力。

湖南省少年儿童图书馆已经开展了线上和线下的活动推广，这是非常有效的方式。图书馆应继续扩大活动范围、提高活动质量，吸引更多少儿参与；为了评估推广效果，图书馆可以收集和分析参与活动的少儿的数据，如阅读量、阅读时间、阅读反馈等，这些数据可以帮助图书馆了解活动推广的成效，并据此调整和优化服务内容。

湖南省少年儿童图书馆可以与其他图书馆、教育机构、出版社等建立合作关系，共享数字资源，扩大服务范围，争取政府政策支持，同时提供资金和技术，确保数字阅读服务的可持续性。

湖南省少年儿童图书馆可以进一步提升数字阅读推广的效果，为少儿提供更好的阅读体验，促进数字阅读文化的传播和发展。公共图书馆开展少儿数字阅读推广的形式多种多样，主要有以下三种：

1. 少儿电子阅读器外借推广

电子阅读器可以存储大量的电子书籍，不受物理空间限制，方便读者随时随地阅读；电子阅读器的屏幕采用电子墨水技术，不发出背光，对眼睛的刺激较小，有助于保护视力；与手机、平板电脑等电子设备相比，电子阅读器的辐射较小，更适合长时间阅读。

随着电子阅读器的迭代和普及，外借电子阅读器的服务将成为少儿数字阅读推广的一种重要方式。公共图书馆可以继续探索电子阅读器的使用和推广，如通过增加电子阅读器的数量、优化电子书资源、提供更多互动功能等方式，进一步满足少儿读者的阅读需求，提升他们的阅读兴趣和能力。图书馆也可以加强与学校和家庭的合作，共同推广电子阅读器服务，让更多的少儿受益于数字阅读。

2. 亲子数字阅读

公共图书馆在帮助家长指导少儿阅读方面发挥着重要作用。随着社会的发展，许多家长面临时间压力，难以对孩子的阅读进行有效指导。湖南省公共图书馆通过举办各种亲子阅读活动，如岳阳市图书馆的"亲子阅读，全民战'疫'"线上亲子阅读抗疫情活动，能够帮助家长和少儿建立良好的阅读习惯，增进亲子关系。

公共图书馆通过线上或线下的方式，组织家长和少儿共同参与的阅读活动，如故事时间、阅读挑战、电子书创作等，提高他们的阅读兴趣和参与度。图书馆可以邀请教育专家或阅读导师，成立家长阅读小组，为家长提供如何选择适合孩子阅读的资源、如何指导孩子阅读等方面的培训，让家长分享阅读心得和经验，相互学习和交流。此外，图书馆还可以通过社交媒体、电子邮件等方式，定期向家长发送阅读推荐和活动信息，帮助他们更好地指导孩子的阅读。

通过这些活动，公共图书馆不仅能够帮助家长指导少儿阅读，还能够挖掘少年儿童数字阅读的潜力，促进家长与孩子之间的互动和沟通。

3. 建设少儿私人数字阅读图书馆

少儿私人数字阅读图书馆是一个专门为儿童设计的个性化数字阅读空间。建设少儿私人数字阅读图书馆能够为少儿提供一个定制化的阅读空间，也能够整合优质少儿数字读物，为少儿提供免费数字阅读服务。这种平台的优势在于它能够根据用户的年龄、兴趣等要素，为少儿推送个性化内容，从而提高他们的阅读兴趣和参与度。

图书馆应开发一个基于用户年龄、兴趣和阅读历史数据的个性化推荐系统，为每个少儿提供定制化的阅读推荐；设计互动式阅读体验，如线上知识竞赛、阅读挑战、电子书创作等，吸引少儿参与并提高他们的阅读热情；整合学习资源，如课程辅导资料、在线课程、教育视频等，帮助少儿在学习过程中提高成绩；该系统设有家长监控功能，允许家长查看孩子的阅读进度、阅读内容和时间，确保所有内容适合儿童，过滤掉不适宜的信息。

图书馆还应举办少儿网络知识培训班，指导少年儿童进行数字阅读的体验，正确进行数字阅读，阅读合适的数字资源，最终形成良性的数字阅读。例如在湖南省第十届"三湘少年儿童阅读之星"阅研阅创活动中，省内 14 个市（州）共推荐了 166 名少儿读者参与电子书的编辑制作，组建了 5 个 QQ 群进行在线培训与教学，开展网络授课 18 节，连续 28 天实施点对点的实时在线辅导，引导少年儿童学习数字资源的使用和检索。最终，138 位少儿读者创作出了 138 部精美的电子书作品，58 人荣获第十届"三湘少年儿童阅读之星"，80 人荣获第十届"三湘少年儿童阅读优秀个人"。

三、湖南省少儿数字阅读推广模式分析

为了引导全省广大少年儿童加强对中华优秀传统文化研习和传承，湖南省文化和旅游厅、共青团湖南省委、湖南省妇女联合会、湖南省关心下一代工作委员会多次联合主办"童阅美好·不负韶华"等少年儿童主题读书活动，有效推广了数字阅读，激发了少儿的阅读兴趣，满足了他们的阅读需求。

湖南省少年儿童图书馆少儿特色资源库是一个良好的阅读平台，旨在让少儿可以健康学习和成长，走进公共图书馆，了解和使用湖南省少年儿童图书馆的数字资源。

表 1　2017~2022 年湖南省公共图书馆数字资源使用情况统计

项目 年份	本年新增电子图书 （万册）	供读者使用电子 阅览室终端数	图书馆网站访问量 （人次）
2017	1.050	133	2002358
2018	0.05	173	331446
2019	10.010	175	534307
2020	19.21	145	571074
2021	1.60	171	481036
2022	5.65	238	1458561

资料来源：湖南省公共图书馆年报。

表 1 是 2017~2022 年湖南省公共图书馆数字资源使用情况统计，包括每年新增的电子图书数量、供读者使用的电子阅览室终端数以及图书馆网站的

访问量。湖南省公共图书馆在电子图书资源、电子阅览室终端数和网站访问量方面都呈现不同程度的波动。湖南省公共图书馆在电子阅览服务方面的投入逐年增加，显示了其对于数字化阅读的重视和发展方向。

2017～2022年，湖南省公共图书馆新增的电子图书数量波动较大。2018年新增最少，仅为0.05万册；而2020年新增最多，为19.21万册。2022年新增电子图书为5.65万册，较2021年有所增加。这种波动反映了图书馆在不同年份对电子图书采购策略和预算分配的变化。

电子阅览室终端数在2017～2022年整体呈上升趋势。2017年有133台，到2022年增加到238台。2020年电子阅览室终端数为145台，比前一年度有所下降，应该是受疫情影响，去图书馆阅读的人数减少，因此图书馆减少了终端数量。此后又呈现增加的趋势，说明图书馆在电子阅览服务方面的投入逐年增加，以满足读者对电子阅读的需求。

表1中，图书馆网站的访问量在2017年达到最高，为2002358人次。之后逐年下降，到2021年降至481036人次。2022年访问量显著增加至1458561人次，仍未达到2017年的水平。访问量的波动可能受到多种因素的影响，包括图书馆的网络服务、在线资源、市场推广活动以及读者对数字图书馆的认知和使用习惯。

湖南省公共图书馆通过多种方式推广少儿数字阅读，这些方式有效结合了线上和线下的资源，以及与教育机构和媒体的紧密合作，以提高少儿数字阅读的普及率和参与度。

湖南省少年儿童图书馆作为专注于少年儿童阅读和教育需求的省级公共图书馆，更加注重通过其丰富的资源和服务，推广少年儿童数字阅读，促进少年儿童的全面发展。湖南省少年儿童图书馆通过线上活动和线下活动相结合的方式，为少年儿童提供了丰富多样的活动选择。线上活动可以突破时间和空间的限制，吸引更多的少儿参与；而线下活动则可以提供更加具有互动性的体验式的阅读体验。

例如，与本地幼儿园、小学及教育主管部门的合作，将少儿特色资源库引入学校信息课堂，共同举办活动，可以扩大服务范围，提高服务质量，同时能够增强少儿数字阅读的影响力。利用本地电视、报纸、网站、微信等媒体进行宣传推广，可以有效地提高少儿数字阅读的知名度和吸引力。特别是通过网站、微信、微博等新媒体平台，可以与用户建立更加直接的互动和沟通。

馆内与馆外结合的宣传可以增强少儿数字阅读的可见度和吸引力。馆内通过海报、宣传页和 LED 显示屏等方式，可以提醒和吸引读者参与；馆外则可以根据少儿的年龄段特点，在相关场所进行宣传，如幼儿园、早教机构等。

通过这些综合的推广方式，湖南省少年儿童图书馆不仅能够提高少儿数字阅读的普及率，还能够提高服务质量，促进数字阅读文化的传播和发展。这些推广方式值得其他公共图书馆学习和借鉴，以提高少儿数字阅读的推广效果。

（一）湖南省少年儿童图书馆线上活动推广模式

1. 勇于变革，打造读书活动云平台

湖南省少儿数字图书馆逐渐实现全面线上化、数字化的新模式。其主要活动以湖南省少年儿童读书活动云平台为网络载体，将活动的主要内容及相关流程均纳入活动云平台中。云平台前端直接面向读者，成为开展数字阅读服务与线上活动的功能齐全、界面友好的网络空间，同时又与"湖南公共文旅云"和湖南省少年儿童图书馆微信公众平台有机融合，达到了"借船出海"的良好效果。云平台后端作为层次明晰、操作便捷的管理系统，开通了省、市二级管理权限，可以根据前端读者的动向和反馈，及时高效地调整功能和布局，可以随时进行精确的数据统计，因此亦为未来形成全省少年儿童读书活动大数据打下了坚实基础。

2. 凝心聚力，多维连接实效佳

湖南省少年儿童读书活动云平台不仅使数字阅读服务多了一个有效载体，而且成为致力于儿童阅读服务的广泛连接、全面互通的多维枢纽，使开展多年的湖南省少儿读书活动的抓手更实、力度更强、影响更广。活动云平台的开通运行，就图书馆而言，明显加强了少年儿童图书馆和市（州）中心图书馆的业务联络；就老师、家长而言，拉近了图书馆和老师、家长的距离，对于校园阅读、家庭阅读也大有裨益；就阅读服务而言，巧妙地将阅读内容的输出、阅读成果的集纳充分融为一炉；就作品品鉴而言，将第一手的原创作品流畅清晰地呈现在业界专家面前，展现的是作者专心致志的态度，更是作品散发出的独具匠心的温度。

3. 精心安排，构建完整阅读生态链

读书活动的第一项子活动是少年儿童线上主题数字阅读推广活动，图书馆为此搭建了"少儿云书房"，这实际上是一座服务于少年儿童读者的数字图书馆。徜徉"少儿云书房"，少儿读者足不出户即可尽享数字阅读的无限

便利。由数字阅读到读书笔记再到电子书编创,一步步地构建起了完整的阅读生态链,提升了少儿阅读兴趣,同时产生了一个运转良好的可持续的阅读正向反馈,能真正地将图书馆的儿童阅读推广使命落到实处。

4. 精华荟聚,知识竞赛中谱新篇

湖南省少年儿童数字阅读知识竞赛旨在帮助少儿提高数字资源检索与查找能力,让少年儿童了解中华文明,引导少年儿童记忆和传承本土历史文化,提升广大少年儿童的文化自信。例如,由衡阳市少年儿童图书馆负责承办实施的数字阅读知识竞赛精心编制了竞赛题库,并联合中国知网制作上线了页面精美、响应流畅的网络竞赛答题平台。

5. 齐心协力,活动多样近距离

湖南省少年儿童图书馆开启"线上共读",用读书打卡、趣味竞猜、有奖问答、组队赢礼等多项互动方式,做大做强线上阅读宣传推广平台,开展各类线上读书系列活动。例如积极联动各县(市、区)图书馆、中小学校,指定活动计划和方案,完成"童阅美好·不负韶华"少年儿童主题读书系列活动。其中,岳阳市图书馆联合樊登小读者岳阳市分会开展线上阅读打卡活动,如"亲子阅读,全民战'疫'"线上亲子阅读抗疫情活动、"春暖花开·阅读有你"组队读书得好礼活动。

(二) 湖南省少年儿童图书馆线下活动推广模式

湖南省少年儿童图书馆通过与其他公共图书馆的合作,共同举办线下体验和培训活动,充分发挥了公共图书馆的作用,促进了湖南省公共图书馆数字阅读推广活动的开展。

公共图书馆之间的合作有助于共享资源、经验和技术,从而提高整个湖南省公共图书馆数字阅读推广活动的质量和效果。

线下体验和培训活动是图书馆直接与家长和少儿互动的方式,能够为家长和少儿提供更加个性化和深入的阅读指导,尤其侧重于引起家长的关注度,因为家长是少儿阅读的重要支持者和引导者。这些活动可以由馆员面对面地讲解数字资源的内容和使用方法,帮助家长和少儿更好地理解和使用数字阅读平台;通过发放宣传单(宣传页),提高家长对数字阅读平台的认识和兴趣,从而促进少儿数字阅读的推广。

通过这些线下活动推广方式,湖南省少年儿童图书馆不仅提高了少儿数字阅读的普及率,还提高了图书馆数字服务质量,促进数字阅读文化的传播和发展。这些推广方式值得其他公共图书馆学习和借鉴，以提高少儿数字阅读的推广效果。

线下推广活动的特色主要分析如下：

一是宣传推广形式多样。公共图书馆可以邀请地方居民亲自参与推广活动，如郴州市图书馆收集了当地抗疫先进事迹、经典历史故事，并招募了150余人的"'故事妈妈'阅读推广人"志愿者队伍，精选了20余名"云上小主播"，每周线下精心录制音频、视频形式的少儿故事上传至官方微信公众号，供广大少儿读者在线阅读。

二是暑期少儿活动进基层。暑假期间，衡南县综合运用县图书馆的儿童阅读数字资源以及"一网读尽阅读"的数字资源，共组织6个乡镇街道、8个社区、4个图书分馆、8个学校开展展览、动画、图片、游戏、读书心得等专题导读活动34场，1131人次参与，征集作品121件。

三是少儿读者定期培训活动。湖南省少年儿童图书馆组织少儿数字阅读培训活动，旨在帮助少儿更好地理解和使用数字图书馆资源，提升少儿数字阅读素养和促进数字阅读文化的传播。截至2023年11月3日，湖南省少年儿童图书馆已经开展了100余次少儿读者培训。参加培训的少年儿童基本学会使用电子书编辑软件，有效筛选最具代表性的素材，最终将编辑技巧、图片、文章等要素完美融合。

多种形式的活动既对孩子们的成长和发展产生了积极的影响，也促进了当地的文化建设和社区发展。不仅为孩子们提供了阅读的机会，营造了良好的阅读氛围，还让孩子们更直观地了解图书内容，参与兴趣答题和互动游戏，提高了孩子们的阅读兴趣和阅读能力；通过使用数字资源，孩子们学习了如何高效地利用数字工具，提升了他们的数字素养，同时激发了孩子们的创造力和表达欲，通过创作和分享，孩子们的个性和创造力得到了展示和肯定。

（三）湖南省少年儿童图书馆媒体宣传推广模式

湖南省少年儿童图书馆采用了多元化的媒体宣传推广模式，包括利用传统媒体、社交媒体、活动、数字资源及采用文旅融合策略，以提升图书馆服务的知名度、吸引力和使用率。湖南省少年儿童图书馆在媒体宣传推广方面的主要模式有以下七种：

一是多渠道宣传。湖南省少年儿童图书馆通过多种渠道进行宣传推广，包括在省级媒体发布信息、利用自媒体平台（如微信公众号和微博）编审发布信息。2022年该馆在省级媒体上发布信息45条，并在自媒体上发布信息713条。

二是活动推广。图书馆积极举办各类读书活动和读者服务活动，以激发少年儿童的阅读兴趣。2022 年开展了 230 余场次的活动，服务了近 30000 名受众。

三是数字资源推广。湖南省少年儿童图书馆在数字资源方面做出了显著投资，采购了适合少年儿童的数字资源，并制作了 360 个网页数字阅读专题。此外，湖南省少年儿童图书馆官网主页和数字资源的浏览量分别达到了 22 万人次和 1544.6 万人次。

四是社交媒体和平台的使用。图书馆通过微信公众号和微博等社交媒体平台进行宣传，其中微信公众号粉丝从 18794 人增长至 23063 人。

五是文旅融合。湖南省少年儿童图书馆利用文旅融合的契机，通过举办为中小学生读者研学实践教育活动服务、阅创和文创活动等新型服务方式，拓宽图书馆未成年人公共服务水平。

六是品牌服务宣传。湖南省少年儿童图书馆继续加强对图书馆基本服务和品牌服务的宣传推广，加大对馆外服务和全省读书活动的宣传报道力度。

七是合作与共建。湖南省少年儿童图书馆还与其他机构合作，共建服务分馆和基层服务点，如长沙铜官窑文化旅游区老街直属的陶艺研学特色服务分馆。

（四）湖南省少儿数字资源建设情况

为更好地进行少儿数字阅读推广，湖南省少年儿童图书馆加大建设数字资源投入，采取购买、自建、试用等相结合的方式，不断充实馆藏。表 2 为 2017~2022 年湖南省少年儿童图书馆电子图书馆藏数统计，电子图书总藏量显著增长，反映了电子图书馆藏建设的发展。

表 2　2017~2022 年湖南省少年儿童图书馆电子图书馆藏

项目 年份	电子图书（万册）			
	总数	本馆自建	本馆外购	从其他机构免费共享
2017	9.012	0.700	8.312	0.000
2018	9.5660	0.700	8.866	0.000
2019	10.866	0.700	10.166	0.001
2020	12.021	1.000	11.016	0.005
2021	12.026	1.004	11.016	0.006
2022	22.042	1.004	21.026	0.012

资料来源：湖南省少年儿童图书馆。

表2显示了2017~2022年湖南省少年儿童图书馆电子图书馆藏量的变化情况。2017年，电子图书总藏量为9.012万册；到2022年，电子图书总藏量增长至22.042万册。六年间，电子图书总藏量增长了约145%，表现出显著的增长趋势，说明图书馆在电子资源方面的投入不断增加。2017~2019年，自建的电子图书藏量为0.7万册，2020年增长至1.0万册；2020~2022年，自建的电子图书藏量保持在1.0万册左右，变化不大。外购电子图书藏量是电子图书总藏量增长的主要驱动力。2017年的外购电子图书为8.312万册，而到了2022年增长至21.026万册。外购电子图书在这段时间内增长了约153%，与总藏量的增长趋势相一致。从其他机构免费共享的电子图书藏量相对较少，从2017年的0万册增长到2022年的0.012万册。虽然绝对数量不大，但这一增长表明图书馆之间资源共享的趋势在逐年增强，其逐年增长的趋势表明了图书馆之间合作共享资源的积极发展态势。

这些数据反映了湖南省少年儿童图书馆对电子图书馆藏建设的重视，以及对提升少儿图书馆数字资源服务质量和满足读者数字资源需求的不懈努力。

1. 外购数字资源

为了更好地为少年儿童读者、家长等重点服务受众提供数字阅读服务，增加数字馆藏，湖南省少年儿童图书馆每年根据读者需求和市场多方调研，并结合本馆实际，外购一定数量的适合少年儿童阅读的数字资源，如数字图书、期刊、动画、音频、视频等。

通过外购数字资源，为读者提供了丰富多样、有教育意义的数字内容，支持了儿童和青少年的兴趣培养和文化传承。图书馆的数字资源建设注重教育资源的补充，兼顾文化、艺术和科学知识的普及，体现了图书馆作为教育和文化机构的社会职能。通过多渠道提供资源，图书馆确保了资源的易获取性，有利于吸引更多的读者使用其服务，促进了公共图书馆价值的最大化。

表3　湖南省少年儿童图书馆外购数字资源一览

序号	名称	类型	主要内容	免费获取方式
1	中华连环画	数字连环画	中华优秀传统文化	官网、官方微信平台、湖南省少年儿童读书活动特色服务平台

续表

序号	名称	类型	主要内容	免费获取方式
2	万方中小学数字图书馆	微课等	中小学各科教学片、题库、在线答疑等	官网、官方微信平台、湖南省少年儿童读书活动特色服务平台
3	中华诗词资源库	图文音频等	诗词朗诵等	官网、官方微信平台、湖南省少年儿童读书活动特色服务平台
4	紫葡萄少儿艺术库	视频	民间艺术、绘画、手工、书法、舞蹈、音乐、棋类等	官网、官方微信平台、湖南省少年儿童读书活动特色服务平台
5	"知识视界"视频图书馆	视频、3D互动、知识模型	少儿百科、地球科学、航空航天、生态环境、历史文化、医药保健、旅游探险、工业技术、数理科学、交通运输、军事侦探、生物科学、艺术文学、农林园艺、社会经济等	官网、官方微信平台、湖南省少年儿童读书活动特色服务平台
6	新语听书（少儿版）	音频	讲故事等	官网、官方微信平台、湖南省少年儿童读书活动特色服务平台
7	读秀知识库	电子图书、数字图书	综合类	包库在线阅览
8	中国知网中小学期刊	电子期刊、数字期刊	小学、初中、高中各科学习资料	本地镜像、在线阅览
9	博看期刊	期刊（微刊）	全库 3000 余种期刊（涵盖时政、法律、经济、科技、少儿、妇女、综合等各类）	官网、官方微信平台、湖南省少年儿童读书活动特色服务平台

资料来源：湖南省少年儿童图书馆。

如表 3 所示，湖南省少年儿童图书馆通过外购方式获取了多种类型的数字资源，并以丰富其电子图书馆藏服务于不同年龄段和不同兴趣爱好的读者。

1）资源多样性：图书馆提供了包括数字连环画、微课、诗词资源、少儿艺术视频、视频图书馆、听书服务、电子图书、电子期刊等多种类型的数字资源，覆盖了教育、文化、艺术、科学、技术等多个领域，体现了图书馆服务的多元化和全面性。

2）对教育资源的重视："万方中小学数字图书馆"提供了针对中小学各科的教学片、题库和在线答疑服务，这表明图书馆重视支持学校教育和学生自学。"中国知网中小学期刊"提供了小学、初中、高中各科的电子期刊，进一步补充了教育资源。

3）文化传承与推广："中华连环画""中华诗词资源库"突出了对中华优秀传统文化的重视和推广，有助于培养少年儿童对传统文化的认识和兴趣。

4）艺术与兴趣培养："紫葡萄少儿艺术库"提供了包括绘画、手工、书法、舞蹈、音乐等的多种艺术类视频资源，有利于培养儿童的艺术素养和兴趣爱好。

5）科学知识的普及：" '知识视界' 视频图书馆"提供了丰富的科学知识视频，涵盖了多个科学和技术领域，有助于普及科学知识，激发儿童对科学的探索欲。

6）获取方式的便捷性：多数资源可以通过官网、官方微信平台和湖南省少年儿童读书活动特色服务平台获取，这为读者提供了便捷的访问方式，增加了资源的可及性。

2. 自建数字资源

湖南省少年儿童图书馆自主建设富有本馆特色的多种数字资源，以丰富馆藏，为少年儿童读者数字阅读助力。目前已完成建设的数字资源包括动画片、连环画数字资源库、视频库、少儿特色数字资源库等类别。

1）系列动画片：系列动画片由湖南省少年儿童图书馆馆员创作剧本，委托第三方制作成动画片，挂在图书馆官网展播，供广大读者免费观看，如《神秘的军事工厂》《小星星漫游天宫图书馆》《神奇的纳米医院》《小星星漫游海底世界》等。

2）连环画数字资源库：湖南省少年儿童图书馆现有馆藏纸质连环画7000余种、约20000册，为20世纪70～80年代出版物，尤以80年代居多。湖南省少年儿童图书馆与超星公司合作建立连环画专题数字源库，供读者线上免费阅览。此类珍贵文献数字化对传承中华传统文化、优秀文化起到了积极的作用。

3）视频库：包括各类少年儿童阵地读书活动的视频资源。主要有"书香湖南——全省少年儿童读书活动"、青少年知识讲坛、文学名家讲坛等大型或专题活动的视频资源，既可作为读书活动资料，又可为广大读者提供学习、观赏、交流的平台。

少儿特色数字资源库：少儿特色数字资源库为文化和旅游部全国公共文化发展中心 2019 年公共数字文化源建设项目，由湖南省少年儿童图书馆申报立项成功并承建。项目一期有"书中故事我来讲""用我声音做你的眼睛"等活动，项目二期有"童话神话""书香战'疫'"等栏目。

3. 线上专题资源

为庆祝建党百年，各图书馆官网首页设线上专题资源库，整合红色数字资源，设多个栏目，涵盖党史知识等内容，开展少儿党史教育，培养爱党爱国情怀。同时，线上举办各类主题展览，提供全时空服务，丰富读者文化生活。

"建党百年"专题：在各图书馆官网首页以网页"飘窗"形式打造"庆祝中国共产党成立 100 周年"专题资源库平台。汇集超星、中文在线、同方知网、万方数据、知识视界、中华连环画等数字资源出品机构红色专题资源；设置"时政要闻""中国梦""四个自信""光辉历程"等栏目；汇聚数字图书、音频、视频、展览（图文展、动漫展、视频展）、访谈、口述史等资源；涵盖时事政治、党史知识、党建党风、群团建设等内容。在少年儿童中开展学习党史、新中国史、改革开放史、社会主义发展史教育，用生动的历史讲述传播红色文化，使孩子们学史明理、学史增信、学史崇德、学史力行，从小树立远大理想，爱党爱国，发奋图强，学好本领，立志将来报效祖国，回馈社会。

线上主题展览：根据不同时间节点及重大事件，打造非遗、传统节日、"4·2 世界儿童读书日""4·23 世界读书日"、文学名著赏析、科普知识等主题的数字展览，为读者提供全时空服务。

（五）湖南省少年儿童数字阅读的读者使用现状分析

1. 少年儿童数字阅读的读者使用现状

表 4 为湖南省少年儿童图书馆 2022 年的读者使用情况，显示了图书馆在数字资源建设、社交媒体使用、活动推广、服务创新和合作共建方面的积极发展。图书馆通过这些措施有效地吸引了读者，提高了数字阅读资源的使用率，同时促进了少儿读者阅读兴趣和文化素养的提升。

表 4　2022 年湖南省少年儿童图书馆资源读者使用阅读资源情况

项目	读者使用情况
图书阅读人次（次）	128819
图书外借人次（次）	41973
新办借阅证数量（个）	3112
读者咨询培训人次（次）	3561
期刊外借人次（次）	2691
期刊阅读人次（次）	3636
官网数字资源访问量（万人次）	22
数字资源总访问量（万人次）	1544.6
音视频资源小时数（千小时）	2004.86
举办活动数量（场次）	230
活动参与人数	30000
微信公众号粉丝数	23063

资料来源：湖南省少年儿童图书馆。

如表 4 所示，湖南省少年儿童图书馆资源的读者使用现状有以下六个特征：

1）读者访问量：图书馆在 2022 年的图书阅览人次达到 128819 次，图书外借人次为 41973 次。这显示了图书馆在实体访问方面的活跃度。其中在数字资源方面，官网主页的浏览量为 22 万人次，数字资源的浏览量达到 1544.6 万人次，这表明数字资源在读者中有很高的使用率。

2）数字资源建设：图书馆采购了适合少年儿童的数字资源，并制作了 360 个网页数字阅读专题；音视频资源的总量在 2022 年得到大幅提升，涨幅接近 16 倍，达到 2004.86 千小时。这表明图书馆在多媒体学习资源方面做出了显著的投资，以吸引少儿读者。

3）社交媒体和平台的使用：图书馆通过微信公众号和微博等社交媒体平台进行宣传，其中微信公众号粉丝从 18794 人增长至 23063 人。这显示了图书馆在社交媒体上的影响力逐渐增强。

4）活动推广：图书馆在 2022 年开展了 230 场次的活动，服务了近 30000 名受众。这些活动不仅增加了图书馆的吸引力，也促进了少儿读者的阅读兴趣和参与度。

5）服务创新：图书馆在文旅融合的契机下，推出了为中小学生读者研学实践教育活动服务、阅创和文创活动等新型服务方式，有助于提升图书馆的服务水平和吸引力。

6）合作与共建：图书馆与其他机构合作，共建服务分馆和基层服务点，如长沙铜官窑文化旅游区老街直属的陶艺研学特色服务分馆，这样的合作有助于图书馆服务的拓展和多元化。

2. 受欢迎的少儿数字阅读资源类型分析

通过比较不同类型资源的浏览量来确定最受欢迎的数字资源类型。最受欢迎的数字资源类型有三种：一是电子图书。电子图书通常包含丰富的内容和多样化的题材，适合不同年龄段的读者。二是音频资源。音频资源，如有声书、故事讲述等，能够吸引喜欢听故事的儿童和青少年。三是视频资源。视频资源中的教育视频、动画电影等，能通过视觉和听觉的双重刺激，吸引儿童的注意力。

数字资源受欢迎可能是因为数字资源访问的便捷性、数字资源的多样性和互动性。便捷性是指数字资源可以随时随地访问，不受时间和地点的限制；多样性是指数字资源类型多样，可以满足不同读者的兴趣和需求；互动性是指一些数字资源提供互动功能，如在线答题、游戏等，增加用户参与度。

3. 数字阅读平台推广使用情况

图1显示了湖南省少年儿童图书馆2022年不同数字资源的年访问总量。访问量最高的为博看（8063056人次），其次为中文在线（2194908人次），访问量最低的为少儿特色（18000人次）。这些数据表明了各个数字资源的访问规模和发展水平。博看拥有最多的年访问量，反映了它在少儿数字资源领域的重要地位和广泛影响力。其他数字资源如中文在线、知识视界、神州共享等也具有较高的年访问量，显示出它们在各自领域有一定的竞争力和良好的发展潜力。

为提升少儿读者的体验，吸引更多用户使用湖南省少年儿童图书馆少儿特色资源库的资源，少儿图书馆应改善数字资源提供服务，如优化界面设计，确保数字资源的界面设计直观易用，符合少儿用户的操作习惯；保持界面的一致性，减少用户的认知负荷；使用清晰的导航和标签，方便用户快速找到他们感兴趣的资源；提供个性化推荐，根据用户的浏览历史和偏好，提供个性化的资源推荐；利用机器学习算法分析用户行为，预测少儿读者用户的兴趣点。另外，要及时对内容进行更新和维护，定期更新数字资源内容，保持资源的时效性和新鲜感，维护资源质量，确保内容准确无误，无侵权问题；

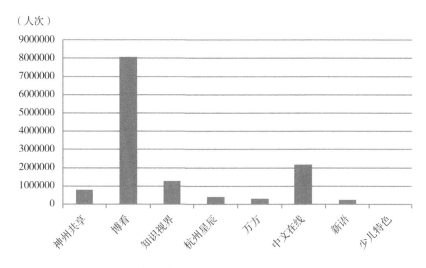

图 1　2022 年湖南省少年儿童图书馆数字资源访问量

资料来源：湖南省少年儿童图书馆。

在数字资源中增加互动元素，如在线答题、游戏等，举办线上活动，鼓励用户参与和分享。优化加载速度，减少用户等待时间，使用压缩技术减少文件大小；提供多渠道访问，支持多种设备访问，如电脑、平板、手机等，确保不同设备和浏览器之间的兼容性。要重视用户反馈和改进，收集用户反馈，了解用户需求和体验痛点，根据用户反馈进行持续改进，提升用户体验；定期评估数字资源的使用情况，分析用户行为数据，根据评估结果调整策略，优化资源配置。

四、湖南省公共图书馆少儿数字阅读
推广效果调查

为了根据用户反馈优化数字资源类型，更好地进行少儿阅读推广，需要了解湖南省公共图书馆少儿数字阅读推广效果，因此通过设置在线反馈表单和对使用图书馆数字资源的用户进行访谈，让用户直接表达对数字资源的看法和建议，识别用户体验中的瓶颈，如加载速度、界面设计、内容质量等，了解用户的直接体验和意见，以确定哪些数字资源类型或内容最受欢迎，哪些需要改进。

　　为了更好地了解湖南省公共图书馆数字阅读推广效果，随机对使用湖南省少年儿童图书馆少儿特色资源库进行数字阅读的家长及少儿进行访谈，主要针对少儿数字阅读及数字资源的使用情况、少儿及家长对少儿数字阅读的态度和看法，以及对少儿数字阅读的建议进行访谈，再对访谈结果进行分析，了解湖南省公共图书馆数字阅读推广的不足，以改善推广模式和手段。分析结合了附录1和附录2问卷调查的结果。

（一）少儿数字阅读需求调查

1. 调查方案的设计

　　本次少儿阅读推广问卷调查应该包含五个基本要素，即图书馆、阅读理念、推广方法、少儿读者、活动反馈。少儿对数字阅读的需求是用户对信息的需求，符合信息需求的理论。信息需求一方面来源于少年儿童对信息本身的需求，另一方面是在使用信息服务过程中衍生的需求。

　　本部分在文献调研的基础上，对涉及少儿数字阅读的主要要素进行梳理，对开展湖南省少儿数字阅读推广涉及的内容加以转化，最后设计出调查问卷。问卷主要包括三个部分：第一部分为少儿基本情况调查，包括少儿的性别、年龄、年级，以及家长的性别、年龄、学历，这些因素均会影响少儿对数字阅读的接受程度；第二部分是少儿数字阅读情况调查；第三部分是家长及少儿本身对数字阅读的态度和看法。

　　调查共面对面访谈800人次，发放调查问卷1200份，问卷回收1192份，有效回收率为99.33%。

2. 数据收集与分析

　　我们选择湖南省少年儿童图书馆为调研地点，调查对象主要是图书馆的少儿读者（0~18岁），以3~18岁为主，研究内容主要为少儿的数字阅读需求和使用行为。

　　因部分少儿年幼，部分访谈及问卷由家长代回答或辅助填写。现将数据分析如下：

（1）受访少儿及家长个体特征分析

表5　湖南省少年儿童图书馆数字阅读推广效果调查样本情况

统计类别	特征	样本数量	所占百分比（%）
少儿性别	男	920	46.18
	女	1072	53.82
少儿年龄	3岁以下	10	0.50
	3~6岁	247	12.4
	7~12岁	1022	51.31
	13~18岁	713	35.79
所在年级	幼儿园及以下	6	0.3
	小学	942	47.29
	初中	729	36.6
	高中	315	15.81
家长性别	男	754	37.85
	女	1238	62.15
家长年龄	21~30岁	203	10.19
	31~40岁	1290	64.76
	41~50岁	371	18.62
	50岁以上	128	6.43
家长学历	高中以下	32	1.61
	专科	119	5.97
	本科	1011	50.75
	研究生及以上	830	41.67

根据表5的数据，我们可以进行以下分析：

1）少儿性别分布：男性少儿占比为46.18%，女性少儿占比为53.82%。这表明在调查样本中，女性少儿略多于男性少儿。

2）少儿年龄分布：3岁以下的少儿占比最小，仅为0.50%。3~6岁的少儿占比为12.4%。7~12岁的少儿占比最高，达到51.31%，是所有年龄段中比例最大的。13~18岁的少儿达到35.79%，也占有较大比例。从样本的年龄分布来看，7~18岁年龄段占样本总量的87.1%，是少儿图书馆数字阅读的主体，也是数字阅读推广的主要对象。

3）所在年级分布：幼儿园及以下的少儿占比最低，为 0.3%。小学阶段的少儿占比最高，达到 47.29%。初中阶段的少儿占比为 36.6%。高中阶段的少儿占比为 15.81%。小学和初中阶段少儿占总样本的 83.89%，说明小学和初中阶段的少儿数字阅读的需求更强烈，是数字阅读推广的主体。

4）家长性别分布：男性家长占比为 37.85%，女性家长占比为 62.15%。这表明陪孩子来图书馆阅读的女性家长比例更大。

5）家长年龄分布：21~30 岁的家长占比为 10.19%。31~40 岁的家长占比最高，达到 64.76%。41~50 岁的家长占比为 18.62%。50 岁以上的家长占比为 6.43%。说明 31~50 岁的家长是图书馆数字阅读推广的主体。

6）家长学历分布：高中及以下的家长占比最低，仅为 1.61%。专科家长占比为 5.97%。本科家长占比最高，达到 50.75%。研究生及以上的家长占比为 41.67%，也占有较大比例。说明家长学历越高，越重视孩子的阅读培养。

总而言之，在少儿群体中，女性略多于男性，7~12 岁的少儿是数字阅读推广的主要服务对象。家长群体中，女性家长数量明显多于男性家长，31~40 岁的家长是主要的陪伴阅读群体，且家长群体的学历普遍较高，本科及以上学历的家长超过 92%。数据显示，少儿图书馆的服务对象主要是学龄儿童，高学历的家长更加重视子女的阅读和数字阅读推广活动。

（2）少儿数字阅读情况分析

少儿数字阅读情况分析采用均值得分的方式进行分析。从表 6 可以看出，0~3 岁的少儿接触数字阅读的时长为 1 年，4~6 岁的少儿接触数字阅读的时长为 3 年，7~12 岁的少儿接触数字阅读的时长为 6.5 年，13~18 岁的少儿接触数字阅读的时长为 12 年。从这些数据可以看出，随着少儿年龄的增长，接触数字阅读的时长也在增加。这可能是由于孩子们在学校和生活中的数字阅读机会和需求增加。

表 6　湖南省公共图书馆少儿数字阅读时长及频度（调查平均数）

年龄（岁）	0~3	4~6	7~12	13~18
接触数字阅读的时长（年）	1	3	6.5	12
每周阅读次数（次）	14	16	22	14
每次阅读时间长度（分钟）	15~20	30	30~50	60~90

每周阅读次数：0~3 岁的少儿每周阅读次数为 14 次，4~6 岁的少儿每周

阅读次数为 16 次，7~12 岁的少儿每周阅读次数为 22 次，13~18 岁的少儿每周阅读次数又降至 14 次。从这些数据可以看出，7~12 岁的少儿每周进行数字阅读的次数最多，这可能是因为这个年龄段的孩子已经适应了学校的学习节奏，并且对数字阅读内容有较高的兴趣和需求。而 13~18 岁的少儿每周阅读次数有所下降，可能是因为学习压力增大，课外活动和课业占据了更多时间。

每次阅读时间长度：0~3 岁的少儿每次阅读时间为 15~20 分钟，4~6 岁的少儿每次阅读时间为 30 分钟，7~12 岁的少儿每次阅读时间为 30~50 分钟，13~18 岁的少儿每次阅读时间为 60~90 分钟。从这些数据可以看出，随着年龄的增长，每次数字阅读的时间也在增加，这可能是因为孩子的注意力和阅读理解能力的提高。

随着年龄的增长，少儿接触数字阅读的时长增加，这反映了数字阅读在少儿成长过程中的持续性和普及性。7~12 岁的少儿是数字阅读的高频使用者，每周阅读次数最多，这可能是因为他们的学习需求和阅读兴趣达到一个高峰。13~18 岁的少儿虽然每周阅读次数有所下降，但每次阅读的时间最长，这可能是因为他们的阅读更加专注和深入，或者是阅读材料更加复杂和耗时。

（3）少儿数字阅读平台选择分析

目前，湖南省少年儿童图书馆提供的数字阅读资源平台有神州共享、博看、知识视界、杭州星辰、万方、中文在线、新语、少儿特色等，受访问者也都使用的是这些平台。表 7 以受访者在湖南省少年儿童图书馆进行数字阅读时选择哪个平台次数最多来进行统计。

表 7　湖南省少年儿童图书馆少儿数字阅读平台选择

平台名称	平台选择均值	所占百分比（%）
神州共享	130	6.76
博看	1207	60.59
知识视界	152	7.63
杭州星辰	60	3.01
万方	32	1.61
中文在线	380	19.08
新语	26	1.31
少儿特色	5	0.25

从表7可以看出，博看平台是受访者最常选择的数字阅读平台，其选择均值和占比都远远高于其他平台，这表明博看平台提供的丰富多样的阅读资源有较强的市场推广能力。中文在线平台也有相对较高的选择均值和占比，位于第二，说明它也是少儿较为偏好的数字阅读平台。知识视界和神州共享平台虽然占比不高，但均值相对其他平台较高，可能是特定群体的首选平台。杭州星辰、万方和新语平台的选择均值和占比较低，可能是由于资源有限、市场推广不足或者用户群体特定。少儿特色平台的选择均值和占比最低，可能是因为它的受众非常特定或者平台提供的内容和服务有限。

（二）数字阅读推广满意度分析

1. 调查方案的设计

湖南省少年儿童图书馆数字阅读满意度的问卷设计主要基于消费者行为理论，消费者行为理论主要研究消费者在商品和劳务上收入分配，以达到满足程度的最大化。从消费角度来看，少儿对数字阅读满意度是少儿数字阅读推广的必要条件，所以消费者行为理论对少儿的数字阅读行为研究也具有重要的参考价值。本部分主要通过对平台的资源内容情况、平台功能、登入方式、平台资源质量等方面以及线上和线下推广活动的内容、形式、数字阅读活动推广效果等方面进行满意度调查。另外，本部分通过问卷调查法中的开放性问题来发现未使用湖南省少年儿童图书馆少儿特色资源库的原因。

2. 用户的满意度分析

针对湖南省少年儿童图书馆数字阅读推广的效果主要从平台和活动推广来分析，其中平台调查从三方面分析：一是平台，为了方便少儿的选择，将平台的内容理解为可以满足少儿需要的数字资源；二是质量，将质量理解为资源使用画面清晰，平台系统无问题；三是功能，将功能理解为导航指引，搜索方便，又因为湖南省少年儿童图书馆的应用现状中发现存在没有统一登入账号的问题，并特意将功能中的登入方式是否简便纳入满意度调查。活动推广的满意度调查主要从三个方面分析：一是内容；二是形式；三是数字阅读推广的效果，主要围绕是否会增加少儿的数字阅读兴趣和少儿对湖南省少年儿童图书馆少儿特色资源库的利用率。少儿读书数量是否增多、少儿是否会获得了新的知识来体现少儿对数字阅读推广的满意度。

根据表8的调查数据统计，湖南省少年儿童图书馆少儿特色资源库数字阅读内容满意度较高，绝大多数用户表示满意（826）或非常满意（1139），占比超过 90%；不满意和非常不满意的用户数量较低，分别为 5 和 12，占比不到 2%。数字阅读平台功能满意度也很高，有 922 个用户表示满意，954 个用户表示非常满意，占比超过 90%；不满意和非常不满意的用户数量较低，分别为 3 和 4，占比为 0.3%。数字阅读平台资源质量满意度较高，有 1055 个用户表示满意，780 个用户表示非常满意，占比超过 80%；但不满意和非常不满意占比约 5%，也相对较高，分别为 51 和 50。数字阅读形式满意度很高，有 1235 个用户表示满意，739 个用户表示非常满意，占比超过 90%。不满意和非常不满意的用户数量非常低，分别为 4 和 2，占比不到 1%。

表 8　湖南省少年儿童数字阅读满意度

项目 ＼ 满意度	非常不满意	不满意	一般	满意	非常满意
数字阅读内容	12	5	10	826	1139
数字阅读平台功能	4	3	109	922	954
数字阅读平台资源质量	50	51	56	1055	780
数字阅读形式	2	4	12	1235	739
数字阅读登入方式	9	22	46	941	974
数字阅读推广效果	50	31	425	977	509

数字阅读登入方式满意度较高，有 941 个用户表示满意，974 个用户表示非常满意，占比超过 90%。不满意和非常不满意的占比约 1.6%，用户数量分别为 22 和 9。从数字阅读推广效果来看，满意度也较高，有 977 个用户表示满意，509 个用户表示非常满意，占比约 74.6%。但不满意和非常不满意的占比为 4%，相对较高，用户数量分别为 31 和 50。

从总体来看，如表 8 所示，湖南省少年儿童对数字阅读的满意度较高，尤其是在数字阅读内容、数字阅读平台功能、数字阅读登入方式及数字阅读推广效果方面。数字阅读平台资源质量方面，不满意和非常不满意的比例较高，是提升满意度的关键领域。数字阅读推广效果的满意度也有一定的提升空间，有相当一部分用户表示（非常）不满意或一般。平台登入方式的满意度较高，但仍有改进空间。调查数据显示，绝大多数用户对数字阅读的体验是积极的，但也存在一些需要改进的领域，特别是在数字阅读资源质量和数字阅读推广效果方面。

五、湖南省少儿数字阅读推广优化策略

本部分通过对湖南省少年儿童图书馆少儿数字阅读现状、数字阅读需求及少儿数字阅读推广的现状与效果进行调查，通过对调查结果的分析，发现湖南省少年儿童图书馆数字阅读推广方面存在的问题，并针对少儿数字阅读推广中存在的问题提出优化策略。

（一）少儿数字阅读推广存在的问题

通过大量调查后发现，湖南省少年儿童图书馆少儿数字阅读存在的最大问题是，少儿特色资源库推广力度虽然大，但成效不是很高，存在以下主要问题：

一是平台操作方式问题：平台登入方式不统一，导致用户体验不佳，使用门槛较高。平台功能使用存在问题，影响了用户对数字资源的访问和使用。

二是平台资源问题：资源类型重合度高，用户选择受限；视频类资源占据主导地位，可能导致少儿更倾向于视频阅读而非文字阅读，限制了想象力和思考空间。

三是宣传推广问题：少儿特色资源库与学校合作推广效果不理想，家长指导不足；宣传形式单一，缺乏创新，难以吸引少儿和家长的注意。

四是家长对少儿数字阅读的认识问题：家长对数字阅读存在顾虑，包括视力损伤和成本问题；家长对少儿数字阅读的关注度不高，导致家长参与度不足。

这些问题需要图书馆、学校、家长和社会各界的共同努力来解决。

（二）少儿数字阅读推广优化策略

以湖南省少年儿童图书馆的少儿数字阅读推广的情况为例，为少儿数字阅读的推广提出以下建议：

湖南省少年儿童图书馆的少儿数字阅读推广面临着一些挑战，但通过以下建议，可以有效提升推广效果：

一是平台功能及内容改进：统一登入账号，简化登入流程，提高用户体验；父母进行权限设置，允许家长控制孩子的阅读时间和内容；加入护眼功能，减少家长对视力问题的担忧；建立微信互动平台，增加用户黏性；增加分享功能，鼓励用户分享阅读体验，增加互动性；增加互动功能，允许用户与作者直接交流，提高参与度。

二是推广主体瞄准：针对 7~12 岁儿童进行推广，因为他们更有可能接受和主动使用数字阅读；举办针对 7~12 岁儿童的数字阅读活动，利用节假日和图书馆积分兑换活动增加吸引力。

三是与学校建立联系：将数字资源与学校课程相结合，提供教育服务；为教师提供数字阅读培训，提高他们对数字阅读的管理和配合意识。

四是以大众传媒为依托：利用社交媒体和移动设备推广数字阅读。进行实名制管理，确保平台的互动安全，同时鼓励少儿自由讨论和学习交流。

五是加强馆员和家长的联系：对馆员进行培训，提升馆员在数字图书馆业务和沟通艺术方面的能力。对家长进行培训，为家长提供数字阅读平台的使用培训，帮助他们为孩子选择合适的阅读资源。开展定期讲座，教授家长和少儿数字阅读的使用方式。

通过这些建议，湖南省少年儿童图书馆少儿特色资源库可以更好地满足少儿读者的需求，提升数字阅读推广的效果，同时也能够促进数字阅读文化的传播和发展。

湖南省公共图书馆少年儿童群体阅读服务分析

随着全民阅读理念的不断深入，阅读的重要性逐渐被深刻地意识到；随着社会的不断发展和进步，阅读已经成为人们获取知识的一种重要方式，而少年儿童则是阅读服务的主要受众之一。因此，深入研究少年儿童群体的阅读需求和服务情况，进一步优化阅读服务，促进少年儿童的全面发展，成为了湖南省公共图书馆的重要任务和责任。同时，随着互联网技术的不断发展和普及，少年儿童的阅读方式和需求也在不断发生着变化，因此，对于湖南省公共图书馆而言，及时跟进和适应这些变化，提供更加符合少年儿童需求的阅读服务，也是一项迫切需要解决的问题。基于以上背景，本报告旨在通过对湖南省公共图书馆少年儿童群体阅读服务的分析，为湖南省公共图书馆提供参考，以优化阅读服务，满足少年儿童群体的阅读需求。

一、引言

党的十八大以来，在习近平总书记大力倡导和亲自推动下，全民阅读上升为国家发展战略。《中华人民共和国国民经济和社会发展第十四个五年规划和 2035 年远景目标纲要》明确提出"深入推进全民阅读，建设'书香中国'"。党的二十大报告提出"深化全民阅读活动"。自 2014 年"全民阅读"首次写入政府工作报告之后，2023 年政府工作报告已第 10 次写入，从"倡导全民阅读"到"大力推动全民阅读"再到"深入推进全民阅读"，彰显国家层面建设"书香中国"的决心，以及从中央到地方对全民阅读的日益重视。特别是 2022 年 4 月，习近平总书记致信首届全民阅读举办，大会强调要推动"爱读书、读好书、善读书"成为风尚，这预示着阅读正在进入大发展的战略新时代。

《中华人民共和国公共图书馆法》明确规定"政府设立的公共图书馆应当设置少年儿童阅览区域，根据少年儿童的特点配备相应的专业人员，开展面向少年儿童的阅读指导和社会教育活动，并为学校开展有关课外活动提供支持。有条件的地区可以单独设立少年儿童图书馆"。因此，公共图书馆开展少儿阅读服务工作，不仅是为了满足民众的精神文化需求，更是图书馆法定职责所在。少年儿童群体阅读不仅是我国全民阅读服务体系的重要组成部分，更是各级公共图书馆的重点关注内容。

早期阅读对于少年儿童的发展至关重要，它不仅能够培养阅读兴趣和习惯，还能够提升思维能力、拓宽视野，促进个性化发展。国家图书馆少年儿童馆将年龄限制放宽至12岁以下，国家新闻出版广电总局发布的《全民阅读促进条例》将学龄前儿童列为重点群体。这些举措都表明了国家对于早期阅读的重视和推广力度。

根据中国新闻出版研究院发布的第二十次全国国民阅读调查数据，我国少年儿童群体的阅读率和阅读量逐年上升，少年儿童群体基础阅读发展不断深化。然而，图书馆纸质图书的利用率不高，少年儿童群体阅读率较低的现象仍然存在。

公共图书馆作为一个公众场所，可以为少年儿童提供多样化的课外生活，帮助他们陶冶情操、扩展视野、开发智力；同时负担着一个重要的任务，就是对儿童的思想品德和科学文化进行有效的教育。对于图书馆的工作人员来说，最重要的任务就是想办法将少年儿童的阅读兴趣激发出来，带领他们学会主动读书，养成良好的阅读习惯。在这个过程中，图书馆不仅要保证尽心尽力地开展少年儿童阅读服务，还要将资源、人才、环境及技术方面的优势作用充分发挥出来，对服务模式和服务手段进行创新和改进，不断积累经验，对少儿阅读环境进行优化。

在深入推进少年儿童群体阅读的大背景下，湖南省公共图书馆一直致力于为少年儿童提供良好的阅读服务，以促进他们的阅读能力和阅读兴趣的发展。首先，为少年儿童提供了丰富多彩的阅读资源。在图书馆中，各个年龄段少年儿童可以借阅到各种类型的书籍，包括儿童文学、科普读物、故事书等。图书馆还提供了电子阅读资源，如电子书籍、数字化期刊等，方便少年儿童进行在线阅读。其次，湖南省公共图书馆注重少年儿童阅读推广活动的开展。图书馆定期举办各种形式的阅读推广活动，如阅读分享会、阅读角、阅读比赛等，吸引了大量少年儿童参与。图书馆还与学校、社区等机构合作开展阅读推广活动，将阅读推广的范围扩大到更广泛的人群中。最后，湖南省公共图书馆不断创新少年儿童阅读的服务模式。图书馆通过设计符合少年儿童心理的阅读空间、提供更舒适的阅读设施等方式，优化少年儿童的阅读环境。图书馆还开展了亲子阅读、志愿者服务等活动，使少年儿童阅读服务更加全面和贴近生活。图书馆积极开展少年儿童阅读服务评估活动，不断完善服务质量，提高服务水平。

总之，湖南省公共图书馆的少年儿童群体阅读服务现状良好，但服务质量不高、服务方向重点不够明确、服务形式雷同等问题依旧存在。基于未来湖南省公共图书馆少年儿童群体阅读服务发展，本文以2018~2021年为调研时间段，采用问卷调查、文献研究、访谈研究、实地考察等方法，对湖南省公共图书馆少年儿童群体阅读服务进行分析，并就少年儿童群体阅读服务可持续性发展提出建议，以促进湖南省公共图书馆少年儿童群体阅读服务的高质量发展。

二、湖南省公共图书馆少年儿童阅读服务现状

以文化和旅游部制定发布的《第七次全国县级以上公共图书馆评估定级标准》中少年儿童图书馆的等级必备条件和评估标准为参考，从以下三方面进行分析：

（一）服务效能

1. 基本服务

在周开馆时间上，湖南省各地区公共图书馆均符合标准，且在周末、节假日开馆时间均有所延长；平均周开馆时间63小时，寒暑假日均开馆均不低于8小时。在年总流通人次上，表现为大城市人流较多，中小城市人流较少的情况。其中湖南省少年儿童图书馆流通人次最多，为29.99万人次。在年人均服务读者数量上，计算方法为年均总流通人次/工作人员数量，呈现上升趋势，即年均总流通人次和工作人员数量均在稳步提升。在参考咨询服务上，湖南省各地区公共图书馆咨询服务制度、服务规范健全且都有针对未成年人阅读、少年儿童等方面提供专题性参考咨询服务。服务形式从现场咨询、电

话咨询扩展到微信公众号、电子邮件、新媒体咨询等新方式。在年读者活动方面，即每年面向读者举办的展览、讲座、培训、阅读推广等各类活动的数量，湖南省各地区公共图书馆每年举办活动均有所增加，活动内容紧跟时代主题，突出重点。

以2022年为例，湖南省在2022年度为读者举办了大量的文化教育活动，其中包括讲座、展览和培训班，吸引了大量的市民参与，如表1所示。

表1　2022年湖南省公共图书馆为读者举办各种活动汇总

地区	各类讲座（次数）	参加人数（万人次）	举办展览（次数）	参加人数（万人次）	举办培训班（次数）	培训人数（万人次）
长沙市	941	6.83	108	65.17	2937	23.85
株洲市	766	14.5	185	64.26	280	2.30
湘潭市	130	1.26	64	5.09	144	1.55
衡阳市	348	8.23	206	27.28	154	1.90
邵阳市	262	2.76	189	36.25	220	2.01
岳阳市	302	7.72	122	22.82	163	2.34
常德市	173	5.70	112	56.09	78	0.95
益阳市	180	5.11	52	25.22	66	1.35
郴州市	583	4.29	65	30.03	313	0.89
永州市	197	4.00	166	13.73	73	0.80
怀化市	157	2.23	198	10.74	87	0.61
娄底市	124	3.59	59	9.16	70	1.05
湘西土家族苗族自治州	78	2.40	92	86.75	60	0.79
张家界市	103	0.82	3	0.13	62	0.29
省本级	304	256.20	22	18.82	227	10.75
合计	4628	325.64	1643	471.54	4984	51.43

资料来源：湖南省公共图书馆年报。

如表1所示，2022年湖南省各地区公共图书馆共举办了各类讲座4628次，展览1643次，培训班4984次，总计举办活动11255次，共有848.61万人次参加了活动。

从总体来看，一是活动次数分布不均衡。长沙市作为省会城市，举办的活动最多，达到 3986 次，而湘西土家族苗族自治州举办的活动次数最少，为 230 次。二是讲座和培训班是各类活动中举办次数最多的，共有约 377.07 万人次参加活动。省本级讲座参加人数最多，达到 256.20 万人次；参加培训的人数以长沙市和省本级最多，分别为 23.85 万人次、10.75 万人次。三是展览的总参加人数达到 471.54 万人次，略高于讲座的参加人数。湘西土家族苗族自治州的展览参加人数最多，达到 86.75 万人次，远高于其他地区。四是培训班培训人数达到 51.43 万人次。参加培训人数最少的为张家界，仅 0.29 万人次。

各地区的活动举办次数和参加人数存在较大差异，这与地区的经济发展水平、人口规模和文化需求有关。长沙市作为省会城市，在活动总数和参与人数上均居前列，显示出其文化活动的丰富性和市民的高参与度。各类活动中，展览的总体参与度最高，特别是在湘西州，展览的吸引力远超其他活动。相较于前几年，参与活动的读者人数均表现为上升趋势，说明湖南省公共图书馆服务质量有所提升且得到了良好的反馈。

2. 文献服务

由于各地区公共图书馆规模不同，年文献外借量和年流动服务文献外借量等指标可能存在较大差异。年文献外借量，即每年读者通过本馆、直属分馆、馆外服务点［包括流动图书馆（车）］外借的文献数量；年流动服务文献外借量，即每年以流动馆（车）或其他流动服务方式开展文献外借的数量。

2019~2022 年，湖南省各地区公共图书馆文献外借情况呈现出波动的趋势。流动图书车的数量在 2021 年达到峰值后，在 2022 年大幅减少，可能是由于政策调整或其他外部因素。流动服务书刊借阅人次和借阅册次的变动趋势一致，在 2020 年有所下降后，在 2021 年出现增长，到 2022 年又有所下降。总流通人次呈现上升态势，书刊文献外借人次、外借册次均呈现波动上升的趋势，在 2020 年短暂下降之后，2021~2022 年均出现持续增长，说明图书馆的服务使用率在逐年提升。表 2 的数据总体上显示了图书馆文献外借服务的增长和使用率的提升。

表 2　2019~2022 年湖南省各地区公共图书馆文献外借情况汇总

年度	流动图书车（辆）	流动服务书刊借阅数量（万人次）	流动图书馆（车）书刊借阅数量（万册次）	总流通数量（万人次）	书刊文献外借数量（万人次）	书刊文献外借数量（万册次）
2019	55	75.07	127.08	2662.03	1143.64	2409.03
2020	63	58.89	96.26	3117.56	955.97	2150.62
2021	840	85.79	157.36	4107.26	1728.96	3582.06
2022	88	74.81	127.86	5194.29	2006.46	3781.80

资料来源：湖南省公共图书馆年报。

从 2019~2022 年湖南省各地区公共图书馆文献外借情况汇总来看，2019~2021 年，流动图书车的数量大幅增加，从 55 辆增加到 840 辆；而 2022 年，流动图书车的数量急剧减少到 88 辆。从流动服务书刊借阅数量来看，2019 年的借阅数量为 75.07 万人次，2020 年下降到 58.89 万人次，可能是由于疫情的影响；2021 年借阅数量有所增加，达到 85.79 万人次；2022 年有所减少，为 74.81 万人次。

从流动图书馆（车）书刊借阅数量来看，借阅数量在 2019~2021 年总体增长，2019 年为 127.08 万册次，2020 年下降到 96.26 万册次，2021 年增加到 157.36 万册次；2022 年借阅数量为 127.86 万册次，又下降到与 2019 年相近的水平。总流通数量在 2019~2022 年逐年增长，2019 年总流通数量为 2662.03 万人次，2022 年总流通数量增加到 5194.29 万人次。

从书刊文献外借数量来看，外借数量在 2019 年为 1143.64 万人次，除 2020 年略有下降，2021~2022 年均有所增加，到 2022 年外借数量达到 2006.46 万人次。书刊文献外借册次与书刊文献外借人次变化类似，2019 年为 2409.03 万册次，2020 年有所下降，到 2022 年外借册次达 3781.80 万，是四年中最高的。

3. 阅读指导与阅读推广

在阅读指导方面，湖南省各地区公共图书馆开展了阅读指导、读书交流、演讲诵读、讲座培训、图书互换共享等多种形式的阅读服务活动，丰富了读者的阅读体验，因为图书馆的服务对象覆盖了不同年龄段的读者，包括未成年人、家长、教师等。特别是，图书馆为不同年龄段少儿群体提供了分级阅读服务，设置了不同的阅读区域和书籍推荐。同时，图书馆重视对未成年人中的特殊群体的阅读指导，确保了他们也能得到周到的阅读服务。

在服务内容方面，湖南省各地区公共图书馆致力于推动少年儿童的思想道德建设、传承中华优秀传统文化，并开展爱国主义教育等主题阅读推广活动。此外，还包括防范游戏沉迷的宣传活动，这些活动每年都取得了显著成效。

为了给少年儿童提供更专业的阅读指导，湖南省各地区公共图书馆组织了专门面向未成年人的阅读指导和服务团队。团队成员数量和质量不断提升，例如湖南省少年儿童图书馆有 65 名服务团队成员获得了专业机构的培训证明和资质认证。图书馆还建立了服务团队的培育、管理机制，确保服务团队的有效运行。

在阅读推广方面，湖南省公共图书馆通过多种渠道和形式积极推广阅读服务。这些图书馆不仅制作了服务手册，而且在重要时间节点举办了各种形式的宣传活动。随着新媒体和自媒体的兴起，这些新型宣传形式也变得越来越流行。

湖南省各地区公共图书馆组织了一系列的品牌推广活动，如"书香湖南——全省少年儿童系列读书活动"。此外，湖南省少年儿童图书馆还有"周末 10：30 系列活动""书中故事我来讲"系列活动以及"指尖生花"手作课堂系列活动等。其他图书馆也有各自的推广品牌，共同致力于培养少年儿童的阅读兴趣。

4. 数字服务

在网站服务方面，湖南省各地区公共图书馆普遍拥有独立域名的网站，其中地市级及以上的公共图书馆网站功能完备、操作便捷；县级公共图书馆则至少拥有一个网站。这些网站不仅提供了丰富的图书馆服务信息，还便于用户进行在线访问和互动。例如，湖南省公共图书馆在 2020 年的数字资源访问量就达到了近 1.46 亿次，这一数据体现了该图书馆数字资源的受欢迎程度和利用率。

在新媒体服务方面，湖南省各地区公共图书馆在新媒体平台的运用上表现突出，它们在微博、微信等平台上设立了官方账号，为用户提供信息推送服务。这些图书馆不仅定期推送信息，而且推送的内容年浏览量也在不断增长。此外，通过 APP、小程序、微信公众号等新媒体平台，湖南省各地区公共图书馆提供了预约、检索、借阅等移动图书馆服务，极大地提升了服务质量和效率。特别是在疫情期间，湖南省各地区公共图书馆实行线上预约制度，并通过小程序推送相关最新资讯，有效满足了读者的需求，提高了图书馆服务的可达性和便利性。

2020~2022 年，湖南省各地区公共图书馆的数字服务经历了显著的发展。特别是在视听文献和音视频资源方面，无论是数量上还是容量上，都实现了大幅增长。电子文本和图片文献资源在 2022 年也达到了一个新的高点。虽然线上服务人次在 2022 年有所下降，但整体使用量仍然保持在较高水平。这些数据表明湖南省在图书馆的数字建设和服务方面投入了大量资源，使数字服务更加丰富便捷，为广大读者提供了更好的线上阅读和学习体验，如表 3 所示。

表 3　2020~2022 年湖南省公共图书馆数字服务情况统计

年份	视听文献数量（万册）	音视频资源总量（千万小时）	电子文本和图片文献资源总量（万 TB）	线上服务（万人次）
2020	66. 23	104. 03	121. 19	3884. 83
2021	75. 13	125. 19	1089656. 54	6122. 61
2022	267. 84	2004. 86	1296997. 33	5716. 28

资料来源：湖南省公共图书馆年报。

从表 3 可以看出，2020~2022 年，湖南省的视听文献数量有显著增长：2020 年的视听文献为 66.23 万册，2021 年增长到 75.13 万册，2022 年更是增长到 267.84 万册。这表明湖南省在数字图书馆的视听文献资源方面投入增加，资源丰富度得到了大幅提升。音视频资源的总量在三年间也有大幅增长：2020 年为 104.03 千万小时，2021 年增加到 125.19 千万小时，2022 年更是增长到 2004.86 千万小时，增长率达 1501.45%。这个增长趋势同样显示了湖南省在音视频资源方面的重视和投入。电子文本和图片文献资源的总量在三年间呈现不断增长的趋势。2020 年的总量为 121.19 万 TB，2021 年增加到 1089656.54 万 TB，2022 年激增到 1296997.33 万 TB。这表明在 2021 年、2022 年湖南省各地区公共图书馆对电子文本和图片文献资源进行了大量的增加，总体呈现上升趋势。在线上服务方面，2020 年为 3884.83 万人次，2021 年为 6122.61 万人次，2022 年为 5716.28 万人次。虽然 2022 年相比 2021 年有所减少，但总体上线上服务人次在这三年中是增加的，说明数字图书馆的服务得到了更广泛的应用。

表 4 为 2020~2022 年湖南省少年儿童图书馆数字服务使用情况统计。湖

南省少年儿童图书馆的数字服务使用量大部分在 2020~2022 年整体呈现增长趋势，尤其是博看、知识视界、中文在线和新语这四个平台的使用人次数显著增加，显示了这些平台在少儿读者中的受欢迎程度和影响力逐年提升。尽管神州共享和万方的使用人次数有所减少，但整体使用量仍然保持在较高水平。这些数据表明湖南省少年儿童图书馆的数字资源得到了更广泛的利用，数字服务在满足少儿阅读和学习需求方面发挥了重要作用。

表 4　2020~2022 年湖南省少年儿童图书馆数字服务使用情况统计

单位：人次

年份	神州共享	博看	知识视界	杭州星辰	万方	中文在线	新语
2020	953664	5181771	93361	128801	521597	436628	68730
2021	851591	7475438	507054	226103	637207	933978	46174
2022	808325	8063056	1296110	425549	310744	2194908	264483

资料来源：湖南省少年儿童图书馆。

5. 读者评价

读者评价是对阅读服务最真实客观的反映。在日常评价方面，包括读者日常评价渠道，如读者意见箱、意见簿、电子邮箱、电话等；以及读者意见处理制度及执行情况，如处理的及时性、处理结果反馈情况等。湖南省各地区公共图书馆高度重视读者评价，各馆的日常评价渠道建设完善，对意见处理及时并快速反馈。在读者满意度方面，湖南省各地区公共图书馆在每个服务季度都及时进行读者满意度调查并及时公布读者满意率，对相关问题及时处理。具有代表性的为湖南省少年儿童图书馆，读者满意度一直维持在 99%。

（二）建设情况

1. 资源建设

由于近年来全民阅读理念的深入，尤其是少年儿童阅读教育方面，各教育局都加大了资金投入。最明显的表现为湖南省各图书馆文献增量都大幅提升，种类更加齐全。表 5 为湖南省各地区公共图书馆资源建设统计，湖南省各地区公共图书馆资源建设呈现稳定增长的趋势，特别是在图书、报刊、开架书刊和少儿文献方面。古籍收藏量保持稳定，显示了对文化传承的重视。

这些数据反映了湖南省地区公共图书馆资源建设的积极态势和对不同读者群体需求的关注。

表5 2019~2022年湖南省公共图书馆资源建设统计

年份	图书（万册）	古籍（万册）	报刊（万册）	开架书刊（万册）	少儿文献（万册）	本年新购藏量（万册）	当年购买的报刊（种）
2019	2974.32	117.26	337.27	1949.91	513.22	218.38	34304
2020	3331.77	116.56	347.32	2182.05	592.84	292.72	233296
2021	4166.06	117.52	368.34	2664.73	726.45	466.48	36060
2022	4587.05	117.15	388.69	2896.47	809.42	298.10	36723

资料来源：湖南省公共图书馆年报。

如表5所示，湖南省各地区公共图书馆图书总量在2019~2022年持续增长，从2019年的2974.32万册增长到2022年的4587.05万册。这表明湖南省各地区图书馆在逐年增加其图书收藏量，以满足公众阅读需求。报刊数量逐年增加，从2019年的337.27万册增至2022年的388.69万册，说明图书馆对时事资讯的重视和收藏的增加。开架书刊数量逐年增加，从2019年的1949.91万册增至2022年的2896.47万册，表明图书馆增加了更多的开架阅读资源，方便读者自由选择和阅读。少儿文献数量逐年增加，从2019年的513.22万册增至2022年的809.42万册，显示了图书馆对儿童阅读资源的重视和投入的增加。本年新购藏量在2021年达到峰值466.48万册，但在2022年下降至298.10万册。这反映了预算调整或其他因素对本年新购藏量产生了影响。当年购买的报刊在2020年激增至233296种，但在2021年和2022年保持在36000种左右，表明在2020年进行了大规模的报刊种类扩充，之后维持在这一水平。

2. 数字化建设

数字化服务平台已经成为阅读服务新常态。数字化服务平台包括利用现代信息技术整合各类数字阅读资源，形成便于读者浏览、检索、下载和阅读的线上服务平台。湖南省各地区公共图书馆官网上的功能均包括：发布各类活动、通知、公告等各类信息、活动报名、数字资源挂载、书目查询、阅读电子书籍、书籍推荐、统计分析（访问量、热门模块、热门资源分析）等。其中，湖南省少年儿童图书馆率先做出创新，智慧应用场景上，采用了"沉浸式"体验服务；截至 2021 年底，馆内智慧应用场景达到 6 个，分别为智能图书馆、机器人、智慧书库、智慧办证服务、智慧借还服务、书籍自助消毒服务，为其他图书馆提供了宝贵经验。

表 6 为湖南省各地区公共图书馆数字化建设情况。可以看出，湖南省各地区公共图书馆在数字化建设方面呈现积极的发展趋势，特别是在电子图书和电子阅览室终端方面。计算机数量的增加和图书馆网站访问量的增长也反映了图书馆数字化服务的普及和受欢迎程度，图书馆在数字化资源方面的投入整体上保持较高水平。

表 6 2019~2022 年湖南省公共图书馆数字化建设统计

年份	新增电子图书数量（万册）	计算机数量（台）	供读者使用电子阅览室终端数（台）	图书馆网站访问量（次）	新增数字资源购置费（亿元）
2019	313.01	8029	5114	21718628	871.7
2020	292.66	7464	4957	43249710	900.0
2021	325.12	7918	5383	41952407	918.0
2022	563.79	8199	5484	57123511	788.9

资料来源：湖南省公共图书馆年报。

如表 6 所示，2019~2022 年，每年新增的电子图书数量呈现增长趋势。2019 年新增电子图书数量为 313.01 万册，到 2022 年大幅增长至 563.79 万册。这一显著增长表明图书馆在数字化资源方面投入增加，以适应数字化阅读的需求。计算机数量从 2019 年的 8029 台增至 2022 年的 8199 台，表明各图书馆在计算机设备方面的投资总体增加，以提供更好的数字化服务。供读者使用的电子阅览室终端数从 2019 年的 5114 台增至 2022 年的 5484 台。这一增长反映了图书馆在电子阅览服务方面的扩展，为读者提供了更多的数字化阅读机会。各图书馆网站访问量在 2019 年至 2021 年间呈现增长趋势，访问量从 2019 年的 21718628 次增至 2022 年的 57123511 次。2019~2021 年，新增数字资源购置费逐年增加，但在 2022 年有所下降。2019 年的购置费为 871.7 亿元，2020 年增至 900.0 亿元，2021 年进一步增至 918.0 亿元，由于预算调整，2022 年新增数字资源购置费降至 788.9 亿元。

3. 阅读空间建设

湖南省各地区公共图书馆均已设置针对不同年龄段读者的服务空间，如绘本室、阅创空间、亲子阅览区等；设置主题阅读空间，如文学借阅室、外文阅览室、国学馆等；针对不同年龄读者特点将有声资源、视频资源用不同的设备载体供少年儿童读者进行阅读和体验。综合性阅读服务上已具有相当的规模，阅读空间上服务质量深受好评。

表7为2019~2022年湖南省各地区公共图书馆阅读空间建设统计。湖南省各地区公共图书馆在阅读空间建设方面呈现积极的增长趋势，无论是书库、阅览室、书刊阅读室、电子阅览室的面积，还是少儿阅览室的坐席数，都有不同程度的增长，说明图书馆正在不断优化自身物理空间，在提供更好的阅读环境和条件方面做出了努力，以提升读者的阅读体验和满意度。

表7 2019~2022年湖南省公共图书馆阅读空间建设统计

年份	书库面积（万平方米）	阅览室面积（万平方米）	书刊阅读室面积（万平方米）	电子阅览室面积（万平方米）	少儿阅览室坐席数（个）
2019	14.90	14.59	10.96	2.46	13555
2020	16.52	17.70	12.65	2.79	15307
2021	18.70	19.93	14.97	2.98	17168
2022	21.33	25.18	19.40	3.19	19270

资料来源：湖南省公共图书馆年报。

如表7所示，书库面积从2019年的14.90万平方米增至2022年的21.33万平方米。这表明图书馆在存储图书的空间方面进行了扩展，以容纳更多的图书资源。阅览室总面积（包括各种专用阅览室）也呈现逐年增长的趋势。2019年的阅览室面积为14.59万平方米，到2022年增至25.18万平方米。这一增长反映了图书馆为读者提供的阅读空间正在不断扩大。

书刊阅读室和电子阅览室的面积在逐年增加，书刊阅读室的面积从2019年的10.96万平方米增至2022年的19.40万平方米，电子阅览室的面积从2019年的2.46万平方米增至2022年的3.19万平方米。这两项增长表明图书馆在提供传统纸质阅读材料和数字化阅读空间方面的投资增加，除满足传统阅读形式，还顺应读者要求，以适应数字化阅读的趋势。少儿阅览室的坐席数也在逐年增加，从2019年的13555个增至2022年的19270个。这反映了图书馆对儿童阅读空间的重视和投入的增加，以满足少儿读者的阅读需求。

此外，新型阅读空间悄然兴起。新型阅读空间指通过社会化合作方式建立的具有公共性、创意性、融合性等特点的阅读空间（如城市书房等）。湖南省各地区公共图书馆现已逐步通过社会化合作，创新服务化体系，如湖南省少年儿童图书馆已建立阅读花园藏书阁、手艺人专题图书馆、儿童国学馆、阳光展厅、圆形自由阅读吧、图画王国、生态文明主题阅读空间、少儿阅读研学空间8个新型阅读空间，为其他公共图书馆提供了发展方向。

4. 协作与发展

在馆际合作方面，湖南省各地区公共图书馆内部及与全国其他优秀公共图书馆均开展了合作，如阅读周、浏览月、诗词比赛、服务交流研讨等。

在资源共享方面，湖南省名地区公共图书馆尝试进行联合采购，即多个图书馆共同购买电子资源和纸质图书，以降低成本并扩大资源种类；还可以馆际互借，读者可以进行跨图书馆借阅图书，提高图书的利用率。在融合发展方面，湖南省各地区公共图书馆积极联系、筹备、对接学校、出版社等教育机构开展读者活动，与社区、公安、消防、环保、医疗卫生等机构开展合作，取得了不错的社会反馈。

5. 安全运行保障

少年儿童的安全事关重大。图书馆安全运行包括三个方面：第一，意识形态工作：一是各馆均积极落实意识形态工作责任制，严苛遵守具体安全措施并贯彻执行；二是意识形态工作总体情况良好，未发生过安全问题。第二，安全生产：严格落实安全生产的相关措施，包括消防、安保、数据及网络安全等安全保障措施、突发事件应急预案、新冠肺炎疫情常态化防控措施、针对低幼读者的安全保障，以及书库防火、防盗、防虫、防潮、防尘等措施。第三，环境管理：一是各馆环境整洁、美观、温馨、舒适；二是标识系统清晰；三是设施维护频繁。

（三）保障条件

1. 法律政策保障

湖南省各图书馆均认真贯彻执行《中华人民共和国公共图书馆法》《公共图书馆少年儿童服务规范》《湖南省公共文化服务体系高质量发展五年行动计划（2021—2025年）》，同时积极开展法律宣传培训，配合相关部门开展执法检查。在政策与规划上，各市、州、县人民政府、教育局或教育厅、文化和旅游行政部门出台了多份文件为公共少年儿童图书馆事业发展提供政策保障。各图书馆认真反思了本馆"十三五"发展规划和实施方案的情况；制订了本馆"十四五"发展规划和实施方案并遵照执行。

2. 经费保障

湖南省各地方政府在对少年儿童提供经费预算和保障上总体有所增加。表8为湖南省各地区公共图书馆经费保障情况汇总。湖南省各地区公共图书馆在经费保障方面整体呈现积极的趋势，特别是在财政拨款预算收入、购书专项经费和新增藏量购置费方面。尽管上级补助收入有所下降，但经费保障在2022年整体有所增强，尤其是在设备购置费和新增藏量购置费方面大幅增加，这表明图书馆在提升硬件设施和丰富图书资源方面的投入显著增加。这些数据反映了湖南省各地区公共图书馆在经费支持方面的稳定增长，有助于提升图书馆的服务质量和资源建设。

表8 2019~2022年湖南省公共图书馆经费保障情况汇总

单位：千元

年份	财政拨款预算收入	上级补助收入	购书专项经费	设备购置费	新增藏量购置费
2019	456149	8507	41202	78269	54727
2020	453288	4630	40235	71293	43426
2021	447049	5072	45351	70786	47635
2022	492163	2193	46319	246546	226567

资料来源：湖南省公共图书馆年报。

如表8所示，财政拨款预算收入在2022年相比2019~2021年有所增加，显示出政府对图书馆的财政支持力度加大。上级补助收入在2019~2022年整体呈下降趋势，尤其是在2022年大幅减少，表明图书馆依赖于上级补助的收入减少。购书专项经费逐年增加，在2022年达到46319千元，反映出图书馆在图书采购方面的预算增加，重视图书资源的扩充。设备购置费在2022年大幅增加至246546千元，远超2019~2021年的水平，意味着图书馆在该年度进行了较大的设备更新或扩充。新增藏量购置费在2022年也显著增加至226567千元，表明图书馆在新增图书和其他藏量方面的投入大幅提升。

3. 设施保障

近年来，湖南省各地区公共图书馆在建设和设施上均有较大更新和创新。适合少儿阅读的建设面积在逐渐增大，适合读者活动空间面积也在进一步跟上步伐。在设施及功能适用性上，严格执行国家、行业颁布的公共图书馆建设标准及图书馆建筑设计规范，空间布局合理、动静分区；灭火器、空气消毒净化机、图书自助消毒机等设施配备齐全，安防监控系统得到升级；同时阅读座位增量明显。在信息基础设施保障上，各馆均具备信息化管理系统，实现数字化一体化管理，并具备数据接口开放的能力；馆内供读者使用的计算机终端、平板电脑、触屏一体机等的数量增加明显；同时读者服务区无线网覆盖率为100%。

4. 人员保障

湖南省各地区公共图书馆工作人员数量一直保持平稳并随着馆建设在合理变化，无"有岗无人"或"无岗有人"的情况。各图书馆均重视对工作人员的培训。工作人员增强自身素质已成为趋势，基本上实现大学本科及以上学历，中、高级职称工作人员占比逐年上升。湖南省各图书馆领导班子均具有图书馆学及相关专业（信息管理与信息系统专业、信息资源管理专业、情报学专业、档案学专业）学历或副高级以上职称。

表9为湖南省各地区公共图书馆技术人才与志愿者服务情况。可以看出，湖南省各地区公共图书馆在技术人才队伍建设方面呈现稳步增长的趋势，特别是在中级职称、副高级职称和正高级职称的专业人才方面。志愿者服务的发展也非常迅速，志愿者队伍的扩大显著增强了图书馆的服务能力。这些数据表明湖南省各地区公共图书馆在人力资源方面的发展态势良好，既注重内部人才的培养和引进，也积极拓展外部资源，共同提升图书馆的服务质量和服务水平。

表9 2019~2022年湖南省各地区公共图书馆技术人才与志愿者服务汇总

年份	从业人员（人）	中级职称（人）	副高级职称（人）	正高级职称（人）	志愿者服务队伍数（个）	志愿者服务队伍人数（人）
2019	2063	777	142	11	818	35285
2020	2066	791	139	16	812	49097
2021	2168	805	162	16	863	70101
2022	2256	807	174	19	944	74154

资料来源：湖南省公共图书馆年报。

如表9所示，湖南省各地区公共图书馆从业人员总数在2019~2022年逐年增加。2019年为2063人，2020年增至2066人，2021年进一步增至2168人，2022年达到2256人。这表明图书馆的人员规模在逐年扩大，以应对服务需求的增长。

中级职称的人数在 2019~2022 年逐年增加，从 777 人增至 807 人。副高级职称的人数也呈现增长趋势，从 2019 年的 142 人增至 2022 年的 174 人。正高级职称的人数从 2019 年的 11 人增至 2022 年的 19 人。这反映了图书馆在专业技术人才方面的提升，以及对于高级人才引进和培养的重视。

志愿者服务队伍数和志愿者服务队伍人数在 2019~2022 年显著增加。志愿者服务队伍数从 2019 年的 818 个增至 2022 年的 944 个，志愿者服务队伍人数从 2019 年的 35285 人激增至 2022 年的 74154 人。这表明图书馆在利用社会资源和动员社会力量方面取得了显著成效，志愿者服务成为图书馆服务的重要补充。

三、少年儿童读者概况

此部分基于访谈研究、实地考察和数据统计等分析方法对湖南省少年儿童读者于 2021~2023 年阅读情况进行概述。

（一）读者总体概述

首先，湖南省公共图书馆少年儿童读者的数量逐年递增。截至 2022 年底，湖南省公共图书馆少年儿童读者总数达到了 110 万人，其中男性读者占比略高于女性读者。同时，少年儿童读者的年龄分布较为均衡，7~12 岁儿童是主要服务对象，占比达到了 60% 以上。此外，湖南省公共图书馆少年儿童读者的阅读能力普遍较高，其中有相当一部分读者已经掌握了一定的阅读技能。

其次，湖南省公共图书馆少年儿童读者的阅读需求多样化。除传统的纸质图书外，电子图书、音频书籍等数字阅读资源也受到了儿童读者的青睐。在阅读内容方面，儿童文学、科普读物、历史人物传记等题材广泛的图书备受欢迎。

（二）读者年龄分布

读者年龄分布是我们需要关注的一个重要指标。根据数据统计，湖南省公共图书馆的少年儿童读者年龄主要集中在 6~14 岁。其中，10~14 岁的读者占比最大，达到了 46.2%，其次是 6~9 岁的读者，占比达到了 42.6%。而 15 岁以上的读者因高中学业压力占比不足 1%。这些数据反映出了湖南省公共图书馆少年儿童读者的年龄分布情况，也说明了我们应该更加重视 6~14 岁读者的服务。

根据数据分析，10~14 岁的读者是湖南省公共图书馆少年儿童读者的主要群体。这个年龄段的读者正处于成长的关键时期，他们对世界的认识和理解正在不断加深，阅读对他们的成长和发展有着重要的影响。因此，我们应该针对这个年龄段的读者，提供更加丰富多样的阅读服务，满足他们的知识需求和兴趣爱好。

6~9 岁的读者也是湖南省公共图书馆少年儿童读者的重要群体。这个年龄段的读者正处于儿童时期，他们的认知和兴趣需要得到培养和引导。对于这个年龄段的读者，我们应该提供更加生动、有趣的阅读材料，通过图书、故事、游戏等形式，引导他们进入阅读的世界，激发他们的兴趣和热情。

总之，读者年龄分布数据，为我们提供了一个更加清晰了解少年儿童读者年龄分布情况的途径。针对不同年龄段的读者，图书馆应该提供不同形式、不同内容的阅读服务，让他们能够在阅读中获得知识、成长和发展。

（三）读者性别比例

读者性别比例是一个值得关注的问题。据统计，湖南省公共图书馆的少年儿童读者中，男性读者占比略高于女性读者。具体来说，男性读者占总读者数的 51.3%，女性读者占比则为 48.7%。

但是，我们也需要注意到，在湖南省公共图书馆的少年儿童群体中，女性读者的阅读兴趣也是很广泛的。她们不仅对文学类书籍感兴趣，还会阅读有关历史、科学等方面的书籍。因此，公共图书馆在提供阅读服务时，不仅要提供文学类书籍，还要提供有关历史、科学等方面的书籍，以满足不同读者的需求。

（四）读者借阅量和借阅偏好

通过对借阅量和借阅偏好的分析，在 2022 年，湖南省公共图书馆共借出少年儿童图书约为 200 万册，其中中小学生借阅量占比最高，约为 70%。另外，少年儿童借阅电子书的数量也在逐年增长，其中在 2022 年，借阅电子书的数量达到了近 5 万册。

在借阅偏好方面，我们发现湖南省公共图书馆的少年儿童借阅偏好主要集中在科普、故事、童话、漫画等类型。其中，科普类图书借阅量最高，占借阅总量的30%以上。反映出少年儿童对于科普类图书的浓厚兴趣，同时说明了科普类图书的阅读对于少年儿童的成长十分重要。此外，我们还发现不同年龄段的少年儿童借阅偏好存在差异。如7~9岁的儿童更喜欢借阅童话类图书，10~12岁的儿童更喜欢借阅漫画类图书。说明了公共图书馆应当针对不同的年龄段，为他们提供更加个性化的分级阅读服务。

四、读者需求分析

阅读需求是读者需求的一个重要方面。随着社会的不断发展，儿童对于阅读的需求也越来越强烈。阅读对于他们的成长和发展有着重要的影响。少年儿童的阅读需求具有多样性和阶段性。随着年龄的增长，少年儿童的阅读兴趣和阅读能力不断发展，因此图书馆应为不同年龄段少年儿童提供适合的书籍和阅读资源。公共图书馆应不断适应少年儿童的阅读需求变化，通过提供多样化的书籍、阅读活动和专业的阅读指导，以及利用新媒体进行宣传推广，来更好地服务于少年儿童，促进他们的全面发展。

（一）阅读需求

首先，少年儿童群体对于图书馆的阅读环境有着较高的需求。他们希望图书馆能够提供一个安静、舒适的阅读环境，以便更好地沉浸在阅读中。他们也希望图馆能够提供一些适合他们阅读的书籍和杂志，以便满足他们多样化的阅读需求。

其次，少年儿童群体对于阅读活动的需求较为强烈。他们希望图书馆能够定期举办一些阅读活动，如阅读分享、阅读比赛等，以便增强他们的阅读兴趣和阅读能力。此外，少年儿童群体还希望图书馆能够提供一些互动式的阅读体验，如VR阅读、AR阅读等，以便更好地激发他们的阅读兴趣。

再次，少年儿童群体对于数字阅读的需求越来越高。随着互联网的普及，少年儿童群体已经习惯使用数字设备进行阅读。因此，公共图书馆需要提供一些数字阅读服务，如电子图书馆、数字杂志等，以便更好地满足他们的阅读需求。

最后，儿童读者还需要丰富多彩的阅读活动和文化体验。图书馆可以开展各种形式的阅读推广和文化活动，如读书分享会、文化展览、亲子阅读活动等，为儿童读者提供更加丰富多彩的阅读体验。此外，图书馆还可以与学校、社区等单位合作，共同开展阅读活动，扩大阅读影响力。通过提供丰富多彩的阅读服务和文化体验，图书馆可以吸引更多的儿童读者，提高他们的阅读兴趣和能力。

综上所述，少年儿童群体对于公共图书馆的阅读服务需求是多方面、多层次的。公共图书馆需要了解这些需求，以便更好地为少年儿童群体提供服务，促进他们的阅读兴趣和阅读能力的发展。

（二）服务需求

随着全民阅读的理念深入，少年儿童群体对于图书馆的阅读服务需求较高，他们需要更多适合自身阅读能力的书籍。不同年龄段的儿童需要不同的阅读材料，比如低龄儿童需要绘本和图画书，而中、高年级的儿童则需要更加具有挑战性和深度的读物。此外，少年儿童读者还需要有针对性的阅读推荐和指导。图书馆可以通过制定阅读计划、推荐书单、开展阅读活动等方式，让少年儿童读者更好地了解书中世界，开拓视野。

此外，少年儿童群体在阅读过程中也需要得到专业的辅导和帮助。图书馆可以设立专门的儿童阅读辅导员，提供一对一的阅读指导，帮助儿童读者更好地理解书籍中的内容，提高阅读水平。

最后，少年儿童对公共图书馆的阅读需求呈现多样化和多层次的特点。他们期望图书馆提供安静舒适的阅读环境、适合年龄的书籍、互动式阅读体验和数字阅读资源。服务需求还包括针对性的阅读推荐、舒适的阅读空间、专业的阅读辅导和丰富的阅读活动。为满足这些需求，图书馆需提供多样化书籍、优化阅读环境、开展阅读推广活动，并与学校、社区合作，以促进儿童阅读兴趣和能力的提升。

五、存在的突出问题

（一）公共图书馆总量仍然不足

湖南省少年儿童图书馆的布局与政府行政层级设置紧密相关，这种布局模式在一定程度上能够满足行政区域内的少年儿童阅读需求。然而，随着城市化进程的推进和少年儿童事业的快速发展，现有的少年儿童图书馆数量可能无法完全满足人民群众的需求。

从国际标准来看，国际图书馆协会联合会20世纪70年代颁布的《公共图书馆标准》规定：每5万人拥有一所图书馆，一座图书馆服务辐射半径通常标准为4千米。根据国家统计局的数据，截至2023年，中国共有公共图书馆3309个，全国公共图书馆的总藏量超过了13.5亿册，2023年，全国公共图书馆的总流通人次达到了11.87亿，服务人次为2.18亿，相比2019年分别增长了31.74%和85.33%。公共图书馆在数量和服务方面有所提升，但仍需进一步发展以更好地满足公众的需求。

（二）公共图书馆设施状况有待进一步改善

第六次全国县级以上公共图书馆评估定级标准实施以来，公共图书馆设施状况已有较大程度改善；但从整体来说，离发展目标还有比较大的差距，特别是部分经济较落后地区因为存在面积不足、设施设备不完善、建设年代久远等问题，不符合现代公共图书馆的功能要求。

从建设面积来看，面积达标率普遍偏低。特别是地市级少年儿童图书馆，按照《公共图书馆建设标准》，达标率不足50%。由于面积狭小，缺少图书阅读、书库、少年儿童扩展活动等必要功能空间，许多优秀文献资料只能"束之高阁"，图书馆借阅能力受到限制，难以有效开展收集、整理、研究以及读者服务工作。

从建成年代来看，湖南省各图书馆普遍建设年代久远，设施更新不及时。据了解，湖南省少年儿童图书馆建成于1981年底，规模初定为7000平方米；后馆舍总面积达13800平方米，是湖南省文化和旅游厅直属的两个正处级公共图书馆之一，属于省直事业单位。而湖南省部分图书馆的少年儿童馆的空间布局还未达到现代图书馆技术要求和建设标准。

（三）地区发展不平衡

受经济发展水平影响，公共图书馆建设和发展过程中也存在明显的地区差异。经济发达地区的公共图书馆覆盖率、达标率普遍较高，建设规模和投资数额较大，文献资源较为丰富；而经济欠发达地区公共图书馆建设水平普遍较低，设施条件简陋，文献资源也相对匮乏。

（四）收支结构不均衡

从收入结构来看，公共图书馆属于公益性单位，收入来源主要依靠财政支持，2021年，湖南省少年儿童图书馆的一般公共预算拨款支出预算为1729.4万元，其中文化旅游体育与传媒支出占到了1550万元，占总预算的89.63%。据2018~2021年湖南省年度部门决算数据，湖南省少年儿童图书馆财政拨款占收入总计的比重保持在82%~90%。

从支出结构来看，人员经费支出较大。湖南省公共图书馆单位预算表显示，2018~2021年，湖南省公共图书馆人员支出占支出总计的比重保持在42%~48%，县级公共图书馆比例更高，超过50%。由于财政投入大部分用在了人员支出上，用于图书购置和开展活动的经费十分有限，制约了公共图书馆的活动开展。

（五）公共文化服务资源总量偏少

由于经费不足，导致湖南省公共图书馆少年儿童馆为少年儿童提供文化服务的资源总量偏少、质量不高。国际图书馆协会联合会和联合国教育、科学及文化组织2002年修订的《公共图书馆服务发展指南》中规定，公共图书馆人均藏书量应达到1.5~2.5册。而我国2021年公共少年儿童图书馆人均藏书量仅为0.84册，低于国际图书馆协会联合会的标准。

六、阅读服务分析建议

（一）完善设施服务网络

1. 加强公共图书馆少年儿童群体阅读服务设施建设和布局规划

在当前建设的基础上，按照配置均衡、规模适当、设施合理、充分服务等要求，根据湖南省少年儿童不均匀分布的情况，推动各市（州）建成比较完备的少年儿童阅读设施网络，对设施空白、设施分布不合理或基本服务不达标的地市级和县级公共图书馆少年儿童馆加强进行新建、改建和扩建。

2. 加快推进县级以上图书馆为总馆，少年儿童图书馆为分馆制建设

落实湖南省《关于推进县级文化馆图书馆总分馆制建设的实施意见》要

求，因地制宜建立以县级图书馆为总馆，少年儿童图书馆为分馆，上下联通、资源共享、有效覆盖的总分馆体系。通过总分馆制，整合区域内的公共阅读资源，实现总馆主导下的文献资源统一采购、统一编目、统一配送、通借通还和人员的统一培训。鼓励符合条件、具有资质的上网服务场所成为总分馆的基层服务点，大力推动少年儿童图书馆或阅读点建设。

3. 加强数字服务设施与流动服务设施建设

依托全国文化信息资源共享工程、公共电子阅览室建设计划、数字图书馆推广工程，加强公共图书馆少年儿童群体阅读数字服务设施建设，并配置相应器材设备。鼓励多采取与社会力量合作等方式，建设专属少年儿童群体的图书服务空间，因地制宜设置图书设备，开展办证、阅览、外借等图书馆服务；科学规划图书服务空间和设备的布点，与各级各类少年儿童图书馆相辅相成，打造少年儿童身边的公共阅读场所；加强资源更新、用户辅导和设备维护。鼓励为公共图书馆配置流动图书车或具有借阅功能的流动文化车，合理设置服务网点及营运路线，根据少年儿童群体需要，开展图书借阅、流动办证、流动展览、流动讲座、数字资源流动下载等多种形式的服务，有效拓展服务半径。

（二）加强文献信息资源保障能力建设

1. 推进公共图书馆少年儿童馆文献信息资源体系建设

加大文献资源建设投入，确保文献资源达到一定规模并持续更新。通过整体布局、协调采购、分工入藏、分散采集等方式，以湖南省少年儿童图书馆为全省资源保障中心，建立若干总量丰富、各具特色的市（州）级文献资源保障中心，扩大文献资源规模；落实新增藏量指标，优化文献资源结构，建立涵盖纸本文献、缩微文献、数字资源、网络资源等各种资源类型的少年儿童图书馆信息资源体系。

2. 加强文献信息资源采集

完善文献信息资源标准，加强对采集规模、类型、更新率及复本量等方面的科学安排。湖南省少年儿童图书馆需兼顾文献覆盖面和文献专深度，丰富适合本省少年儿童或本省出版的文献采集收藏，逐步形成涵盖广泛、富有特色的少儿文献资源体系；市、县级公共图书馆需加强对内容涉及本地文献、本地编印文献及与当地少年儿童需求相适应的出版物采集。在总分馆体系中承担总馆职能的县级图书馆应根据本地实际需要，统筹分馆文献资源建设。

市、县级公共图书馆要适应文献载体形态的发展变化，加强数字资源等新兴载体资源的采集入藏，推进新媒体终端适用资源建设。

3. 完善文献资源协调与共享机制

充分发挥湖南省少年儿童图书馆作为文献资源保障中心的作用，联合本省各级少年儿童图书馆共同开展文献资源的建设与服务。加强各级公共图书馆与其他系统图书馆之间的资源共建共享，实现分工协作、优势互补。加强各级公共图书馆联合馆藏建设，完善少儿文献信息资源总目，实现文献信息资源在统一平台上的共享利用。

（三）提高服务效能

1. 提升免费开放水平

落实《国家基本公共文化服务指导标准》《湖南省基本公共文化服务实施标准》《公共图书馆服务规范》，继续推动各级图书馆公共少年儿童馆健全免费开放项目，打造服务品牌，完善规章制度，创新服务手段，优化阅读环境，提升设施空间利用效率；完善信息公开制度，及时向社会公示公共图书馆少年儿童馆基本服务项目和开放时间，各级公共图书馆少年儿童馆应当根据当地儿童实际需要，实行错时开放；完善免费开放工作监督评价机制，推动免费开放经费投入与服务效能挂钩。

2. 深入开展全民阅读背景下的少年儿童阅读活动

各级公共图书馆少年儿童馆根据职责制订阅读推广计划，围绕世界读书日、图书馆服务宣传周、三湘读书月以及中华传统节日、重要节假日和重大节庆活动，深入开展系列阅读推广活动；完善针对不同年级少儿群体的优秀读物推荐机制，鼓励各中小学依托公共图书馆兴办读书社、阅读兴趣小组等，开展阅读活动，进行读书交流；发挥湖南省少年儿童图书馆行业组织的作用，指导市、县级公共图书馆探索形成符合本地实际的阅读推广模式。

3. 提高专业化服务能力

市、县级公共图书馆要积极开展专业化服务，通过数据收集、调查问卷、走访问谈、深入学习等方式，为持续发展少年儿童阅读服务提供依据。持续深化"书香湖南——全省少年儿童读书活动"等系列主题活动，打造"三湘少年儿童阅读之星"评选活动品牌，开展学龄前儿童经典阅读促进工作；向青少年推荐湖湘文化经典，并开展经典作品展示展演，将经典阅读活动与未成年人思想道德教育有机结合；依托各级各类图书馆和图书馆学会、协会组织，为全省少年儿童阅读提供服务和指导，评选优秀少儿读物；深入推进湖南省少年儿童阅读研究，编制少儿阅读指导书目，发布少儿阅读调查报告，为少年儿童阅读服务和图书出版提供科学依据。

（四）提升数字化服务能力

1. 加强公共图书馆少年儿童馆数字化建设

深入实施数字图书馆推广工程，提高各地公共图书馆少年儿童馆数字化服务能力，构建标准统一、覆盖城乡、互联互通、便捷高效的公共数字文化服务网络，县级以上公共少年馆要具备提供互联网服务和移动终端服务的能力。加强公共图书馆数字资源的整合利用，丰富资源类型，提升资源适应性，满足不同年龄、不同兴趣少年儿童的实际需求。

例如，数字少年儿童图书馆推广工程，可依托湖南省少年儿童图书馆建设成果，提高各级公共图书馆少年儿童馆数字化服务水平；建设优质数字文化资源库群，促进对数字资源的整合与共享，加强大数据分析与知识挖掘，促进提升服务效能；构建面向移动终端、贯通线上线下的服务模式，如开通微信公众号、微博等新媒体服务，积极与其他社会化服务平台进行服务对接，为少年儿童提供基于全媒体的资源与服务，让少年儿童馆阅读服务全面融入少年儿童日常生活环境。

2. 推进基层公共数字文化综合服务平台建设

依托湖南省少年儿童图书馆文化信息资源共享和数字图书馆推广，逐步建立集信息报送、网络监测、统计分析、数据发布、绩效评价等功能于一体的基层公共数字文化综合服务平台，引导优质公共数字文化资源向基层传输，通过开展菜单式服务、订单式服务，促进供需有效对接。

（五）落实相关政策及规范体系建设

1. 落实相关法律法规

各级公共图书馆少年儿童图书馆要紧跟政策步伐，积极落实阅读服务规范和开展阅读服务工作。贯彻落实《公共图书馆少年儿童服务规范》，以及2023年3月27日教育部等八部门联合发布的《全国青少年学生读书行动实施方案》。

2. 各级少年儿童馆可开展相关规章制度研究

推进各级公共少年儿童馆出台适合自身的规章制度。针对公共图书馆资源建设、运行管理、服务内容、经费保障、捐赠制度、总分馆制建设、法人治理结构建设、社会力量参与图书馆建设、基层公共文化资源整合等重点问题，开展制度设计和调查研究，形成具体的规章制度成果，促进各级公共少年儿童馆阅读服务工作。

3. 完善标准规范体系建设

进一步加强少年儿童馆领域标准化建设，结合湖南省少年儿童馆事业发展需求及标准化工作现状，开展图书馆设施、资源、管理、服务及技术等主要领域的标准规范制定工作，重点推进少年儿童馆基础业务服务员指导标准和基本服务保障标准；积极适应图书馆新技术、新业务、新服务的发展变化，推进图书馆相关标准的修订和宣传贯彻工作。探索建立少年儿童馆标准规范体系的动态调整机制。

（六）创新管理体制机制

1. 深入推进治理结构改革

以湖南省少年儿童图书馆治理结构改革试点为契机，吸纳有关方面代表、专业人员、各界儿童父母参与，落实群众自主权，健全决策、执行和监督机制，推进治理结构改革，进一步提升公共少年儿童图书馆管理水平和服务效能。

2. 创新建立科学的评估体系

科学评估是推动公共图书馆少年儿童馆阅读服务工作高质量发展的重要手段。目前，少儿阅读服务评估体系没有固定的标准。创新科学评估体系要覆盖阅读服务的所有重要节点，建立一套少儿、图书馆、社会三方参与的多维评估体系，为今后的服务策略优化提供参考依据。尤其是要将服务目标群体——儿童作为评价主体纳入图书馆服务评价体系，帮助各少年儿童馆了解儿童如何看待阅读服务，并以此为依据做出相应的改变与调整，不断提高阅读服务质量，从而为少年儿童提供更优质且具有针对性的服务。

3. 支持社会力量参与

鼓励和支持公民、少年儿童协会、社会团体以及其他组织合作建设公共少年儿童馆，或者通过捐资、捐赠、捐建等方式参与公共少年儿童馆建设、管理和服务。引入社会力量参与，多组织举办区域少年儿童阅读交流活动，邀请公共图书馆从业人员代表和有关专家学者参会，通过组织工作会议、学术论坛、展览展示等，促进业界交流合作，整体提升阅读服务质量。

（七）创新少年儿童阅读服务途径

1. 持续优化阅读环境

各级公共图书馆少年儿童图书馆要给少年儿童持续提供一个舒适且宽松的阅读环境，激发其阅读欲望。如室外环境应清新秀丽、空气清新和采光性好，室内布局应符合少年儿童的特点。根据实际情况和对少儿的兴趣进行创新，吸引广大少年儿童进来阅读。此外，优化阅读环境要求图书馆工作人员敬业且业务功底扎实的同时，更加注重于少年儿童的阅读引导和心理辅导。

2. 广泛开展文化志愿服务

弘扬志愿服务精神，鼓励和支持各公共少年儿童馆开展参与广泛、内容丰富、形式多样的文化志愿服务，探索具有图书馆特色的文化志愿服务模式，打造少年儿童馆志愿服务品牌，进一步提升阅读服务推广质量。

3. 开拓活动空间，打造第二课堂

基于少年儿童课业负担沉重，各公共图书馆少年儿童馆应开拓活动空间，让他们多进行自主学习和自由体验，同时开设适合少年儿童活动的少儿阅览室、影音视频室及爱国情感室等，促进对阅读服务质量的巩固提升。

七、保障措施

（一）加强组织领导

各地要根据自身情况，制订相关工作计划和落实方案，明确责任，统筹实施。要推动将公共图书馆少年儿童馆建设纳入本地青少年发展和社会发展总体规划。各级文化行政部门要始终把导向意识贯穿到工作全过程。各级公共少年儿童馆要根据规划，细化目标任务，采取有力措施，抓好工作落实，确保服务质量稳固提升。

（二）完善经费保障

县级以上人民政府应根据《中华人民共和国公共图书馆法》规定，加大对政府设立的公共少年儿童馆的投入，将所需经费列入本级政府预算，并及时、足额拨付；积极调动社会力量参与公共少年儿童馆建设，并按照国家有关规定给予政策扶持，支持公共图书馆免费开放工作。

（三）加强队伍建设

各级公共图书馆应根据其功能、馆藏规模、馆舍面积、服务范围及服务人口等因素配备相应的工作人员，要完善选人用人机制，培养一支具有现代意识、服务意识、创新意识和专业水准的公共图书馆少年儿童馆从业人员队伍。加强分级分类培训，重点加强对基层服务人员培训，力争在"十四五"期间对县级以上公共图书馆少年儿童馆从业人员轮训一遍。

（四）健全监督管理

完善公共少年儿童馆绩效考评制度，健全图书馆领域重大文化惠民工程综合绩效评估制度。加强用户评价和反馈，探索建立第三方评价机制，开展群众满意度调查，增强评价的客观性和科学性。考核结果将向社会公布，增强社会对少年儿童馆的认识，促进服务工作提升和社会对少年儿童阅读培养的重视。

典型案例

书香湖南·共创共享儿童阅读新时代
——第37届全省少年儿童
系列读书活动

为全面贯彻党的十九大精神和习近平新时代中国特色社会主义思想，认真贯彻落实《中华人民共和国公共文化服务保障法》《中华人民共和国公共图书馆法》，致力于培养担当民族复兴大任的时代新人，积极营造公共图书馆同向发力、社会力量积极参与、少年儿童读者广泛受益的儿童阅读新气象，充分发挥少年儿童阅读在推进全民阅读中的作用，向建设富饶美丽幸福新湖南贡献更多文化力量，湖南省委宣传部、湖南省精神文明建设指导委员会办公室、湖南省文化厅、湖南省新闻出版广电局（版权局）、湖南省教育厅、共青团湖南省委、湖南省妇女联合会、湖南省关心下一代工作委员会8家单位联合主办了"书香湖南·共创共享儿童阅读新时代"——第37届全省少年儿童系列读书活动，该活动由湖南省少年儿童图书馆承办。

一、高度重视，周密部署，组织得力

主办单位高度重视本届活动，对活动进行了周密的部署和安排，对通知及方案进行了认真的讨论和审定，并从政策保障、宣传推广、合作协调等各方面给予活动大力支持。湖南省精神文明建设指导委员会办公室、湖南省新闻出版广电局（版权局）等机关单位连续多年在经费方面提供大力支持，为活动的顺利开展提供了重要保障。湖南省文化厅作为牵头发文单位，从各方面均给予湖南省少年儿童图书馆极大支持，并督促市、县各级文化工作部门积极响应活动，为推进本届读书活动的顺利开展做出了极大的贡献。

湖南省少年儿童图书馆作为承办单位，以高度的责任感和使命感认真筹备，积极作为。自2018年3月开始策划活动内容，经过3个多月的酝酿、讨论和会商，于 6 月 12 日向湖南省各市（州）下发了《关于组织开展"书香湖南·共创共享儿童阅读新时代"——第 37 届全省少年儿童系列读书活动的通知》（湘文公共〔2018〕62 号），并于 7 月 27 日面向湖南省发放了《"书香湖南·共创共享儿童阅读新时代"——第 37 届全省少年儿童系列读书活动实施方案》。湖南省少年儿童图书馆多次召开馆务会议、部门会议研究商讨活动的组织实施，明确了责任分工，细化了目标任务，及时解决了活动实施过程中遇到的各项困难和问题。同时结合活动的实践不断从多角度思考活动的策划、组织、运营、评选全流程，力求总结功过得失，提炼经验成果。

各市（州）、县（区、市）的有关党政机关严格按照湘文公共〔2018〕62 号文件的要求，召开了联席工作会议，对活动的组织实施做了统一部署和安排，并从政策、宣传、经费等层面对活动给予有效支持，发挥了重要的组织领导作用。各市（州）、县（区、市）的图书馆、少年儿童图书馆积极落实湘文公共〔2018〕62 号文件的精神，以活动实施方案为蓝本，高效率、高质量地推动本届活动在各地区的落地，在当地营造出图书馆界同向发力、社会力量积极参与、少年儿童读者广泛受益的儿童阅读新气象，得到了少年儿童、家长、老师、政府官员、图书馆馆员、专家学者等社会各界人士的高度肯定和认可。

二、形式多样，内容丰富，成效显著

第 37 届全省少儿系列读书活动囊括了少年儿童阅读服务特色品牌活动、少年儿童阅读服务典型案例征集活动、第八届"三湘少年儿童阅读之星"推选活动等形式多样、内容丰富的子活动。

少年儿童阅读服务特色品牌活动分为 5 个分项活动，由 5 家市（州）级公共图书馆、少年儿童图书馆承办，这是活动组织形式的重大创新，相当于搭建了一个活动展示的省级平台，便于糅合省内各级图书馆在开展阅读服务时获得的宝贵成果，从而充分调动各级图书馆开展活动的积极性。

"阅天下·青苗在旅图"主要采取线下、线上两种参与方式，即小读者凭读者证到开展活动的图书馆领取游学护照和读行笔记，家长通过新浪微博与"阅天下·邂逅图书馆之美"官微进行互动。活动由长沙市图书馆负责承办实施，自开展以来，得到了诸多爱好阅读和旅行的小粉丝的积极关注和参与。长沙市图书馆作为活动主阵地，精心制作了《图书馆的前世今生》宣教片并组织未成年人观看，2018 年暑假期间放映 50 余场，观影人数达 4000 余人，共发出游学护照 5000 余本，参与人数达 2 万余人。小读者们在阅读的同时体验、在旅行的过程中学习、在社会实践中收获，将人、书、馆、城紧密联系，向社会传播了图书馆的良好形象，扩大了图书馆的社会影响力。2018 年末共评选出优秀读行笔记创作者 10 名、游学达人 8 名、最美图书馆宣传大使 5 名。

湖南省"少儿故事大王"大奖赛源于已成功举办四届的株洲市"少儿故事大王"大奖赛，由株洲市图书馆负责承办实施；赛事分为初赛、复赛和决赛三个阶段，初赛分赛区进行，由各市（州）自主组织初赛的选拔，复赛于 2018 年 11 月 25 日在株洲市图书馆举行，来自株洲、邵阳、常德、益阳、郴州、永州、怀化、娄底、湘西 9 个市（州）的 84 支代表队的选手们在舞台上带来了精彩的故事分享，决出了 14 支代表队进入决赛。决赛于 2018 年 12 月 22 日在株洲传媒大厦演播厅举行，株洲电视台法制民生频道对赛事进行了录播。决赛现场异常精彩，选手的表演情感饱满、绘声绘色，最终 6 个节目荣获金奖、8 个节目荣获银奖、20 个节目荣获铜奖。

湖南省少年儿童原创音频大赛围绕"我爱湖南 文明新貌"的主题，传承"移风易俗，杜绝赌博；厉行节约，拒绝浪费"的民风，鼓励少儿读者以讲故事、朗诵的形式进行大胆表达。音频大赛由湘潭市少年儿童图书馆负责承办实施，该馆进行了周密细致的组织工作。2018 年 8 月 1 日至 10 月 20 日为作品征集时间，各地小朋友积极响应，共集齐 200 余件特色各异、质量上乘的音频作品，择优评选出幼儿组金奖作品 1 份，银奖作品 3 份；小学组一等奖作品 5 份，二等奖作品 15 份；中学组一等奖作品 3 份，二等奖作品 7 份。

湖南省少年儿童数字阅读知识竞赛旨在帮助少儿提高数字资源检索与查找能力，让少年儿童了解中华文明，引导少年儿童记忆和传承本土历史文化，提升广大少年儿童的文化自信。湖南省少年儿童数字阅读知识竞赛由衡阳市少年儿童图书馆负责承办实施，该馆精心编制了竞赛题库，并联合中国知网制作上线了页面精美、响应流畅的网络竞赛答题平台，竞答时段设定为 2018 年 9 月 20 日至 10 月 20 日，短短 1 个月共收到来自全省各地少儿读者填写的 12436 份网络答卷，依据答题成绩评选出特等奖 2 名、一等奖 5 名、二等奖 10 名、三等奖 15 名、优秀奖 71 名。

湖南省少年儿童"书中人物化妆表演"（cosplay 角色扮演）活动旨在通过广泛阅读，充分发挥少年儿童的想象力和创造力，利用服装、小饰品、道具及化妆等来扮演、再现动漫、游戏、图书、电影中的人物形象，用想象力告诉世界孩子心灵国度里的"真善美"。活动由郴州市图书馆负责承办实施，该馆精耕细作，展现了图书馆人良好的精神风貌和扎实的业务技能。2018 年 10 月 28 日，活动决赛如期举行，来自全省的 11 支代表队齐聚郴州市第十二完全小学，为大家完美再现了精彩的书中世界，带来了想象力丰富、感染力至深的精彩表演，2 支代表队摘得金奖，4 支代表队摘得银奖，5 支代表队摘得组织奖。

少年儿童阅读服务典型案例征集活动旨在面向省内各级各类图书馆及社会阅读推广机构，征集近年来涌现的优秀少年儿童阅读服务模式、方法及经验，通过评选、展示、交流来宣传优秀服务案例，拓宽服务眼界，启迪服务思维，从而达到切实提高图书馆、少年儿童图书馆为未成年人服务的能力与水平的目的。

少年儿童阅读服务典型案例征集活动既是第 37 届少年儿童系列读书活动的重要组成部分，亦是"2018 全国少年儿童阅读年"系列活动的有机组成部分，活动自 2018 年 5 月启动，于 7 月顺利结束。活动得到了全国各类未成年人服务、有关单位和组织的积极关注和热切响应，来自全国 20 个省的公共图书馆、少年儿童图书馆、中小学图书馆，以及各地的儿童阅读服务团队、绘本馆、社会阅读推广机构等单位和组织踊跃参与了申报；活动共收到 74 家单位和组织提交的 105 个少年儿童阅读服务典型案例，共评选出一等奖案例 10 个、二等奖案例 16 个、三等奖案例 21 个。

第八届"三湘少年儿童阅读之星"推选活动进行了形式上的重大创新，主要分为三轮：第一轮开展网络答题活动，第二轮开展现场答题活动，第三轮开展终审；通过三轮程序最终敲定"阅读之星""阅读优秀个人"名单，同时也通过活动的开展意欲在广大少年儿童中形成崇尚阅读、热爱学习的良好氛围。该活动自 2018 年 6 月启动以来，得到了来自湖南省各市（州）少年儿童的积极响应，活动初选（网络答题）吸引了 6 万余名少年儿童踊跃参加，近 1600 余名少年儿童入围活动复试（现场笔试），2018 年 10 月 21 日上午 9 时 30 分至 11 时，来自全省复试入围者携带阅读成长档案及阅读笔记本就近在 36 个市（州）级考点参加了推选活动复试。他们精心构思，挥笔写作，交出了一份闪亮的答卷，也将"三湘少年儿童阅读之星"推选活动推向了一个新的高潮。11 月底相关领导和专家进行了"阅读之星"的终审，尽览优质作文答卷，遍赏精美阅读笔记，一致推选出"三湘少年儿童阅读之星"100 名，"三湘少年儿童阅读优秀个人"200 名。

蓦然回首，"书香湖南"——全省少年儿童系列读书活动已走过 37 年芳华，37 年栉风沐雨，37 年砥砺前行。"书香湖南·共创共享儿童阅读新时代——第 37 届全省少年儿童系列读书活动"已圆满收官，却又预示着一个崭新的开始，在一代又一代湖南图书馆人的努力探索与实践下，"书香湖南"——全省少年儿童系列读书活动必将取得更丰硕的成果，赢得更广泛的赞誉！

"书香湖南"第38届全省少年儿童
庆祝新中国成立70周年系列读书活动

为庆祝中华人民共和国成立70周年，引领和推动全民阅读，增强少年儿童的爱国意识，弘扬其爱国情怀，鼓舞他们在新时代新起点上为实现美好远大的理想而不懈奋斗，湖南省委宣传部、湖南省精神文明建设指导委员会办公室、湖南省文化厅、湖南省新闻出版局、湖南省教育厅、共青团湖南省委、湖南省妇女联合会、湖南省关心下一代工作委员会共8家单位联合主办了"书香湖南"第38届全省少年儿童庆祝新中国成立70周年系列读书活动。湖南省少年儿童图书馆承办该活动。

一、精心策划，联动实施

"书香湖南"第38届全省少年儿童庆祝新中国成立70周年系列读书活动从2019年2月开始进行策划和筹备。策划伊始，即确定了庆祝中华人民共和国成立70周年这一宏大主题。少年儿童是祖国的花朵，是祖国的未来和希望，如何将已走过37个春秋的全省少年儿童系列读书活动与中华人民共和国成立70周年这一重大节庆结合起来，从而组织开展一届湖南省各级公共图书馆和少年儿童图书馆踊跃发动、少年儿童广泛参与的意义重大而深远的系列读书活动，成为湖南省少年儿童图书馆苦苦思索的重大议题。为此，湖南省少年儿童图书馆努力寻求上级领导机关的指导和支持8家主办单位十分重视本届活动，对湖南省少年儿童图书馆提出的以庆祝新中国成立70周年为活动主题的意见高度认可，并且表示将从政策保障、宣传推广、合作协调等各方面给予指导和支持，同时勉励湖南省少年儿童图书馆以坚定的责任感和使命感来精心策划、悉心实施本届活动，为伟大祖国七十华诞献礼。

为了妥善筹备策划好本届活动，湖南省少年儿童图书馆有条不紊地逐步推进有关各项工作，活动通知和实施方案几经考量后数易其稿，经过四个多月的酝酿、研讨、协商及会签，于2019年6月20日面向全省各市（州）发布了《关于组织开展"书香湖南"第38届全省少年儿童庆祝新中国成立70周年系列读书活动的通知》（湘文公共〔2019〕56号），并于6月27日面向全省发放了《"书香湖南"第38届全省少年儿童庆祝新中国成立70周年系列读书活动实施方案》。通知和实施方案公布后，湖南省少年儿童图书馆又多次召开馆务会议、部门联席会议研究商讨活动的组织实施，并通过电话、QQ、微信等多种渠道与各市（州）保持密切联系，强调活动意义，明确活动要求，激发参与热情，解决疑难问题，提炼经验成果。

各市（州）、县（区、市）的有关党政机关严格按照湘文公共〔2019〕56号文件的要求，召开了专项工作会议，充分发挥主体作用，加强统筹协调，对本地区活动的组织与实施做了有效的部署和安排，并将活动纳入了年度工作目标责任管理，极大地促进了活动的开展。各市（州）、县（区、市）图书馆、少年儿童图书馆切实落实湘文公共〔2019〕56号文件的精神，遵循活动实施方案的有关要求，指派专人负责，制定本地区更细致的活动实施细则，并按照活动要求及时反馈活动信息，报送相关活动材料，积极稳妥地推进了活动的正常开展，在当地取得了良好的社会反响，得到了少年儿童、家长、老师等多方面的赞许。

二、形式与组织方式创新，成果累累

第38届全省少儿系列读书活动囊括了"爱国诗词阅读暨书中人物景致寻访"研学活动、爱国诗词书写活动、第九届"三湘少年儿童阅读之星"活动等少年儿童喜闻乐见的内容充实的分项活动。

（一）研学活动形成创新热点

本届活动将研学纳入其中，设计了"爱国诗词阅读暨书中人物景致寻访"研学活动，目的是向少儿读者研学服务这一方兴未艾的领域做出有益的探索，并积累一些可供借鉴的宝贵经验。文件下达后，各级图书馆积极响应，迅速投入了研学活动的构思、策划与组织中。一组组生动鲜活的研学实践活动镜头令人久久回味：橘子洲头青年毛泽东雕塑下，可爱的同学们深情朗诵了《沁园春·长沙》；爱晚亭下，昔有毛泽东与蔡和森纵谈时局，今有湖湘少年畅叙理想；韶山毛泽东同志纪念馆留下了莘莘学子的红色寻访足迹。去远方寻访，在途中研学，红色故里、文化遗迹、大好河山成就了孩子们从阅读中来、到景致中去的寻访脉络，文旅融合在活动中得到践行和深化。

各市（州）共组织开展各类爱国诗词主题阅读活动千余场，吸引 2 万余人次参与；举办爱国诗词绘画、摄影活动近 200 场，2 万余人次参与其中；组织各类研学旅行活动 60 余场，近 3000 人次参加；迎来省、市、县各级媒体近 200 次的研学活动宣传报道。14 个市（州）向省一级选送了约 300 幅绘画作品、400 余幅摄影作品、230 多本阅读研学笔记，共评选出研学活动的优秀入藏作品 210 余幅，优秀作品 500 余幅。

（二）诗词书法创作佳作云集

爱国诗词书写活动旨在勉励少年儿童读者精读爱国诗词，研习中国书法，通过组织他们挥毫泼墨，踊跃创作爱国诗词书法作品，以此向祖国七十华诞献礼。2019 年 6~8 月，各市（州）、县（区、市）图书馆、少年儿童图书馆纷纷举办了爱国诗词读书会、书法研习班、传统文化普及课堂等形式各异、内容丰富多彩的儿童阅读活动，期间少年儿童读者踊跃报名参与，掀起了一股精读爱国诗词、研习中国书法的学习风潮。9 月，每个市（州）择优推荐了数十套毛笔、硬笔书法作品，经过层层推选，省级层面共收到近 600 幅少儿读者创作的各具特色的书法作品：欧体点画劲挺，颜体雄强圆厚，柳体骨力遒劲，赵体宽绰秀美；还有行书的灵动飘逸，草书的肆意洒脱，更有隶书的沉稳大气。10 月，共评选出约 150 幅优秀入藏作品，400 多幅优秀作品。

（三）阅读之星展示阅读素养

第九届"三湘少年儿童阅读之星"活动倡导广大少年儿童走进图书馆、亲近图书馆，接受图书馆专业的阅读指导和服务，使图书馆成为中小学生课外实践活动的重要场所，以及少年儿童心目中求知的乐园。湖南省少年儿童图书馆致力于从各馆培育的读者中寻觅第九届"三湘少年儿童阅读之星"候选人，每个市（州）可推荐候选人若干名，候选人须完成办理图书馆读者证、借阅图书、推荐图书、游历图书馆、评价图书馆等步骤，从而激发少儿读者于图书馆中求知、求理、求实的热情，促进图书馆少儿阅读推广事业的发展，展现中华人民共和国成立 70 周年以来图书馆建设事业高速发展的美好图景。2019 年 11 月，第九届"三湘少年儿童阅读之星"评审推荐会召开，与会的领导和专家据申报的材料对"阅读之星"候选人进行了点评、推荐，最终一致推选出"三湘少年儿童阅读之星"46 名，"三湘少年儿童阅读优秀个人"45 名。

（四）精彩案例呈现活动特色

为发现活动中的工作业绩和亮点，收集活动中的精彩案例，充分发挥榜样人物和事迹的示范引领作用，各县（区、市）、市（州）就活动开展情况分别从先进集体、精彩案例、优秀阅读推广人三个维度进行了绩效评鉴。经过县（区、市）、市（州）、省层层筛选、推荐及评审，对在本届活动中涌现出的先进典型给予了表彰，共评选出 41 家先进集体、4 个精彩案例、54 名优秀阅读推广人。其中，精彩案例是本届活动新增的一个绩效评鉴维度，意在面向各市（州）、县（市、区）征集具体活动案例，希望各级图书馆能从自身开展的活动中，通过重点阐述策划创意、实施路径、服务效能，提炼出有价值的少年儿童阅读服务模式、方法及经验。这次共筛选出 4 个各具特色的精彩案例，为开展经验交流提供了扎实的素材，也为进一步挖掘和推广先进工作模式和方法提供了有力的支撑。例如，南岳区图书馆兢兢业业地通过一年多的实践，确立了"红色诗教"活动品牌，策划的"在行走中阅读，在阅读中行走"特色爱国主义诗词阅读与寻访活动研学路线已被官方确立为南岳区对外文化旅游路线；邵阳市少年儿童图书馆匠心独运，巧妙地从唱、绘、看、讲、写、做、展七个方面来策划开展"庆祝新中国成立 70 周年"少儿读书活动；韶山市图书馆精心构思、周密安排，组织开展了深受少儿读者欢迎的系列读书活动，孩子们沉浸在"花一样的童年"动手阅读活动的快乐学习氛围中，尽情享受着"有声有色"的听书阅读带来的无穷乐趣；长沙市图书馆创立的少儿数字阅读平台"堡主驾到"，由当初国内首个由公共图书馆自主制作运营的少儿电台节目，已发展成为集分享、传播、表达、展示于一体的多元化数字阅读互动平台，为小读者的健康成长提供了积极的引导和帮助。

三十八载后深情回望，忘不了1982 年以来举办的湖南地区"红领巾读书读报奖章活动"，这是全省少儿系列读书活动的源头；忘不了自 2008 年起湖南省委宣传部、湖南省精神文明建设指导委员会办公室、湖南省文化和旅游厅（时为省文化厅）等多家党政机关单位开始作为活动的联合主办单位，这是全省少儿系列读书活动发展史上的里程碑；忘不了自 2009 年起全省少儿系列读书活动被纳入"三湘读书月"湖南省全民阅读活动的序列，自此成为该项品牌阅读活动中唯一专门面向少儿的公益性阅读推广活动；忘不了 2015 年至今，"书香湖南"品牌开启壮丽华美的征程，全省少儿系列读书活动也由此走向崭新的时代。

在全民阅读的感召和引领下，在《中华人民共和国公共图书馆法》的指导下，在湖南图书馆人的孜孜求索与辛勤耕耘下，在广大少年儿童的热切期盼与呼唤下，"书香湖南"全省少年儿童系列读书活动必将不忘全心全意为少儿读者服务的初心，必将牢记兢兢业业从事儿童阅读推广的神圣使命，必将取得更加丰硕和鼓舞人心的成果！

童阅美好·不负韶华——第39届 湖南省少年儿童主题读书活动

2020年是不平凡的一年，我们国家面对突如其来的新冠肺炎疫情，以人民至上、生命至上的崇高信仰诠释了人间大爱，用众志成城、坚忍不拔的实际行动书写了抗疫史诗。2020年的湖南省少年儿童主题读书活动就是在这样的大背景、大格局下进行筹备、启动和开展的。疫情防控不能松懈，加快落实《全民阅读"十三五"时期发展规划》的决心不能动摇，引导全省广大少年儿童加强对中华优秀传统文化研习和传承的初心不能改变，湖南省文化和旅游厅、共青团湖南省委、湖南省妇女联合会、湖南省关心下一代工作委员会坚决扛起新时代使命担当，以时不我待的紧迫感和责任感，联合主办"童阅美好·不负韶华"第39届湖南省少年儿童主题读书活动，湖南省少年儿童图书馆以高度的政治自觉坚守初心、克服困难、狠抓落实，圆满承办本届全省少儿主题读书活动。

一、以人为本，构思新颖

（一）勇于变革，打造读书活动云平台

为适应疫情防控的需要，第39届湖南省少年儿童主体读书活动全面线上化、数字化，以湖南省少年儿童读书活动云平台为网络载体，将活动的主要内容及相关流程均纳入活动云平台中。云平台前端直接面向读者，成为开展数字阅读服务与线上活动的功能齐全、界面友好的网络空间，同时与"湖南公共文旅云"和湖南省少年儿童图书馆微信公众平台有机融合，达到了"借船出海"的良好效果。云平台后端作为层次明晰、操作便捷的管理系统，开

通了省、市二级管理权限，可以根据前端读者的动向和反馈，及时高效地调整功能和布局，随时进行精确的数据统计，因此亦为未来形成湖南省少年儿童读书活动大数据打下了坚实基础。

（二）凝心聚力，多维连接实效佳

湖南省少年儿童读书活动云平台不仅使数字阅读服务多了一个有效载体，而且成为致力于儿童阅读服务的广泛连接、全面互通的多维枢纽，使开展多年的湖南省少儿读书活动的抓手更实、力度更强、影响更广。活动云平台的开通运行，就图书馆而言，明显加强了湖南省少年儿童图书馆和市（州）中心图书馆的业务联络；就老师、家长而言，拉近了图书馆和老师、家长的距离，对于校园阅读、家庭阅读也大有裨益；就阅读服务而言，巧妙地将阅读内容的输出、阅读成果的集纳充分融为一炉；就作品品鉴而言，将第一手的原创作品流畅清晰地呈现在业界专家面前，展现的不仅是作者专心致志的态度，更是作品散发出的独具匠心的温度。

（三）精心安排，构建完整阅读生态链

本届读书活动的第一项子活动是少年儿童线上主题数字阅读推广活动，图书馆为此搭建了"少儿云书房"，这实际上是一座服务于少年儿童读者的数字图书馆。徜徉"少儿云书房"，少儿读者足不出户即可尽享数字阅读的无限便利，领略数字阅读的风采。然而，线上阅读并不是终点，丰盛的精神大餐若不能内化为自身的营养，则甚为可惜，因此，少年儿童创意读书笔记征集活动应运而生。看了美文，读了好书，自然会有所感悟、有所启发，自然会时不时地想拿起笔和纸将些许心得、些许体会记录在案；但若止步于此，似乎和深度有限的碎片化阅读亦相差无几，于是旨在撷取精品读书笔记以汇编电子书的"三湘少年儿童阅读之星"阅研阅创活动合上了阅读闭环的最后一块拼图。由数字阅读到读书笔记再到电子书编创，一步步地构建起了完整的阅读生态链，不但能使少年儿童爱上阅读，更能引领少年儿童将"啃"进去的书中营养内化于心，外化于行；产生了一个运转良好的可持续的正向阅读反馈，真正地将图书馆的儿童阅读推广使命落到实处。

二、阅读筑基，名家领航

（一）内容详实，寓教于乐体验佳

"少儿云书房"囊括五大版块：知识视界、中华诗词、有声读物、乐读闯关、连环画，并融入了展览、动画、听书、游戏等多种喜闻乐见的形式，可谓"云"端共享，"书"入万家。遨游其中，容纳百科全书的视频图书馆"知识视界"让少儿读者增长见识、拓展视野；海量的国学宝库"中华诗词"吸引少儿读者领悟经典魅力，探索传统文化之玄妙；可以听的图书"有声读物"给少儿读者带来沉浸式阅读体验，颇能愉悦身心，市面难得一见的"连环画"化作童年伴侣，温馨陪伴着少儿读者的成长；有趣、有味、有料的"乐读闯关"一直期待着爱阅读、爱闯关的读书达人前来挑战。

（二）名师指路，讲坛绽放希望之光

阅读写作之路，任重道远，儿童文学名师点拨，分享阅读方法，剖析写作技巧，如海上灯塔指引着少儿读者拨开迷雾、渐入佳境。2020 年 9 月 26 日、10 月 17 日、10 月 24 日、11 月 29 日，汤素兰、邓湘子、阿甲、李少白 4 位业内大咖莅临湖南省少年儿童图书馆 2 楼儿童剧场传道解惑；湖南公共文旅云架设机位，面向全网展开微直播，场均 6 万余人次实时观看，4 期共吸引 26 万余观众竞相学习。儿童文学名师手持照亮心灵、点亮前路的火炬，莘莘学子、少儿读者醉心听讲，循着"火光"徐徐前行；假以时日，必将绽放出绚丽的儿童阅读希望之光。

三、亮点频出，硕果喜人

（一）匠心独运，读书笔记藏瑰宝

在全省少儿创意读书笔记征集活动中，分布于 14 个市（州）67 个县

（市、区）的 4022 名少儿读者创作了 6010 份读书笔记作品，各市（州）通过初审向省级层面选送了 898 位少儿读者的 1046 份创意读书笔记，评选出 105 份一等奖作品、283 份二等奖作品、454 份三等奖作品。摘录式笔记中随处可见精美的词句、段落，小读者用不同的色彩予以归类和区分，层次鲜明又易读易记；提纲式笔记如八仙过海、各显神通，文章或者书籍经过小读者的成功拆解之后，再行组装成为内核鲜明、结构清晰的特色手账，心得式笔记写出了自己独有的体会、见解和感悟；仿写式笔记根据生活经验和对事物的认识大胆地进行了再创作。小读者发挥了出色的联想和想象能力，真正达到了学以致用、融会贯通的目的。

（二）精华荟聚，电子书中谱新篇

第十届"三湘少年儿童阅读之星"阅研阅创活动中，省内 14 个市（州）共推荐了 166 名少儿读者参与电子书的编辑制作，组建了 5 个 QQ 群进行在线培训与教学，开展网络授课 18 节，连续 28 天实施点对点的实时在线辅导。艰辛的付出换来了喜人的回报，138 位少儿读者创作出了 138 部精美的电子书作品，58 人荣获第十届"三湘少年儿童阅读之星"，80 人荣获第十届"三湘少年儿童阅读优秀个人"。每部电子书都蕴含着读者、家长和老师共同的心血，短短的一个月时间，小读者不但要学会熟练使用电子书编辑软件，还要用心筛选最具代表性的素材，更要想方设法将编辑技巧、图片、文章等要素完美融合，进而烹饪成一份色香味俱全、广受赞誉的精神大餐。

（三）勠力同心，儿童阅读推广再掀高潮

只要说为了孩子，没有一个地区不辛勤播种；只要说为了孩子，没有一家图书馆不努力耕耘；只要说为了孩子，没有一位家长不潜心哺育，每一年、每一届的全省少儿读书活动都是在这样一个齐抓共管、上下联动的格局下有序进行的。2020 年 11 月，"书香湖南"全省少年儿童系列读书活动被湖南省新闻出版局评为第三届"书香湖南"全民阅读品牌项目，这是对所有致力于儿童阅读推广事业的湖湘图书馆人的隆重褒奖。三湘四水无处不洋溢着图书馆人为读者服务的笑脸，无处不浸润着沁人心脾的笔墨书香，无处不彰显着关心下一代的浓厚情怀。从 2020 年 8 月到 2021 年 1 月，14 个市（州），67 个县（区、市）的图书馆人不惧困难，不负重托，因书共聚，悉心投入，耐心工作，在三湘四水掀起了"童阅美好·不负韶华"湖南省少儿主题读书活

动的一个又一个高潮。

　　站在"两个一百年"奋斗目标的历史交汇点上，图书馆人唯有坚定信念接续奋斗，奋力开创儿童阅读、全民阅读推广事业的新征程，方能为推动"三高四新"战略落实落地和湖南文旅融合高质量发展贡献磅礴力量！

童心向党·童阅湖南——第40届 湖南省少年儿童主题读书活动

2021 年是中国共产党成立 100 周年。中国共产党立志于中华民族千秋伟业，百年恰是风华正茂。习近平总书记指出"少年儿童是祖国的未来，是中华民族的希望。实现我们的梦想，靠我们这一代，更靠下一代""'自古英雄出少年'，为了中华民族的今天和明天，我们要教育引导广大少年儿童树立远大志向、培育美好心灵，让少年儿童成长得更好"。

正是在中国共产党成立 100 周年，开启全面建设社会主义现代化国家新征程、向第二个百年奋斗目标进军的开局之年的大背景下，为热情讴歌党的百年光辉历程和丰功伟绩，深情表达对党的无限热爱和美好祝福，全面贯彻落实湖南省"十四五"规划纲要提出的"完善公共文化服务体系、弘扬红色文化、传承创新湖湘优秀传统文化"的要求，引导青少年儿童继承和发扬革命先烈的优秀品质和崇高精神，湖南省文化和旅游厅、共青团湖南省委、湖南省妇女联合会、湖南省关心下一代工作委员会于 2021 年 4 月起联合主办了"童心向党·童阅湖南"第 40 届湖南省少年儿童主题读书活动，湖南省少年儿童图书馆承办了本届活动。

一、站位高，立意远，活动意义重大

我们党的一百年，是矢志践行初心使命的一百年，是筚路蓝缕奠基立业的一百年，是创造辉煌开辟未来的一百年。百年来，英雄的三湘人民在党的领导下，走过"为有牺牲多壮志，敢教日月换新天"的革命岁月，掀起"喜看稻菽千重浪，遍地英雄下夕烟"的建设热潮，闯出"洞庭波涌连天雪，长岛人歌动地诗"的改革之路，谱写"装点此关山，今朝更好看"的崭新篇章，不断把湖南各项事业推向前进。

党史学习教育作为湖南省各级图书馆当前和今后的重大政治任务，大力推进全民阅读作为湖南省各级图书馆当仁不让的重大责任，弘扬红色文化、传承创新湖湘优秀传统文化作为湖南省各级图书馆义不容辞的伟大使命，培养好少年儿童、不断为少年儿童创造更好的成长条件和环境作为湖南省各级图书馆坚决扛起的伟大号召，图书馆界亟须一项站位高、立意远、纯公益、影响广的能够凝聚各级馆同向发力的大型儿童阅读推广活动作为重要抓手，于是"童心向党·童阅湖南"第40届湖南省少年儿童主题读书活动在湖南省少年儿童图书馆的精心策划下应运而生。

第40届少儿主题读书活动号召湖南省各级图书馆以此次活动为契机，高标准高质量开展好党史学习教育，致力于充分发挥湖南省公共图书馆的服务平台和资源优势，通过导读、研学、创作、展示等方式组织引导湖南省少年儿童熟读发生在潇湘热土上的党史故事，了解湖湘伟人和革命英烈的生平事迹，游历三湘大地上的红色景点，追寻湖湘文化中的红色基因，创作主题鲜明、感情充沛的手绘作品。

二、思路广，内容实，活动特色鲜明

湖南省各级图书馆充分发挥公共图书馆专业服务能力和特长，精心收集整理了一批关于党史、新中国史、改革开放史、社会主义发展史的重点出版物，编制出了主题儿童阅读推广活动的推荐书目。以书目为向导，以重点出版物为纲目，从而串点成线，据此设立红色主题书架；再连线成面，顺势开辟主题儿童阅读专属空间，相当于构筑了红色主题阅读的坚实阵地，搭建了红色主题教育的动人舞台。主题图书导读、党史故事会、爱国主义教育基地研学等丰富多彩的主题儿童阅读推广活动的连续推出，就是在这片阵地上点燃指路明灯，就是在这方舞台上演绎精彩大戏！学党史、悟思想、办实事、开新局的浓厚氛围就这样逐渐形成，传承红色基因、弘扬革命精神的信念就这样在读者心中生根，更适宜少年儿童成长的条件和环境就这样一步步被营造。

主题手绘作品征集活动虽形式简单明了，但主题鲜明、引导教育意义强。与社会上单纯的绘画活动显著不同的是，本次征集活动善于利用各级公共图书馆、少年儿童图书馆丰富的馆藏文献和数字资源，先期组织了少年儿童读者开展专题书籍导读、党史故事分享、英烈生平寻访等立体多维、饶有趣味的阅读推广活动，进而为主题图文手绘作品的创作提供了丰富的素材和灵感，从而使少儿读者在沉浸式的阅读讨研、体验、创作的过程中，增进了对党的历史的了解，强化了国家认同与中华民族凝聚，坚定了把自身前途命运同国家民族前途命运紧紧联系在一起的顽强信念。

三、作品精，展览佳，活动成效显著

主题手绘作品征集活动反响热烈、广受欢迎、覆盖面广泛，湖南省近百家各级图书馆、少年儿童图书馆积极投身到活动的策划和开展中，将活动成功铺展延伸到 14 个市（州）的街道、乡镇、社区、学校和家庭，少儿读者参与热情空前高涨，尚不到一个月的时间，各地即已收到数千名少儿读者原创的数千幅感情真挚、极富特色的手绘作品。经各县（市、区）、市（州）层层选拔推荐，来自 14 个市（州）的 81 家图书馆、少年儿童图书馆共精选出 420 幅手绘作品推送至省一级。通过组织业界专家、学者就思想内容、主题揭示和艺术展现等方面进行严格的研议和把关后，推选出100 幅入展作品、320 幅入藏作品。这批优质手绘作品以根植于湖湘大地上的党史、新中国史、改革开放史、社会主义发展史为创作背景，巧妙地融入了湖湘大地上的革命烈士、英雄人物、先进模范、红色旅游景点、经济社会发展成就等相关元素，充分展示出少儿读者在活动中的学习成果，表现出三湘少年爱党爱国爱人民的美好情怀，彰显出下一代"请党放心，强国有我"的自信和底气。

2021 年 7 月 1 日，湖南省少年儿童图书馆于馆前坪特别推出"百年百幅——庆祝中国共产党成立 100 周年"湖南省少年儿童手绘作品展，吸引读者驻足，博得众人称赞。同时，湖南省少年儿童图书馆和市（州）、县（市、区）图书馆、少年儿童图书馆同步在移动端推出"童心向党·童阅湖南"少年儿童手绘作品展，手绘作品云集线上，成果在云端点亮，好评通过网络传开。线下、线上双展览载着三湘四水少年儿童的真诚与感恩，回顾了党的百年辉煌历程，再现了中国共产党团结带领全国各族人民建立的丰功伟绩，镌刻了中国共产党为中国人民谋幸福、为中华民族谋复兴的初心和使命。

百年征途波澜壮阔，百年初心历久弥坚，伟大的中国共产党引领我们奋斗百年路，带领我们启航新征程！奋斗吧，湖湘图书馆人！燃烧我们的青春，点亮全民阅读的火把，让阅读之光照亮潇湘热土的每一寸角落！启航吧，湖湘图书馆人！我们都是追梦人，守护着全民阅读的梦想，让阅读之梦问候到三湘四水的每一抹朝霞！

大事记

2022 年

1.1 月，湖南省少年儿童图书馆提交的项目"童阅花开·阅研阅创"特色系列活动在由湖南省文化和旅游厅和中共湖南省委宣传部主办的第七届湖南艺术节中，荣获"三湘群星奖"。

2.1 月 6 日，湖南省文化和旅游厅公共服务处处长龚铁军、时任副处长叶建武、三级调研员梁利平、一级主任科员杨会键，来湖南省少年儿童图书馆召开公共服务高质量发展工作座谈会，对湖南省少年儿童图书馆公共文化高质量发展提出了更高的要求和指导意见。

3.2022 年财政预算拨款 1456 万元。除此之外，湖南省少年儿童图书馆财务部 2022~2023 年共计争取各类人员和专项经费 2750 万元，有效保证了全馆免费开放运行、各项业务工作和项目的正常开展。

4.3 月，湖南省少年儿童图书馆官网新增时政专栏，加强了两会新闻和国家政策法规的宣传。

5.3 月 10 日，4 名支队志愿者参加省直机关"喜迎二十大·雷锋家乡学雷锋"志愿服务活动暨十大重点志愿服务项目启动仪式，并在公益集市上，为游客和广大市民展示湖南省少年儿童图书馆的精美 3D 立体图书，并带着大家运用手机端阅读 AR 图书，利用 AR 技术更直观地为现场读者呈现书中情景，吸引了众多游客参与。

6.3 月 30 日，湖南省少年儿童图书馆组织 12 名职工协助水风井社区开展新一轮区域核酸检测，参与阳光城检测点疫情防控志愿服务活动，与社区人员、医务人员并肩同行，以实际行动助力抗疫。

7.4 月 23 日，湖南省少年儿童图书馆在二楼小剧场举行了 2021 年借阅人气榜单及十佳借阅读者颁奖活动。小学生通过表演自创情景剧《三顾茅庐》，讲述经典绘本故事《猜猜我有多爱你》，传递热爱阅读的好习惯。

8.4 月 23 日至 6 月，湖南省少年儿童图书馆阅研阅创部汇编了《2021 年至 2022 年第 6 期的〈半月谈〉时事小测验集锦》；选取了涉及中高考高分作文案例、数理化解题技巧、专家考前指导、考生饮食、考生家长必读等内容的期刊54册，在思贤自修室开展了心系学子·助力中高考 ——思贤期刊阅读推广活动（ "4·23" 世界读书日专题）。

9.5月10日，湖南省少年儿童图书馆组织青年干部集中收看习近平总书记在庆祝中国共产主义青年团成立100周年大会上的重要讲话现场直播。

10.5月10日，由国家图书馆主办并联合全国图书馆界共同参与的公益性图书奖项 "文津图书奖" 线上展在湖南省少年儿童图书馆网站及微信公众号开展，共展出获奖书籍100余本。

11.5月17日上午，湖南省人大常委会委员、教育科学文化卫生委员会副主任委员周湘，湖南省文化和旅游厅党组成员、副厅长张霞，以及湖南省人大教育科学文化卫生委员会二级巡视员李彪、一级调研员游珺，湖南省文化和旅游厅公共服务处处长龚铁军等一行9人来到湖南省少年儿童图书馆进行《湖南省实施〈中华人民共和国公共图书馆法〉办法》立法调研指导，充分肯定了湖南省少年儿童图书馆近年来在办馆理念、空间改造布局、少年儿童阅读推广和少年儿童品牌读书活动等方面所做的工作，特别是分主题进行儿童阅读推广的做法，并要求让阅读服务深入社会和家庭，多渠道收集文献信息；加强阅读服务创新和人才队伍建设，充分发挥省级少儿图书馆的业务指导作用。

12.5月20~25日，河南省文化和旅游厅原一级巡视员、国家文化馆发展研究院学术委员会委员、河南省公共文化服务专家委员会副主任康洁，南开大学教授柯平，首都图书馆原党委书记肖维平，福建省少年儿童图书馆原馆长郑卫光等一行5人来湘开展第七次全国县级以上公共图书馆实地评估工作。

13.6月9日，湖南省少年儿童图书馆组织开展了消防安全主题活动，深入开展第21个全国 "安全生产月"，贯彻落实湖南省文旅系统安全生产大检查 "百日攻坚" 行动视频会议精神，加强消防安全管理。活动举行了 "安全生产月" 动员大会，并递交了年度《消防安全工作责任状》。消防教官进行了消防安全知识培训，深入讲解了安全生产和火灾防范、自救互救知识。

14.7~8月，组织开展省少年儿童图书馆读者满意率调查，读者满意率达到99%。

15.7月，选派支部书记和青年党员参加湖南省文化和旅游厅党建（群团）和社会组织培训，湖南省少年儿童图书馆青年党员李文荣获专题征文比赛一等奖。

16.8月，根据湖南省文化和旅游厅、中共湖南省委宣传部、湖南省发展改革委《关于开展全省公共文化服务高质量发展典型案例遴选工作的通知》

精神和湖南省少年儿童图书馆领导指示，做好《湖南省少年儿童图书馆阅创空间建设及运营实践》文化空间类案例推荐上报工作。

17.8月，上海少年儿童图书馆与上海市图书馆学会联合主办了"连接·智慧·引领——新时代未成年人阅读工作创新与实践"征文活动，在本次活动中，两位同志撰写的学术论文入选了《"连接·智慧·引领：新时代未成年人阅读工作创新与实践"2022年少儿阅读与服务创新上海论坛论文集》。

18.8月，实现图书采购电子化，图书采购通过湖南省公共资源交易中心进场交易系统全流程采用网上操作公开招标。8月完成了120万元（实洋）的中文图书的招标；通过湖南政府采购网电子卖场完成了25万元（实洋）的英文图书采购和24万元基藏、特藏书的采购。在新冠疫情防控的环境下，在坚持线上采书的同时，湖南省少年儿童图书馆坚持每周去图书卖场掌握图书发行动向，全年完成文献采购近1303121.54元，共采购图书14370种，39871册。

19.8月11日，为落实《文化和旅游部办公厅关于开展第七次全国县级以上公共图书馆评估定级工作的通知》精神，做好第七次县级以上公共图书馆评估定级工作，湖南省少年儿童图书馆组织全馆干部职工收看了湖南省文化和旅游厅召开的线上评估定级工作动员部署会；评估工作相关馆员分别参与了相关内容在线培训。

20.9月23日，湖南省文化和旅游厅党组成员、副厅长尚斌，办公室主任颜喜、一级主任科员杨栋一行3人来到湖南省少年儿童图书馆，通过实地查看、现场提问、听取汇报等方式，对安全生产工作开展了全面的检查指导。检查组实地查看了湖南省少年儿童图书馆旧书库大楼加固维修工程，并着重查看了消防设施、电线线路等情况。检查组对湖南省少年儿童图书馆近年来整治安全隐患、解决了多年未解决的消防通道问题等安全生产工作给予了充分肯定。

21.9月29日，湖南省文化和旅游厅公共服务处处长龚铁军、副处长周树韬、一级主任科员杨会键一行国庆节前对湖南省少年儿童图书馆疫情防控、意识形态领域等工作进行综合督导检查。

22.10~12月，湖南省少年儿童图书馆组织开展"学习宣传贯彻党的二十大精神"系列活动。10月22日，组织全馆党员集中收看党的二十大开幕盛况；11月，组织在职党员参与厅机关党委"撰写学习党的二十大报告心得体会"、省直工委"喜迎二十大感言征集"等学习活动；12月16日，组织在职支部党员赴湖南省文化馆参观"贯彻二十大 奋进新征程"湖南省公共文化服务高质量发展成就展。

23.10 月 13 日，湖南省委宣传部副部长、湖南省文化和旅游厅党组书记、厅长李爱武来到湖南省少年儿童图书馆检查、指导工作，湖南省文化和旅游厅党组成员、副厅长尚斌，厅办公室主任颜喜，厅公共服务处处长龚铁军等陪同。

24.10 月下旬积极与雨花区井湾子街道井圭路社区对接，了解社区老人情况。10 月 21 日，湖南省少年儿童图书馆志愿服务分队在井圭路社区开展了以"树敬老风尚·促社会文明"为主题的慰问活动，组织社区 15 名贫困、独居、空巢等特殊情况的老年人开展座谈会，并为老人们送上生活物资；根据疫情形势，在馆内以小组的形式，开展 2 期智能手机日常功能介绍培训，指导退休老职工及老年读者操作手机。

25.11 月，借阅服务部王振兴同志被评为湖南省图书馆学会阅美潇湘第二届"最美图书馆人"。

26.11 月 9 日，在第 31 个全国消防日和"119"消防宣传月之际，湖南省少年儿童图书馆邀请长沙市消防救援支队来馆，对全体职工进行消防应急救援培训，活动主题为"抓消防安全，保高质量发展"。

27.11 月，在到馆读者中开展第十三次阅读调查，发放、回收有效问卷150 份，通过各项数据的统计分析，以了解读者需求，改善服务。

28.12 月 5 日，湖南省少年儿童图书馆参加了由湖南省文化和旅游厅主办、湖南省文化馆承办的"湖南省公共文化服务高质量发展主题成就展"，并提供了文字、图片、视频等资料，全方位展示湖南省少年儿童图书馆在公共文化服务领域发展的成绩。

29. 截至 12 月，湖南省少年儿童图书馆微信公众号发送电子文档的新书推荐每月一期，全年完成 12 期，48 篇，共 240 种。

30.1~12 月，为迎接第七次全国图书馆评估定级，以全国图书馆基藏目录为蓝本，通过对 12563 种书目（含盲文）的逐一查重全方位梳理了湖南省少年儿童图书馆现有基藏目录，通过补采完善了湖南省少年儿童图书馆的基藏库的建设，现基藏目录的覆盖率达 90%（评估对馆藏质量的要求是省级馆≥65%）。

31.1~12 月，开展形式多样，适合少儿特点的数字阅读线上活动。全年相继开展 18 次主题鲜明各具特色的线上讲座和展览活动，服务人次 3016人次。

32.1~12 月，培育 50 名湖南师范大学青年志愿者，依托湖南省少年儿童图书馆阵地，开展"小小中国心　满满中国情"系列志愿服务活动。活动共计举办 5 期，惠及近 200 名孩子。

33. 1~12 月，立足图书馆文化和旅游志愿服务，积极发挥湖南省少年儿童图书馆社会教育职能。在寒暑假期间，开展 86 场"小小图书管理员"社会实践活动，组织来自长郡中学、北雅中学、长沙第一师范学院第二附属小学、清水塘小学等 30 余所学校 2000 多名中小学生来馆开展社会实践活动。

34. 1~12 月，开展"书中故事我来讲"绘本阅读活动，采取现场分享、情境问答、角色扮演、亲子手工等多形式，共进行 19 期线上分享，直接参与人次超 8000 余。

2023 年

1. 2~6 月湖南省少年儿童图书馆开展了"文旅期刊游"期刊阅读推广系列活动，主要内容涵盖湖南红色旅游地、网红打卡地、湘字号美食、旅游攻略等，共接待读者 1403 人。

2. 3 月 4~5 日，湖南省少年儿童图书馆在一楼大厅开展了"书雷锋语录·传雷锋精神"活动，近 100 位读者写下了能激励自己的雷锋名言。

3. 3 月 5 日，在井圭路社区开展了绘本阅读志愿服务活动，志愿者和社区 20 组亲子家庭一起阅读绘本故事。

4. 3 月 25 日，组织湖南师范大学青年志愿者在湖南省少年儿童图书馆开展了"三月春风暖童心·雷锋精神永传承"主题活动。

5. 4 月 12~14 日，湖南省少年儿童图书馆工会委员刘雨霖同志参加了由湖南师范大学图书馆承办，湖南省图书馆学会和湖南省高校图书情报工作委员会协办，中国信息协会教育分会、教育装备采购网和华中师范大学中国图书馆创新发展研究中心于在湖南省长沙市共同举办的"第六届未来智慧图书馆发展论坛"。

6. 4 月 22 日，湖南省少年儿童图书馆在二楼文旅小剧场举办"阅读点亮中国"湖南省少年儿童图书馆 2022 年度借阅人气榜暨十佳借阅读者颁奖仪式。活动由湖南省少年儿童图书馆联合长沙悠贝亲子图书馆主办，长江少年儿童书版社、尚童童书、现代教育出版社、外研童书、爱心树童书加盟，图书馆跨界与社会机构合作。湖南省文化和旅游厅公共服务处三级调研员张丽雅出席活动，现场揭榜了 2022 年度借阅人气榜单，并颁发了"十佳借阅读者"和"优秀小读者"等奖项。

7. 在 4 月 23 日世界读书日组织的馆长荐书线上关注留言活动，浏览量共计 10247 次，转发评论数 23 次，留言评论 39 条，涨粉 26 名。

8. 5 月 20~25 日，河南省文化和旅游厅原一级巡视员、国家文化馆发展研究院学术委员会委员、河南省公共文化服务专家委员会副主任康洁，南开大学教授柯平，首都图书馆原党委书记肖维平，福建省少年儿童图书馆原馆长郑卫光等文化和旅游部评估组一行 5 人来湘开展第七次全国县级以上公共图书馆实地评估工作。

9.6 月，湖南省少年儿童图书馆组织开展厅直系统"两优一先"评选表彰工作，评选出优秀党务工作者 1 名：邓镰；优秀共产党员 5 名：周丽丽、胡亚玲、易娟、刘芹、王文波。

10.7 月 10 日，2023 年"中国寻根之旅"夏令营湖南（长沙）营在湖南省少年儿童图书馆二楼小剧场圆满闭营。湖南省侨联党组成员、副主席李祖元出席闭营仪式，省文化和旅游厅二级巡视员王鹏出席并讲话，湖南省文化和旅游厅公共服务处三级调研员梁利平和长沙市侨联相关负责人参加。

11.7 月 11 日湖南省少年儿童图书馆举办暑假活动启动仪式，活动内容分别为："童心向党音乐思政课""京剧猫阅读+编程课""书中故事我来演"（皮影剧目展演）"湖南红色经典地，你打卡了多少?"，读者参与人数550 人。

12.7 月 24 日，2023 年"对话·阅读推广人"——湖南省少年儿童图书馆馆员业务培训（第一期）在湖南省少年儿童图书馆二楼小剧场举办。本次培训以"图书馆员科研素养提升与论文写作实务"为主题，湖南省少年儿童图书馆全体馆员参加了培训。

13.7 月 25 日，湖南省少年儿童图书馆第二支部全体党员、馆领导及部门正副主任 24 人，赴湖南省宋旦汉字艺术博物馆开展"感受汉字之美，筑牢文化自信"主题党日活动。

14.7～8 月，湖南省少年儿童图书馆策划开展了主题为"酷辣暑假·清凉点阅"的暑假极速点阅活动。本次个性化阅读服务共计开展 3 期，完成读者点阅采购书目 690 种共 725 册，点对点服务读者 120 人。

15.7～8 月，暑假期间组织的"阅见美好"微信线上点赞活动收获 20 条留言，点赞为 36 个，"我与湘少图合个影"微博线上打卡活动阅读总量为2.3 万，话题讨论量排名第 40，互动点赞数为 282。

16.8 月开展了面向湖南省少年儿童图书馆读者的第 14 次阅读调查，发放问卷 153 份，回收有效问卷 150 份，完成了调查报告的撰写。

17.8 月，在湖南省文化和旅游厅 2022 年智慧图书馆体系项目建设中，湖南省少年儿童图书馆申报的"童趣湖南（书中人物化妆表演）"阅创微视频项目工作通过省级验收。

18.8 月 14 日，由湖南省文化和旅游厅指导、湖南省少年儿童图书馆主办的 2023 年"对话·阅读推广人"公共图书馆馆员业务培训（第二期）在湖南省少年儿童图书馆二楼小剧场举办。本次培训以课题的设计与论证为主题，湖南省少年儿童图书馆馆员全部参加了线下培训，湖南省各市（州）、县（市、区）图书馆、湖南省少年儿童图书馆部分馆员同步参与线上学习，线上直播获点赞数 2.3 万。

19. 8 月 21 日，湖南省少年儿童图书馆党总支书记、馆长叶建武以"努力成长为对党和人民忠诚可靠，堪当时代重任的图书馆人"为主题，为全馆党员和干部职工上专题党课。

20. 根据湖南省文化和旅游厅的相关工作要求，制定"湘新两地情文旅一家亲　2023 年春雨工程，湖南文旅志愿者新疆伊犁、吐鲁番行实施方案"，联合湖南图书馆、株洲市图书馆、湘潭市图书馆、浏阳市文化旅游广电体育局，于 8 月 21~28 日，在新疆伊犁哈萨克自治州、吐鲁番地区开展文化和旅游志愿服务活动。活动期间，志愿者们开展《英雄阔步左宗棠》讲座、原创漫画成语展、民俗剪纸展、绘本阅读推广、亲子手工课等 12 项文化服务活动。

21. 8 月 23 日，"余华老师反复推荐的经典书籍，赶紧点赞收藏起来慢慢看"成为湖南省少年儿童图书馆微博首篇阅读量破 10 万的推送。

22. 8 月 30 日，湖南省纪委、省监委驻湖南省文化和旅游厅纪检监察组组长宁教俊、副组长颜世辉、三级调研员佘贵阳一行来湖南省少年儿童图书馆进行调研指导工作。

23. 9 月，开展全国文化文物单位文化创意产品开发试点成效评估材料的编撰和申报工作，并以 86 分的成绩顺利通过湖南省文化和旅游厅初评。

24. 9 月 18 日，由湖南省文化和旅游厅指导、湖南省少年儿童图书馆主办的 2023 年"对话·阅读推广人"公共图书馆馆员业务培训（第三期）在湖南省少年儿童图书馆举办。本次培训以"打造儿童阅读环境　助力儿童阅读发展"为主题，湖南省少年儿童图书馆馆员全部参加了线下培训，湖南省各市（州）、县（市、区）图书馆、少年儿童图书馆部分馆员同步参与线上学习，线上同步观看人数达 8.5 万。

25. 9 月 19 日，湖南省文化和旅游厅召开学习贯彻习近平新时代中国特色社会主义思想主题教育总结大会，湖南省少年儿童图书馆党总支书记、馆长叶建武作主题教育经验发言交流。

26. 9 月 27 日，与湖南省文化和旅游厅艺术幼儿园联合举办中国原创绘本阅读推广研讨会，分享在以往大量的绘本阅读推广活动中的实践经验和感想。

27. 10 月，湖南省少年儿童图书馆与湖南农业大学达成合作协议，成为湖南农业大学校外实习实践基地。

28. 10~12 月，为了落实湖南省文化和旅游厅《打造示范性文旅小剧场和小剧场精品剧目创作三年行动计划（2023—2025 年）》的通知精神，湖南省少年儿童图书馆与湖南省儿童艺术剧院有限责任公司合作打造的科技气味剧《气味王国历险记》，在湖南省少年儿童图书馆"湘少有戏"文旅小剧场进行 11 场演出，共接待读者 1964 人。

29. 10 月 19 日，湖南省少年儿童图书馆围绕"学习贯彻习近平文化思想、奋力打造省级文化和旅游深度融合示范基地"主题，召开了全馆事业建设与发展工作研讨会。

30. 10 月 27 日，湖南省少年儿童图书馆党总支、湖南省文化和旅游厅信息中心党支部 46 人赴国家超级计算长沙中心开展"科技赋能文旅　创新驱动融合"联合主题党日活动。

31. 10 月 30 日下午，2023 年湖南省少年儿童图书馆信息员业务培训（第一期）在湖南省少年儿童图书馆五楼学习室举办。本次培训以"玩转新媒体"为主题，本馆信息员全部参加了线下培训。

32. 11 月 10 日，第十八届全国省、自治区、直辖市、较大城市图书馆馆长联席会议在广西柳州召开。湖南省少年儿童图书馆党总支书记、馆长叶建武结合"十四五"时期高质量发展思路、经验和体会，以着力探索新时代图书馆高质量发展新路径、做深做足"阅读+"文章进行了交流发言。

33. 11 月，《十几岁》杂志社与湖南省少年儿童图书馆联合主办第十四期《十几岁》读书会。

34. 11 月，在湖南省图书馆学会主办"聚微光、战疫情、图书馆与你共行动"主题抗疫征文活动，湖南省少年儿童图书馆中青年馆员获得 1 个一等奖，1 个二等奖。

35. 11 月 23 日，湖南省少年儿童图书馆召开全体党员大会，民主选举产生中共湖南省少年儿童图书馆第六届总支部委员会。

36. 11 月 29 日，由湖南省文化和旅游厅指导、湖南省少年儿童图书馆主办的 2023 年"对话·阅读推广人"公共图书馆馆员业务培训（第四期）在湖南省少年儿童图书馆举办。本次培训以"让青少年在整本书阅读中体味经典之美"为主题，湖南省少年儿童图书馆馆员全部参加了线下培训，湖南省各市（州）、县（市、区）图书馆、少年儿童图书馆 1200 余人同步参与线上学习，直播观看人数达 3.8 万。

37. 11月，湖南省少年儿童图书馆工会副主席刘芹同志获得湖南省直机关工会委员会颁发的"2023年度湖南省直单位职工最可信赖的娘家人"称号。

38. 11月，在湖南省少年儿童图书馆全馆征集学术研究项目，共收集课题研究申报项目1份、论文申报项目29份。

39. 11月，开展《湖南省公共图书馆少年儿童阅读服务分析报告》调研工作。

40. 12月13日，由湖南省文化和旅游厅指导、湖南省少年儿童图书馆主办的2023年"对话·阅读推广人"公共图书馆馆员业务培训（第六期）在湖南省少年儿童图书馆举办。本次培训以"让青少年在整本书阅读中体味经典之美"为主题，湖南省少年儿童图书馆馆员全部参加了线下培训，湖南省各市（州）、县（市、区）图书馆、少年儿童图书馆1200余人同步参与线上学习，线上直播获点赞数7.8万。

41. 12月28日，"书中故事我来游"2023年湖南省青少年研学摄影活动暨丝路国家青少年国际摄影大展（湖南区）开展仪式在湖南省少年儿童图书馆举办，共计征集摄影和短视频参赛作品2509个。经专家评审，最终评选出金奖7个，银奖9个，铜奖12个，优秀奖77个，最佳组织奖32个；优秀指导老师50名。其中短视频《边城》在9万余件作品中脱颖而出，荣获本届大赛三十佳作品，湖南省图书馆获得丝路国家青少年国际摄影大赛优秀组织单位。

42. 12月，湖南省少年儿童图书馆在文化部第七次全国县级以上公共图书馆评估定级工作中，被评定为"一级图书馆"。

43. 12月，共青团湖南省委、湖南省少工委发布《关于命名首批"湖南省少先队校外实践教育营地（基地）"的决定》，经单位自主申报、市州审核推荐、省级综合评定，决定命名湖南省少年儿童图书馆等100家单位为首批湖南省少先队校外实践教育营地（基地）。

44. 12月，借阅服务部黄雅雅同志荣获"湖湘颂·文明潮"——2023年湖南省文化和旅游行业精神文明建设"百名最美文旅人"初心坚守类最美文旅人称号。

45. 12月，完成"2023年度全省文化旅游系统宣传信息工作考评"的材料收集、整理和上报。

46. 12月21日，湖南省少年儿童图书馆官方微博在"微博全国政务排行榜"上排名43，是目前本馆在该榜单上最高的排名。

47.12 月 27 日,中共湖南省文化和旅游厅直属机关委员会下发《关于同意湖南省少年儿童图书馆党总支换届选举结果的批复》,同意湖南省少年儿童图书馆新一届总支委员由 4 人组成,叶建武同志任馆党总支书记,邓镰同志任党总支副书记,刘思辑、鲁伟两名同志为委员。

48.4~9 月,湖南省少年儿童图书馆开展"学习贯彻习近平新时代中国特色社会主义思想主题教育"各项工作。4 月~8 月,分专题开展理论学习 4次,组织主题教育读书班集中学 7 天;7 月 24 日,召开了"讲政治、树正气、严作风、促发展"主题教育专题学习研讨会;9 月,馆党总支召开了主题教育专题民主生活会,各支部召开了主题教育专题组织生活会。

49.1~12 月,湖南省少年儿童图书馆共编审发布信息 1418 条,比 2022年增长约 60%,本馆新闻被文化和旅游厅、省级媒体报道 92 次,较 2022 年增长 28%。

50.1~12 月,通过湖南省公共资源交易中心进场交易系统全流程采用网上操作公开招标;于 5 月完成 135 万实洋的中文图书招标,通过湖南政府采购网电子卖场完成了 25 万元(实洋)的英文图书采购。8 月底完成 2022 年的中文图书 120 万的实洋采购验收并结算完毕。全年完成文献采购1869321.82 元,共采购图书 18080 种、58102 册。

51.1~12 月,组织完成基本书库的图书剔除,在全馆各部门的大力配合、共同努力下,共计完成 30777 种、79969 册基本图书,并按规定交借阅服务部统一上报。

52.1~12 月,下库新书 302 批,分编加工图书 30777 种,79969 册。

53.1~12 月,湖南省少年儿童图书馆微信公众号发送电子文档的新书推荐每月 1 期,全年完成 12 期、12 篇,共 240 种、470 册。

54.1~12 月,"书中故事我来讲"绘本阅读活动全年开展 25 期线下活动,直接参与人数 1465 人次,开展 8 期线上活动,播放量 3300 余次。

55.1~12 月,紧扣"阳光成长·文化筑梦"的主题,策划并实施了一系列富有人文情怀的志愿服务活动,以科学小实验、成语故事会、皮影戏表演、沙盘作文体验等丰富多样的活动形式,充实孩子们的文化生活,激发他们对知识的热爱与追求,共开展"阳光成长·文化筑梦"系列活动 12 场,服务受众超千人次。

参考文献

［1］李沛容.T市图书馆服务效能提升策略研究［D］.山西农业大学硕士学位论文，2022.

［2］吕欣婷."双减"背景下公共图书馆未成年人阅读推广服务和优化策略［D］.山西财经大学硕士学位论文，2023.

［3］郑莉莉，罗友松，王渡江，等.少年儿童图书馆学概论［M］.北京：国家图书馆出版社，1990.

［4］徐坚真，殷丽娜."双高"建设背景下的高职图书馆阅读推广策略研究［J］.浙江工商职业技术学院学报，2023，22（3）：85-87+91.

［5］彭爱东，邢思思，茆意宏.图书馆数字阅读推广的发展现状与对策［J］.图书情报工作，2019，63（17）：93-102.

［6］李瑛.基于提高西部县级馆少儿阅读推广工作实效的实践探析［C］.//西北五省（区）图书馆第十三次科学讨论会论文集，2016：212-216.

［7］曾真.《公共图书馆法》规定下保障未成年人阅读服务研究——以重庆市渝中区图书馆为例［J］.河南图书馆学刊，2019，39（9）：92-94.

［8］周卫，杨柳，王伟东，等."互联网+"背景下公共图书馆少儿服务现状调查研究——以重庆市公共图书馆为例［J］.四川图书馆学报，2021（5）：19-23.

［9］刘珊珊.以满足少年儿童阅读需求为目标的数字出版研究［C］//2011图书馆信息技术的应用、服务和创新学术研讨会暨第3届数字图书馆与开放源代码软件（DLIB&OSS2011）学术研讨会论文集，2011：1-9.

［10］常向阳.基于数字阅读的图书馆服务［J］.图书馆学刊，2013（2）：83-85.

［11］王楠.公共图书馆馆校合作阅读推广服务创新——以河南内乡县图书馆为例［J］.图书馆学刊，2020，42（2）：54-58.

［12］李武，胡泊，季丹.电子书阅读客户端的用户使用意愿研究——基

于 UTAUT 和 VAM 理论视角 [J]. 图书馆论坛, 2018, 38 (4): 103-110.

[13] 刘红, 刘力文. 少年儿童图书馆电子书阅读推广的实践研究——以重庆市少年儿童图书馆为例 [J]. 图书馆工作与研究, 2012 (7): 115-118.

[14] 冯蕾. 数字阅读视野下未成年人阅读推广的分析与实践 [J]. 河南图书馆学刊, 2013, 33 (5): 77-79.

[15] 徐小丽. 少年儿童图书馆数字化阅读推广服务策略探析 [J]. 图书馆工作与研究, 2012 (4): 109-111.

[16] 陈丽冰. 从青少年数字阅读探讨图书馆推广服务策略 [J]. 图书馆, 2015 (3): 93-96.

[17] 温盛勇, 罗焕佑. 少儿数字化阅读推广服务研究 [J]. 今日湖北 (下旬刊), 2015 (9): 136.

[18] Ormes S. The use and Importance of the Internet in Literature-Based Services in Children's Libraries [J]. The Electronic Library, 1998, 16 (6): 379-385.

[19] Gitte B, Henrichsen L A, Skoung L. Digital Reading Groups: Renewing the librarian image [J]. New Library World, 2008 (109): 56-64.

[20] Lonsdale R, Armstrong C. Promoting Your E-Books: Lessons from the UK JISC National E-Book Observatory [J]. Program: Electronic Library and Information Systems, 2010, 44 (3): 185-206.

[21] Haarhoff L. Books from the Past: An E-Books Project at Culturenet Cymru [J]. Program: Electronic Library and Information Systems, 2005, 39 (1): 50-61.

[22] Ronimus M, Kujala J, Tolvanen A, Lyytinen H. Children's Engagement during Digital Game-Based Learning of Reading: The Effects of Time, Rewards and Challenge [J]. Computers & Education, 2014 (71): 237-246.

[23] Kucirkova N, Gattis N, Spargo T P, et al. An Empirical Investigation of Parent-Child Shared Reading of Digital Personalized Books [J]. International Journal of Educational Research, 2021 (105): 101-113.

[24] Misileia J, Liew C L. Perceived Value of Digital Components in Library Programmes: The Case of Auckland Libraries' Dare to Explore Summer Reading Programme [J]. Library and Information Science Research, 2018 (40): 219-236.

附　　录

附录1　湖南省少年儿童图书馆服务满意度调查问卷①

一、基本信息

1. 您的性别：

○男

○女

2. 您的年级范围：

○小学 1~3 年级

○小学 4~6 年级

○初中 1~3 年级

3. 您是否注册了读者证：

○是

○否

4. 您到湖南省少年儿童图书馆的平均频率：

○几乎每天

○每周一次

○每月一次

○很少

5. 您每次享受图书馆服务的平均时间：（　　）小时

---

① 本问卷调查对象为少儿读者，可由家长代答。

6. 您来图书馆的主要目的是：

○自习

○看书、借还图书

○参加活动（讲座、读者活动等）

○体验数字化设备（网络、数字影音、试听等）

○其他

二、项目打分

（一）服务功能

1. 您对湖南省少年儿童图书馆环境舒适度、空间布局满意吗？

○1 非常不满意

○2 比较不满意

○3 一般

○4 比较满意

○5 非常满意

2. 您对湖南省少年儿童图书馆的场馆秩序满意吗？

○1 非常不满意

○2 比较不满意

○3 一般

○4 比较满意

○5 非常满意

3. 您认为湖南省少年儿童图书馆是否提供充足的馆舍空间和阅览座位？

○1 非常不满意

○2 比较不满意

○3 一般

○4 比较满意

○5 非常满意

4. 您认为湖南省少年儿童图书馆的开放时间是否充分满足您的需求？

○1 非常不满意

○2 比较不满意

○3 一般

○4 比较满意

○5 非常满意

5. 您对湖南省少年儿童图书馆开展的读者活动满意吗？

○1 非常不满意

○2 比较不满意

○3 一般

○4 比较满意

○5 非常满意

6. 您认为湖南省少年儿童图书馆是否提供了形式多样的阅读推广活动（以促进阅读为目的的活动）？

○1 非常不满意

○2 比较不满意

○3 一般

○4 比较满意

○5 非常满意

7. 您认为湖南省少年儿童图书馆提供的纸质文献资源是否能够满足您的需求？

○1 非常不满意

○2 比较不满意

○3 一般

○4 比较满意

○5 非常满意

8. 您认为湖南省少年儿童图书馆提供的电子文献资源是否能够满足您的需求？

○1 非常不满意

○2 比较不满意

○3 一般

○4 比较满意

○5 非常满意

9. 您对湖南省少年儿童图书馆的工作人员提供的信息服务（信息开发、参考咨询、情报服务）是否满意？

○1 非常不满意

○2 比较不满意

○3 一般

○4 比较满意

○5 非常满意

10. 您认为湖南省少年儿童图书馆提供的少儿服务、视障服务等特殊群体服务是否能够满足读者的需求？

○1 非常不满意

○2 比较不满意

○3 一般

○4 比较满意

○5 非常满意

11. 您对湖南省少年儿童图书馆与各县（市、区）图书馆之间的总分馆服务满意吗？

○1 非常不满意

○2 比较不满意

○3 一般

○4 比较满意

○5 非常满意

（二）服务手段

1. 您认为湖南省少年儿童图书馆的电子设备、网络设施是否齐全？

○1 非常不满意

○2 比较不满意

○3 一般

○4 比较满意

○5 非常满意

2. 您认为湖南省少年儿童图书馆的多媒体应用技术是否具备科技性或先进性？

○1 非常不满意

○2 比较不满意

○3 一般

○4 比较满意

○5 非常满意

3. 您认为湖南省少年儿童图书馆推出的数字图书馆（网站、微信、微博等）能够帮助读者获取所需要的信息吗？

　○1 非常不满意

　○2 比较不满意

　○3 一般

　○4 比较满意

　○5 非常满意

4. 您认为湖南省少年儿童图书馆的提供的网络信息服务（数据库检索、阅读、互联网查询、咨询等）能够帮助读者快速而准确地获取所需要的信息吗？

　○1 非常不满意

　○2 比较不满意

　○3 一般

　○4 比较满意

　○5 非常满意

（三）服务效率

1. 您对文献上架的速度是否满意？（期刊、报纸、图书）

　○1 非常不满意

　○2 比较不满意

　○3 一般

　○4 比较满意

　○5 非常满意

2. 您对闭架文献提供的速度是否满意？

　○1 非常不满意

　○2 比较不满意

　○3 一般

　○4 比较满意

　○5 非常满意

3. 您在查找图书馆时，是否能够根据所提供的检索号准确地查找图书？

　○1 非常不满意

　○2 比较不满意

　○3 一般

　○4 比较满意

　○5 非常满意

4. 对于您所推荐购买的图书，您对工作人员的答复时间、答复内容是否满意？

　　○1 非常不满意

　　○2 比较不满意

　　○3 一般

　　○4 比较满意

　　○5 非常满意

5. 您认为湖南省少年儿童图书馆的咨询服务（现场、电话、网络咨询）是否准确、快速？

　　○1 非常不满意

　　○2 比较不满意

　　○3 一般

　　○4 比较满意

　　○5 非常满意

6. 您认为湖南省少年儿童图书馆是否能及时回复读者的批评和建议并认真改进工作？

　　○1 非常不满意

　　○2 比较不满意

　　○3 一般

　　○4 比较满意

　　○5 非常满意

（四）服务效果

综合所有因素，您对湖南省少年儿童图书馆的服务满意程度为：

　　○1 非常不满意

　　○2 比较不满意

　　○3 一般

　　○4 比较满意

　　○5 非常满意

三、意见建议

您对湖南省少年儿童图书馆提升服务水平的其他意见或建议？（如果您对哪一方面服务不太满意，您也可以写出您的理由。）

附录2　图书馆阅读推广活动调查问卷
——少年儿童版

1. 您的性别：［单选题］

☐男

☐女

2. 您的年级范围：［单选题］

☐小学1~3年级

☐小学4~6年级

☐初中1~3年级

3. 您喜欢阅读吗？［单选题］

☐非常

☐比较

☐一般

☐不喜欢

4. 您更倾向于哪方面的书籍？［多选题］

☐卡通动漫类

☐科学普及类

☐文学故事类

☐报刊杂志类

☐文学名著

☐其他＿＿＿＿＿＿＿＿＿＿＿＿

5. 您经常阅读的地点是［单选题］

☐家里

☐学校

☐公共图书馆

☐其他＿＿＿＿＿＿＿＿＿＿＿＿

6. 您每天课外阅读的时间为［单选题］

☐10~30分钟

☐30~60分钟

☐60分钟以上

☐几乎不阅读

7. 影响您阅读时间的因素有哪些？［多选题］

☐作业太多

☐家长太忙

☐图书馆太远

☐对阅读没兴趣

☐其他原因＿＿＿＿＿＿＿＿＿＿＿

8. 您通过什么方式来了解图书馆阅读推广活动？［多选题］

☐图书馆活动官网

☐微信公众号

☐家长朋友推荐

☐学校推荐

☐相关宣传册

☐网友推荐

☐图书馆老师的介绍

☐其他＿＿＿＿＿＿＿＿＿＿＿

9. 您每周去公共图书馆的频率为：［单选题］

☐每周4~7次（请跳至第10题）

☐每周1~3次（请跳至第10题）

☐偶尔去（请跳至第11题）

☐从来不去（请跳至第11题）

10. 哪些影响因素是您常去图书馆的原因？［多选题］

☐图书馆有很多自己喜欢看的书

☐图书馆的书新

☐图书馆的活动有趣

☐图书馆环境好

☐图书馆老师态度好

☐图书馆老师能提供帮助

☐图书馆离家近

☐图书馆离学校近

☐其他＿＿＿＿＿＿＿＿＿＿＿

11. 哪些影响因素是您很少去图书馆的原因？［多选题］

☐图书馆人多，不安静

□年龄小，不让单独进馆

□图书馆离家和学校远

□没有时间

□图书馆找不到喜欢的书

□图书馆老师态度不好

□对图书馆不了解

□家里和学校的书够看了

□图书馆不好玩

□其他＿＿＿＿＿＿＿＿＿＿＿＿

依赖于第 9 题第 3 个、第 4 个选项

12. 去图书馆，您会选择什么样的图书？［多选题］

□自己感兴趣的

□学校老师推荐的

□图书馆老师推荐的

□家人推荐的

□同学朋友推荐的

□名人推荐的

□网上提到的热门书籍

□其他＿＿＿＿＿＿＿＿＿＿＿＿

13. 您参加过公共图书馆举办的阅读活动吗？［单选题］

□图书馆没有开展过少儿阅读活动

□不知道图书馆是否开展过少儿阅读活动

□知道图书馆开展少儿阅读活动，但没有参加过

□知道图书馆开展少儿阅读活动，并且参加过

14. 您喜欢参加这些阅读活动吗？［单选题］

□非常喜欢

□比较喜欢

□一般

□不喜欢＿＿＿＿＿＿＿＿＿＿＿＿

15. 你喜欢/想参加什么类型的阅读活动？［多选题］

□讲故事比赛

□朗读比赛

□少儿影视作品欣赏

☐角色扮演

☐手工、书画、摄影比赛

☐常识科普讲座

☐征文比赛

☐知识竞赛

☐小志愿者征集

☐参观图书馆

☐儿童礼仪培训

☐特长表演

☐其他＿＿＿＿＿＿＿＿＿＿

16. 在图书馆开展阅读推广工作中，哪些方面您最看重？［多选题］

☐活动趣味性

☐活动互动性

☐与个人兴趣需求匹配度

☐活动小礼品

☐活动证书

☐推广人员的服务态度、沟通技巧

☐活动的意义

☐推广人员的专业度

☐其他＿＿＿＿＿＿＿＿＿＿

17. 您认为参加阅读活动有什么收获？［多选题］

☐提升了阅读量

☐锻炼了口才和表现力

☐交到了新朋友

☐锻炼了动手实践能力

☐增加了科普常识和见识

☐更加热爱阅读

☐拓展了兴趣爱好

☐养成良好的阅读习惯

☐收获高效阅读学习的方法

☐其他＿＿＿＿＿＿＿＿＿＿

18. 您对图书馆举办的阅读活动有什么意见？［填空题］